tredition

www.tredition.de

Über den Autor

Matthias Fabian verfolgte während eines Aufenthalts als Sprachschüler in Kairo die Ereignisse von Januar 2013 bis Mitte Januar 2014 und schrieb darüber dieses Buch – sein literarisches Debüt. Der Autor, Jahrgang 1984, ist studierter Umweltwissenschaftler mit einem Faible für das alte und moderne Ägypten. Er reist seit über einem Jahrzehnt regelmäßig an den Nil und berät an einem Urlaub in Ägypten oder dem Land im Allgemeinen interessierte Menschen unter dem Pseudonym „Daniel Jackson" auf

www.aegypten-reiseforum.de.

Die Widmung

„Du musst mir helfen.“ Die Bitte geht an Mohamed. „Das Buch – damit habe ich ein Problem.“ Mohamed wirkt nicht besonders begeistert – das Thema interessiert ihn herzlich wenig. „Muschkelak eh bi sabt?“, fragt er schließlich, „Was genau ist denn dein Problem?" Ich erkläre ihm, dass am Anfang des Buches gewöhnlich eine Widmung für liebe Menschen steht, allerdings in meinem Fall einige Menschen zu berücksichtigen sind. Zwei, maximal drei Namen können es sein. „An wen denkst du denn?“, erbarmt er sich zu fragen. Ich zähle auf: „Da sind Opa und Oma und die andere Oma, die wären sehr stolz auf ihren Enkel. Dann die Eltern...“ Mohameds Aufmerksamkeit gilt dem Fernsehen. „Karma, für die geduldige und tatkräftige Unterstützung des Buchprojekts. Natürlich meine ‚Egypt Mom‘, die mich vor vielen Jahren bei meinen ersten Schritten am Nil unter ihre Fittiche nahm ... hey Mohamed, hörst du überhaupt zu?“ Ohne den Blick vom Fernseher zu lösen, antwortet er: „Schreib doch ‚the great people of Egypt‘. Ohne die Ägypter gäbe es dein Buch nicht.“ Das leuchtet ein. Aber keinen von den anderen? Jetzt ist er genervt: „Schreib was auch immer, wen interessiert's? Es ist dein Buch!“ Im Fernsehen laufen Nachrichten. Irgendetwas ist wieder los, hektisch-aufgeregte Berichte. Plötzlich setzt Mohamed sein schelmisches Grinsen auf: „Schreib ‚Für dich‘, das gefällt allen.“ Es ist eine typisch ägyptische, sehr pragmatische Lösung, die er vorschlägt.

Für

Opa und Oma Unten

Grüße nach oben

Oma Wau

Vattern und Frode

Karma

Egypt Mom

The Great People of Egypt

Für Dich

Viel Freude beim Lesen

„Und Mohamed, was denkst du?“ Er schaut zerstreut: „It's okay, no problem.“ Na dann...

Matthias Fabian

Kairo

Alltag und Ausnahmezustand

tredition

tredition®

www.tredition.de

Artwork & Coverdesign: Karma Klin Gabriel
Lektorat: Hermann Hass, Angelika Fabian
Fotonachweis: Matthias Fabian (Seite 155, 156, 157, 158, Umschlag)

Verlag: tredition GmbH, Hamburg
ISBN: 978-3-8495-7790-2
Printed in Germany

Vorwort

Die ägyptische Revolution feiert am 25. Januar 2013 ihren zweiten Jahrestag mit Tränengas und Straßenschlachten, eine Rebellion fegt den Präsidenten aus dem Amt und die Militärs übernehmen erneut die Macht im Land am Nil – übergangsweise. Als Leser dieses Buches begleiten Sie die Entwicklungen von Anfang Januar 2013 bis in den Januar 2014. Es nimmt Sie mit auf die Straßen und Plätze von Kairo, mitten ins Herz der ägyptischen Metropole, direkt zu den Menschen. Dorthin, wo es laut und voll ist, wo Freude, Sorgen, Gefahren und Nöte eng beisammen liegen – und wo heftig um die Zukunft des Landes gerungen wird. Einem Puzzle gleich entsteht Stück für Stück ein ganz anderer Blick auf die „großen Nachrichten", die nicht nur die ägyptische Welt bewegten. Es ist eine ganz unmittelbare Perspektive, die der einfachen Menschen vor Ort, der ägyptischen Straße. Denn der kleine Mann spricht Klartext jenseits der politischen Floskeln, weiß, wie sich Straßenschlacht und Ausgangssperre anfühlen. Und doch meistert er seinen Alltag jeden Tag aufs Neue, stemmt sich gegen den unheilvollen Rhythmus aus politischer Gewalt und permanenter Wirtschaftskrise.

Das Buch schildert das wahre Leben. Mal ist es hochbrisant politisch, mal typisch ägyptisch alltäglich. Eins haben alle Kapitel gemein: Ihre Episoden haben sich im Wesentlichen tatsächlich so zugetragen. Die Namen der Protagonisten wurden hingegen zu deren Schutz geändert.

M. Fabian

Inhaltsverzeichnis

Eine Reise ins Ungewisse 13

I Ein Dach über dem Kopf 17

II Wir in Kairo 28

III Von Revolutionsgeburtstagen und Fußballprozessen 40

IV Das Gemüt gerät in Wallung 65

V Auf Achse 77

VI Der Frühling ruft 86

VII Eine Rebellion bahnt sich an 91

VIII Der Bürokrat tut seine Pflicht 114

IX Wie es sich gehört 123

X Sommer 137

XI Militärputsch im Namen des Volkes 139

XII Ramadan 159

XIII Die Arbeit der Anderen 164

XIV Kairo im Ausnahmezustand 179
XV Ganz schön gerissen 195
XVI Sommerfrische 199

XVII Der ägyptische Herbst 203
XVIII Unterwegs mit Bus und Bahn 214

Zwischengedanken 224

XIX Im tiefsten Winter 227
XX Ein ereignisreiches Jahr endet 243

XXI Das Volk hat gesprochen 249
XXII In die Lüfte 262

Epilog 267
Glossar 269
Chronik der politischen Meilensteine
2011 bis 2014 288

Eine Reise ins Ungewisse

„Du willst wirklich fliegen, nach Kairo, gerade jetzt? Bist du lebensmüde?" Natürlich sind Verwandte, Freunde und Bekannte mehr als beunruhigt: Es ist Anfang Januar 2013 und das Land am Nil geht mit schwerem politischen Ballast ins neue Jahr. Seit Wochen schon ist Ägypten wieder und wieder in den deutschen Nachrichten. Seit dem Erdrutschsieg der Moslembrüder und Salafisten bei den Parlamentswahlen zum Jahreswechsel 2011/12 schwelt der Konflikt zwischen ihnen und der Opposition, die Lage hat sich seit dem Amtsantritt des islamistischen Präsidenten Mohamed Mursi im Sommer 2012 dramatisch zugespitzt. Am 22. November verleiht sich Mursi dann quasi diktatorische Vollmachten, erklärt seine Entscheidungen und die von Islamisten dominierte Verfassungsversammlung gegen die Kontrolle durch die Justiz für immun - übergangsweise, um die angebliche Sabotage seiner Präsidentschaft durch die Kräfte des alten Mubarak-Regimes unmöglich zu machen, wie er betont. Die gesamte politische Opposition schließt sich zur „Nationalen Rettungsfront" zusammen, Richter und Staatsanwälte sind außer sich. Die Nachrichten flimmern in unseren deutschen Wohnzimmern über die Mattscheiben, genauso wie die Massendemonstrationen, zu denen die Opposition mobilisiert.

Ägypten lässt uns Europäer nicht kalt, fasziniert uns seit langem. Alte Pyramiden, Tempel, Pharaonen - oder der Strand im Ferienort Hurghada, die Korallenriffe des Roten Meeres. Viele von uns haben einen Bezug zum Land am Nil, haben dort schon einmal den wohlverdienten Urlaub verbracht. Die Bilder im Fernsehen sind nicht aus irgendeinem weit entfernten Land, „in Ägypten waren wir auch schon mal". Auf dem Sofa sehen wir zu, wie Mohamed Mursi am 4. Dezember durch den Hinterausgang aus seinem Präsidentenpalast flieht, weil zehntausende aufgebrachte Demonstranten den Haupteingang blockieren und seinen Rücktritt fordern. Bestürzt hören wir, wie am nächsten Tag gewalttätige Anhänger des Präsidenten gegen Oppositionelle vorgehen, Menschen verletzen, töten, foltern - und die Polizei schaut zu. Ein Aufschrei geht durch das Land und in deutschen Wohnzimmern fragen wir uns: „Was ist denn mit den so liebenswürdigen Ägyptern los? So kennen wir sie gar nicht!" Können wir diese gesellschaftlichen Auseinandersetzungen tatsächlich nachvollziehen? Daheim in Europa auf dem Sofa, von jahrzehntelangem Frieden und stabilen Gesellschaftsverhältnissen verwöhnt? Mit Sorge beobachten wir im Dezember, als eine islamistisch geprägte Verfassung in einer Volksabstimmung angenommen wird und die Massenproteste der Opposition weitergehen. Ein Land im Ausnahmezustand, Reporter und Fernsehexperten zeigen es uns alle paar Tage aufs Neue. Über den Alltag im Ausnahmezustand erfahren wir wenig. Eins wissen wir jedenfalls: Für den zweiten Jahrestag der Revolution gegen den früheren Langzeitpräsidenten Mubarak erwarten die Männer und Frauen im Fernsehen eine sehr aufgeheizte Stimmung und vermutlich Gewalt. Denn viele Ägypter sehen die Revolution von den Muslimbrüdern und ihren Parteigängern verraten - aber auch Mursi hat seine Anhänger und es sind nicht wenige.

Will ich mich tatsächlich in diesen Hexenkessel wagen? Etwas unsicher bin ich schon, aber meine Freunde in Kairo sagen mir: „Abseits der Proteste geht das Leben normal weiter. Steige in den Flieger, wir warten schon!" Die Gastfreundschaft und Herzlichkeit der Menschen vom Nil ist unbeschreiblich. Ich bewundere sie dafür, wie sie trotz schwieriger Umstände ihren Humor nicht verlieren, das Beste aus einer Situation machen. Ägypten hat mich in seinen Bann gezogen: Die andere Mentalität, die unterschiedliche Herangehensweise an die großen und kleinen Dinge des Lebens - sie fordern heraus, lenken den Blick auf das Wesentliche, lassen mich vermeintliche Selbstverständlichkeiten reflektieren. Oft präsentiert Ägypten eine so überraschende, wie gänzlich andere Antwort auf eine Frage meines europäisch geprägten Verstandes, die einen gewissen Charme nicht verbergen kann. Ich werde fliegen, habe mich längst für einen mehrmonatigen Sprachkurs in Ägyptisch-Arabisch entschieden und möchte entgegen aller Warnungen daran festhalten: „Die Sprache ist der Schlüssel zu einem Land." Zehn Jahre lang habe ich

Ägypten wieder und wieder mit dem Rucksack bereist, bin fasziniert von seiner Geschichte und Kultur - ich will beides noch gründlicher kennen- und vor allem seine Menschen besser verstehen lernen. Jetzt habe ich Zeit und Gelegenheit dazu.

Während in Kairo Protestzelte errichtet und Demonstrationen abgehalten werden, breche ich auf - zu einer, wie viele besorgt meinen, Reise ins Ungewisse.

I Ein Dach über dem Kopf

Auf dem Wohnungsmarkt

Als Neuankömmling in Ägyptens Hauptstadt Kairo gelandet, gehe ich sogleich auf Wohnungssuche. Ganz traditionell bietet sich der Gang zum Simsar an - eine Art Makler, der verfügbare Wohnungen vorführt und im Erfolgsfall natürlich eine Courtage bekommt. Zwei Makler rufe ich an, aber ihre Preisvorstellungen weichen zu sehr von meinen ab. Vielleicht kennen auch Freunde oder Kollegen freie Wohnungen oder Zimmer in einer Wohngemeinschaft? Das spart die Maklergebühr und ist oft günstiger. Tatsächlich, einige Angebote kommen auf mich zu. Außerdem studiere ich im Internet eingestellte Wohnungs- und Zimmerangebote - die Auswahl ist beachtlich.

Trotzdem, die Wohnungssuche in Ägyptens Hauptstadt hat es in sich! Es gibt viele freie Zimmer und Wohnungen, aber auch eine Unzahl von Ausschlusskriterien: Der Preis muss stimmen, keine Frage. Wichtig ist der Stadtteil: „Wenn du ein Zimmer in Boulaq nimmst, dann komme ich dich nicht besuchen“, stellt Tamer klar, „das ist mir zu gefährlich. Es ist ein schlechter Stadtteil, so viele auf engstem Raum und am unteren Rande der Gesellschaft lebende Menschen.“ Natürlich ist eine gute Anbindung mit öffentlichen Verkehrsmitteln sehr wichtig, und vor allem eine Metro-Station in der Nähe ist bei Kairos ständig verstopften Straßen ein großes, zeitsparendes Plus. Schnell grenzt sich die Zahl akzeptabler Unterkünfte ein. Es bleiben einige interessante Möglichkeiten, und im Handumdrehen sind die Besichtigungstermine telefonisch abgesprochen.

Wie werden die Zimmer aussehen? Welche Mitbewohnerinnen und Mitbewohner gibt es? Die Unterschiede sind beträchtlich, Wohnungsbesichtigungen in Kairo sind wie eine kleine Wanderung zwischen den Welten. Emad holt mich mit einem auf Hochglanz polierten schwarzen Mercedes an der Metro ab. Lederjacke, Sonnenbrille, mit reichlich Gel gestylte Haare. Seine Wohnung dagegen ist überraschend kärglich eingerichtet, das angebotene freie Zimmer besteht aus Bett, klapprigem Schrank und Nachttisch. Eine Klimaanlage gibt es nicht, die Zimmertür ist nicht abschließbar. In der Küche eine reichlich verdreckte Spüle, daneben ein mit Essensresten völlig verkrusteter, ewig lange nicht geputzter Gasherd. Und eine Waschmaschine, die voller Waschpulver und anderen Rückständen klebt; sonst gibt es in dieser Küche keine Einrichtung. Im Bad ein Wasserschaden in der Wand, Farbe und Putz blättern. Eine Dusche, die sehr lange kein Reinigungsmittel mehr gesehen hat. Und natürlich eine Toilette; seine besten Jahre hat dieser Abtritt ganz eindeutig lange hinter sich. Dann krabbelt auch schon die erste Kakerlake aus einer Ritze – ich entscheide mich, die Suche woanders fortzusetzen.

Doktor Osman, Dozent an der Universität Kairo, präsentiert das exakte Gegenteil einer Wohnung: Frische Schnittblumen auf jedem Tisch, brennende Räucherstäbchen sorgen für angenehmen Duft. Die Wohnung ist sehr europäisch eingerichtet, ausschließlich farblich abgestimmte Designermöbel in wohl durchdachter Anordnung bereichern die Zimmer. „Ich habe alles genau geplant, damit man sich wohlfühlt", erklärt er beim Wohnungsrundgang sichtlich stolz - und stolz kann er tatsächlich sein: Es ist so aufgeräumt und sauber, dass man vom Boden essen könnte! Jedes Kissen im Wohnzimmer hat seinen Platz, wird nach der Sofabenutzung geklopft und wieder penibel ausgerichtet. Diese Wohnung ist perfekt – für Doktor Osman.

„Du musst unbedingt nach den Hausregeln fragen!", rät mir Mohamed, „Es gibt Häuser, da ist Damenbesuch nicht erlaubt. Und manche Hauseigentümer wünschen keine Übernachtungsgäste." Tatsächlich: Amm Abdu, Onkel Abdu, präsentiert die perfekte Wohnung. Aber sie hat einen Haken: „Dies ist ein sehr religiöses Haus, Mädchen dürfen hier nicht zu Besuch kommen." Das sei als allgemein gültige Regel zu verstehen und nicht nur auf die Nacht bezogen. „Die Nachbarn wachen darüber, dass diese Regel auch eingehalten wird." Damit ist ein gemeinsamer Fernsehabend oder gar ein geselliges Beisammensein im Freundeskreis von vornherein unmöglich und ein Einzug für mich unvorstellbar.

Nach gut eineinhalb Wochen Suche finde ich dann mein Traumhaus auf Zeit: Ein Altbau vom Anfang des 20. Jahrhunderts, reich verziert, leicht angestaubt doch gerade deshalb mit Atmosphäre. Hohe Decken, geräumige Zimmer - dazu noch zentral gelegen und unlängst renoviert, natürlich in grellbunten Farben, hart an der Grenze zum Kitsch, typisch ägyptisch. Die Mitbewohner sind freundlich und aufgeschlossen, die Hausregeln liberal und die Miete erträglich. Es müsste zwar erst einmal kräftig geputzt und aufgeräumt werden, aber das sollte doch zu machen sein. Hallo Wust el-Balad - Downtown, mein Stadtteil.

Deutsche Gründlichkeit

Der Einzug in das neue Heim steht an. Es ist noch nicht in Top-Zustand, aber hat Potenzial. Der Vormieter hatte bei seinem Auszug nicht sehr gründlich gereinigt, und der täglich einfliegende Staub in diesem Wüstenland tut sein Übriges. Da ist erst mal Großputz angesagt! Einen ganzen Tag lang taucht immer neuer Abfall auf, unter dem Bett, hinter dem Schrank, in irgendwelchen Ritzen zwischen den Holzdielen. Es sind nur Kleinigkeiten - Taschentücher, Bonbonpapiere, Kaugummis. Aber sie wollen natürlich aufgesammelt und entsorgt werden. Dann wird gefegt, erstaunliche Mengen Staub kommen zusammen. Der Staub ist überall, auf dem Boden, auf den Möbeln, auf den Fensterrahmen. „Wahnsinn, das sieht ja wirklich toll aus!" Mahmoud steckt seinen Kopf durch die

Zimmertür und staunt. Dabei fange ich jetzt erst zu putzen an, wenigstens einmal gründlich durchwischen.

Schließlich ist alles fertig und dann: Überraschung! Eine Wand in meinem Zimmer ist gleichzeitig die Wand des Bades vom Nachbarn. Und das ist nicht richtig abgedichtet, bei jeder Nutzung läuft Wasser ins Mauerwerk. Die Farbe blättert und die Bausubstanz bröselt langsam, aber sicher vor sich hin. Das Problem entdecke ich zufällig, als ich das Bett abrücke. Was wie ein völlig intakter Teil der Wand aussah, war eine davor geklemmte Kunststoffplatte. Eine tolle Sichtblende – und eine Barriere für jegliche Verdunstung. Die dahinter dauerhaft feuchte Wand erweist sich als hervorragender Lebensraum für diverse Schimmelpilze, die in allen Farben und Formen auf mehreren Quadratmetern blühen und gedeihen. Dem Klima sei Dank, die Wand trocknet nach Entfernung der Plastikblende schnell ab. Dem Schimmel rücken wir mit ganz viel „Dettol" zu Leibe. Paul lacht: „Die Firma Dettol stellt vom Desinfektionsmittel über die Handseife bis zum Abflussreiniger so ziemlich alles her. Wenn du mich fragst, es riecht alles gleich, sieht ziemlich gleich aus, und ich frage mich, ob nicht dasselbe Produkt in unterschiedlicher Verpackung..." Er lacht ob meines entsetzten Blickes: „Du wirst es mögen, das Zeug ist gut. Es desinfiziert alles!" In unserem Fall ist es der Badreiniger, der innerhalb kürzester Frist den Lebensraum der Schimmelpilze vernichtet. „Ist das die sprichwörtliche ‚Deutsche Gründlichkeit'?" Mahmoud kann es kaum fassen: „Das Zimmer war noch nie so sauber wie jetzt."

Zu viele Leute

„Es gefällt mir gut in der Wohnung", antworte ich dem alten Hani, „es ist nur etwas laut wegen der vielen Autos." Er nickt: „Als ich anfing hier zu arbeiten, da gab es hier und da ein Auto." Hani deutet in die Ferne. „Und hier und dort und da drüben gingen Leute. Das war eine schöne Stadt. Jetzt ist es voll. Zu viele Menschen."

Sheria MERET

„Das Haus steht in der Sheria Meret", antworte ich Khaled auf seine Frage. Er kennt sich gut aus in Downtown, aber dieser Name ist ihm neu. „Sheria Meret Basha." Das sagt ihm nichts. „Die Straße am Ägyptischen Museum!" Ihm geht immer noch kein Licht auf. „Zwischen Midan Tahrir und Abdel Moneim Riad, die große Straße am Museum entlang."

„Wo wohnst du?", fragt auch Nayrooz am nächsten Tag. „Sheria Meret." Sie blickt mich fragend an. Ich beschreibe. „Noch nie gehört, die Straße heißt doch nur Sheria al-Mathaf." Die Museumsstraße also. Wochen später entdecke ich ein Straßenschild. „Sh. Mrit" steht da, Meret Street. Plötzlich dämmert es mir. Im Arabischen schreibt man kurze Vokale und doppelte Buchstaben nicht mit. Meret, Merit, Maritte. Sheria Mariette, Mariette Basha. Ein französischer Name. Auguste Mariette gründete den ägyptischen Antikenservice und das Ägyptische Museum. Seine Straße, am denkbar geeignetsten Ort. „Mariette?“, Zeinab ist überrascht. „Wer ist das?“

Elektromeister

Bei uns ist aus elektrischer Sicht Land unter. Mehrere Lampen haben sich verabschiedet, eine ist aus der Wand gerissen. Was liegt da näher, als den Karaba'i, den Elektriker, zu rufen? Ich nehme mir einen Tag frei und warte. Und warte. Dass seine Zeitangabe ziemlich ägyptisch zu verstehen ist, das ist schon eingeplant. Also warten. Immer weiter. Warten. Nach mehrmaligen Anrufen und der viermaligen Zusicherung, es würde „noch 5 Minuten" dauern, ist er dann tatsächlich da.

Ein netter älterer Herr, um die sechzig. Zunächst verschafft er sich einen Überblick über die Lage, verlangt einen Stuhl, um den Strahler an der Decke genau in Augenschein nehmen zu können. Höflich zieht er die Schuhe aus, um auf den Stuhl zu klettern – nur um sodann beinahe wieder herunterzufallen. Zum Glück kann er sich an der Wand hier im Flur anlehnen. Mit zittrigen Händen nimmt er die Birne eines Strahlers aus der Decke und kneift angestrengt die Augen zusammen. Wie viel Volt steht da noch gleich drauf? „12 Volt", lese ich vor. Das hat er natürlich gewusst.

So untersucht er einen Strahler nach dem anderen. Im Bad sind bei einem Strahler die Kabel durchgebrannt und haben die ganze Plastikfassung der Birne verschmort. Schließlich sind alle Schäden erfasst. Das kann ja heiter werden, es riecht nach Arbeit. Und der Karaba'i riecht schon Geld. „Das wird teurer als erwartet", stellt er nüchtern fest - und geht so dann die Ersatzteile einkaufen. Bald ist er zurück und hat auch ziemlich schnell die einfachen Dinge erledigt. Jeden Handgriff lässt er sich einzeln abnehmen und fragt: „Alles gut?" Eigentlich müsste das doch der Elektriker feststellen, aber es scheint ja zu klappen. Das Licht brennt wieder.

Jetzt stehen noch die schwierigeren Fälle aus. In einer Deckenlampe muss die Energiesparbirne ausgetauscht werden. Mit seinem einzigen Schraubenzieher doktert der Karaba'i an der Glasabdeckung herum. Als das nicht hilft, fingert er nervös daran herum. Oder ist es das gewöhnliche Zittern? Was macht er da denn nur? Durch Hebeln und Biegen versucht er, das Glas zu entfernen. Nach fünf nervenaufreibenden Minuten stellt sich heraus: Es ist ein Drehverschluss. Mit schnellen Handgriffen schraubt der Experte schließlich die kaputte Birne heraus. Oder bricht er sie heraus? Was tut er da? Jedenfalls landen nachher eine zerbrochene Birne und mehrere Sockelteile im Hausmüll - wo auch sonst? Chinesische Energiesparbirnen und giftiges Quecksilber, war da nicht etwas? Glücklicherweise sieht der Handwerker keins austreten. Kein Grund zur Sorge. „Quecksilber? Ich sehe nichts davon.“

Bald sind alle schwierigen Fälle abgearbeitet und nur noch eine Aufgabe ist zu erledigen. Eine kleine Leselampe über meinem Bett ist aus der Wand gerissen. Die Lampe hängt an ihren Kabeln aus der Wand, aber sie funktioniert noch. „Das haben wir gleich", stellt er fachmännisch fest. Ich frage mich, wo die Spachtelmasse ist, mit der er die herausgerissenen Dübel einzementieren will. Noch bevor ich den Gedanken zu Ende gedacht habe, holt der Elektro-Meister ein kleines Holzstück aus der Tasche. Fachmännisch spaltet er es mit seinem Schraubenzieher in kleine Stücke und schlägt sie mit dem Knauf des Werkzeugs neben die Dübel in die Löcher der Wand. Verblüfft stelle ich fest, dass die Dübel sitzen.

Nun muss nur noch die Halterung wieder angebracht werden, aber die Stromkabel sind irgendwie im Weg. Da holt der Karaba'i sein zweites Werkzeug aus der Jackentasche: eine Multifunktionszange. „Die Sicherung?", frage ich. Er schaut, schüttelt den Kopf und kneift zu. Ein Stromkabel ist durch. Mir ist das etwas unheimlich. Ihm nicht. Mit einer Seelenruhe setzt er am zweiten Kabel an und drückt zu...

Ein gewaltiger Funkenregen ergießt sich in das Zimmer. War das ein Blitz? Der Karaba'i grinst: „Jetzt ist die Sicherung draußen." Das Kabel ist durch. Nach wenigen Handgriffen ist die Lampe angebracht. Geschafft. Wir leben noch.

Selbst ist der Mann

Reparieren, improvisieren, zurecht wursteln. Irgendwie klappt alles. Mehr schlecht als recht, aber es klappt. Autos, Häuser, Laster, Lokomotiven. Manchmal hängt alles von einem Klebestreifen ab. Hält er oder hält er nicht? Gerätschaften werden so am Laufen gehalten, die bei uns schon in den 60er Jahren auf dem Schrottplatz landeten. Es ist schon eine Leistung, mit so wenigen und einfachen Mitteln ein Funktionieren sicherzustellen. Gerade dieser Tage, wo das Geld noch etwas knapper ist. Reparieren und improvisieren, hier in Ägypten ist das ganz normal, keiner Rede wert.

... oder auch nicht

Eine Sicherung in der Wohnung ist durchgebrannt. „Ich rufe nochmal den Elektriker an", sagt Tamer. Ich schaue ihn erstaunt an: „Die können wir doch selbst wechseln." Jetzt schaut er erstaunt: „Ja, also ich kann so etwas nicht. Wenn du das kannst..."

Ein paar Tage später lacht Harry über die Geschichte und berichtet amüsiert: „Letzte Woche fragte mein Vermieter, ob ich für ihn einen Nagel in die Wand schlagen könne." Er könne so was nicht, der Vermieter.

Lebensaufgabe

Der Bawab: Er sieht nach dem Rechten, ist Pförtner, macht Besorgungen, sorgt für Sauberkeit im Treppenhaus, organisiert bei Bedarf Handwerker. Und natürlich sorgt er für soziale Kontrolle und die Einhaltung der Hausregeln. Hier im Haus heißt er Hani, ist fast blind, aber doch immer zur Stelle, wenn es darauf ankommt. Herrscht mitten in der Nacht draußen Randale, Hani ist da und hat die Haustüre ganz sicher schon abgeschlossen, bevor ein anderer Hausbewohner herbeieilt. Den Nachbarn holt er morgens die Zeitung, steht dafür extra früh auf. Der Extraservice kostet - natürlich, aber es ist ja auch ein bisschen Luxus. Wie lange er eigentlich schon Bawab sei, über diese Frage muss er erst mal nachdenken. „Mindestens 50 Jahre“, antwortet er dann, langsam und bedächtig. „Unter Gamal Abdel Nasser war ich es schon, angefangen habe ich noch unter König Farouk.“ Da ist er stolz drauf: „Und immer in diesem Haus.“ Wie alt er denn sei, frage ich vorsichtig. Diese Frage ist schwieriger. „Mindestens 70“, sagt er schließlich und macht eine eindeutige Handbewegung. „Eher mehr“, soll sie wohl heißen. König Farouk, das war vor gut 60 Jahren. Es ist seine Lebensaufgabe. Ob er sie eigentlich gern mache, diese Frage überrascht ihn. Hani lacht: „Was für eine Frage nach all den Jahren.“

II Wir in Kairo

Winter

Schwere Wolken am Himmel, war das ein Regentropfen? Bei ungemütlichen zehn Grad zieht ein kalter Windhauch durch die Straße. Tatsächlich, es regnet. Tropfen klatschen auf den Asphalt, kleine Seen bilden sich am Straßenrand - und große in Senken mitten auf der Fahrbahn. Staub wird zu Matsch, Matsch überall. Reifen pflügen hindurch, feine Tröpfchen besprühen die Fahrzeuge. Kommt der Wagen gerade von einer Allrad-Schlamm-Safari? Oh, es ist ein Taxi! Eilig bringen die Straßenverkäufer ihre Schals und Wollmützen in trockene Sicherheit. Winterjacken haben Konjunktur. Durch die Straßen eilen die Menschen, schützen ihren Kopf mit einer Zeitung, Pappe – oder ignorieren den Regen einfach. „Ich mag das Wetter", verkündet Fatma, „jetzt ist es nicht so heiß. Sonst schwitze ich immer so."

Die Kälte kriecht in die nicht isolierten Häuser, es ist ungemütlich. Durch das Fenster kommt eine Brise frische Luft. Der Regen wäscht den Smog aus der Luft. Da, ein Sonnenstrahl! Kairo im Winter.

Herzensbrecher

Es ist kurz vor Mitternacht. Bald fährt die letzte Metro ins Depot und macht für ein paar Stunden

Pause. Wie schon an den vergangenen Tagen bin ich auf dem Weg ins Nachtlager und eile mit den letzten Fahrgästen durchs Halbdunkel der Gänge zum Ausgang. Beim ersten Mal wäre ich fast über ihn gestolpert - hier kurz vor dem Ausgang an der Talaat Harb-Straße. Halb in einen Sack eingewickelt liegt er an der Wand, zwischen umher wehendem Plastik und Staub. Und schläft. Die Meisten huschen eilig vorbei. Manche bleiben ratlos und verunsichert stehen. Was kann man schon tun? „Das muss der Staat regeln, so geht es nicht!“, meint ein Anzugträger zu seinem Begleiter. Es herrscht ein Gefühl von Ohnmacht und Entrüstung zugleich. Hier liegt sie im Dreck, die Zukunft des Landes. Der Junge ist vielleicht 12 oder 13 Jahre alt. Es bricht einem das Herz. Jeden Abend.

Kontrastprogramm

Wir spazieren durch Masr el-Gedida, den Stadtteil Heliopolis. „Ist das nicht toll, sieh dir doch diese schönen Häuser an!“ Meine ägyptischen Freunde sind sichtlich angetan. Zu Recht. Ich bestaune die architektonisch schönen Gebäude; alte schmuckvolle Häuser, recht gut gepflegt. Und das viele Grün! Auf den Bürgersteigen kann man ungehindert ausschreiten, es ist angenehm leer. Alles ist etwas weiter, repräsentativer, ruhiger. Niemand beachtet uns, was für ein angenehmer Ort. „Hier könnte ich gut leben“, stelle ich fest. Stolz entgegnen meine Begleiter: „Wir haben es ja gesagt! Das ist unser Revier. Hier sind wir oft und gern unterwegs. Heliopolis hat Stil. So wie wir." Sie lachen.

Am nächsten Tag sind wir in meinem Revier. Überfüllt, enger, laut, dreckig. Eigentlich schöne, alte Gebäude vom Anfang des 20. Jahrhunderts, denen in Heliopolis gar nicht so unähnlich, aber recht heruntergekommen. „Schnell weiter", heißt es schon bald, als ein unverschämter Straßenverkäufer uns beleidigt und bedrängt. Starren uns diese Jugendlichen an? Ja, das tun sie. Es ist wie im Zoo. „Einmal eine Frau mit offenen Haaren und ein paar auf europäische Art modisch gekleidete Begleiter und alle drehen durch", denken wir und machen uns aus dem Staub. Schnell zum Auto! Downtown zeigt sich heute wirklich nicht von seiner besten Seite.

„Ich könnte jedes Mal heulen", meint Tarek dann in ‚Sicherheit', „ich hasse es, so angestarrt und bedrängt zu werden." Karim ergänzt: „So viel Abschaum ist hier unterwegs." Auch hier im Auto offenbart sich ein weit verbreitetes Klassendenken: „Wir sind besser als dieses Volk." Das Verhältnis der Gutsituierten und Wohlhabenden zur ärmeren Bevölkerung ist angespannt und oftmals von Verachtung seitens derer geprägt, denen es besser geht. Auf die Armen wird gern geringschätzig herabgeblickt.

„Wie hältst du das nur aus?", fragt denn auch Zeinab. Bevor ich antworten kann, wirft Leila zur Ehrenrettung von Wust el-Balad in das sich kontrovers entwickelnde Gespräch ein: „Ach, hier tobt doch das Leben. Ich mag die vielen Cafés und den Trubel. Diese Unannehmlichkeiten muss man halt in Kauf nehmen, ändern kann man ja doch nichts."

Der Zauberer

Auf dem Midan Abdel Moneim Riad steht ein Straßenzauberer, ein seltener Anblick. Er hat verschiedene Utensilien dabei, eine Kiste natürlich mit seinen Requisiten, und was er da aus dem Hut zaubert, das ist doch ganz ansehnlich. Eine beachtliche Zuschauermenge hat sich versammelt, Junge, Alte, Halbstarke. Fast alle sind Männer und auch der Zauberer ist (natürlich) ein Mann. Sogar der Straßenkehrer ist stehengeblieben - es sind sicher an die hundert Personen, die im Halbkreis stehend dem Geschehen folgen. Tischtennisbälle lässt der Magier aus seinen Händen verschwinden, das Publikum schaut gebannt zu. „Mit Taschentüchern wedelt er umher, lässt sie verschwinden und wieder auftauchen. „Gleich ganz genau hinschauen, es wird etwas erscheinen", ruft er in die Runde. Und tatsächlich, völlig überraschend kommt ein Straßenhund in die Runde gelaufen und läuft schwanzwedelnd zum Zauberer. Die Zuschauer lachen - das war so nicht geplant. Schnell geht die Show weiter. Tischtennisbälle tauchen plötzlich auf, der Zauberer zieht sie den Zuschauern aus dem Haar. Diskussionen: Wie macht er das? Dann nimmt er ein Taschentuch, legt es in eine Schale, zündet es an. Mit der brennenden Schale eilt er zu seiner Kiste, will dort etwas herausholen. Aber vier Halbstarke sind schneller, stürmen zu seiner Kiste, greifen hinein. Sie wollen sie durchsuchen, der muss doch betrügen bei seinen Tricks! Ein Teil des Publikums schreit sie an, sie sollen die Finger davon lassen. „Man fasst die Sachen vom Zauberer nicht an, das ist verboten!" Die Jugendlichen schreien zurück: „Aber er ist ein Betrüger! Der hat was in der Kiste versteckt und will es jetzt herausholen!" Fast bricht eine Prügelei los, dann lassen die Jugendlichen endlich doch von ihrem Vorhaben ab. Die Hälfte des Publikums zieht von dannen. „Den Betrug schaue ich mir nicht an", empört sich ein älterer Herr. Die restlichen Zuschauer können dann bestaunen, wie in der Schale mit dem brennenden Taschentuch wie von Zauberhand zwei Meerschweinchen auftauchen. „Na los", ruft ein anderer Jugendlicher - und fängt an zu klatschen. Der Rest stimmt ein. Damit ist die Show beendet. Ein paar Zuschauer werfen Pfundmünzen in die Mütze des Zauberers, dann löst sich die Menschenmenge auf.

Starthilfe

Dies ist wirklich die ungünstigste Stelle, um mit dem Auto liegen zu bleiben! Hier ist die Hölle los, irgendwie verständlich. Mitten auf der Auffahrt zur Oktoberbrücke ist die Wirkung maximal, nichts geht mehr. Da hilft auch der schicke Flitzer nichts, Vollsperrung. Der Rosenverkäufer ist schon da - im Stau lassen sich vielleicht Geschäfte machen. Die Luft ist mit Abgasen geschwängert, zu allem Überfluss verbrennt jemand unter der Brücke einen Abfallhaufen. Das Atmen fällt schwer. Ich springe dem Rosenverkäufer bei und helfe gemeinsam mit ihm schieben. Langsam geht es voran, auch der gestrandete Fahrer schiebt nach Kräften. Stück für Stück bewegt sich das Auto, langsam bugsieren wir es zur Seite. Unablässig hupen die Autos hinter uns. Niemand steigt aus, um zu helfen. „Macht Platz, aus dem Weg“, ruft ein älterer Herr im dicken Wagen. Wir legen uns mit voller Kraft ins Zeug. Der Fahrer beugt sich vor, stemmt sich mit ganzer Kraft gegen die Steigung der Auffahrt. Sein Hemd rutscht ein Stück hoch, und ich staune nicht schlecht: Unter seinem Gürtel klemmt ein waschechter Revolver. Endlich ist das Auto am Straßenrand. Der Fahrer zieht die Handbremse an, der Rosenverkäufer und ich gratulieren uns gegenseitig. „Gut, sehr gut. Du bist ein guter Mann“, sagt er - und ich mache, dass ich wegkomme. Sicher ist sicher.

Anonymität

Auf einer Bank sitzen zwei Jugendliche, 15, vielleicht 16 Jahre alt. Der eine mit hängenden Schultern, ein Häufchen Elend. Ab und zu telefoniert er und schaut mit leerem Blick auf den Boden. Der andere redet ihm gut zu, legt ihm den Arm um die Schulter, scherzt und lacht. Er beugt sich vor, die Gesichter berühren sich fast. Ein aufmunterndes Tätscheln auf die Wange. „Kopf hoch, Junge“, will er wohl sagen. Unzählige Passanten eilen vorbei, nehmen scheinbar keine Notiz. Privatsphäre in der belebten Hauptstraße. Die Anonymität der Großstadt.

Am Limit

Gerade stand es wieder in der Zeitung: Ein Tag Atemluft in Kairo ist so gesundheitsschädlich wie eine Schachtel Zigaretten. Die Hauptgründe seien: Industrie, Verkehr, Müllverbrennung unter freiem Himmel und, und, und... Die Auswirkungen sind deutlich spürbar. An manchen Abenden ist das Taschentuch vom Schnäuzen tagsüber schwarz. Die Abgase reizen die Bronchien, gerade wenn das Fenster über der Hauptstraße weit offen ist. Das Immunsystem wird anfällig für grippale Infekte und Erkältungen aller Art, läuft es doch schon im Normalzustand auf Hochtouren. Treibt dann noch eine frische Brise Wüstensand in die Stadt, schlagen bei vielen die Nebenhöhlen Alarm. Da hilft nur eins: Fenster zu und das Haus nicht verlassen.

Himmel und Hölle

Kairo ist restlos übervölkert. Verstopfte Straßen, kein ruhiger Rückzugsort, Müll, Lärm, Dreck. Aber auch: überall und jederzeit ein Kiosk, Imbiss, eine mobile Garküche, Bäckerei, Saftbude. Der Lebensmittelhändler nur hundert Meter um die Ecke, ein Obst- und Gemüseladen auch nicht weit und erst recht ein Coffee Shop immer in nächster

Nähe. Auf den Straßen findet man zu jeder Tages- und Nachtzeit ein Taxi, dazu Minibusse en masse sowie die großen roten und die kleinen grünen Busse dazwischen. Himmel und Hölle, zwei Seiten einer Medaille. „Ja, das ist wirklich praktisch", meint Ahmed, „und an die vielen Menschen gewöhnst du dich."

Lieferung frei Haus

Vor mir baumelt ein Korb in der Luft. Neugierig schaue ich nach oben. Aus dem dritten Stock hat der alte Herr an einem Strick das gute Stück herabgelassen. Jetzt wartet er am Fenster darauf, dass der Ladenbesitzer nebenan die von ihm bestellten Lebensmittel hineinlegt. Dann fährt das Essen für die nächsten Tage Aufzug und erreicht ihn hoch oben. Lieferung frei Haus auf ägyptisch.

Der Dämon

In Kairos koptischen Kirchen werden Exorzismen durchgeführt, Hakim weiß zu berichten: „Meine Tante war bei einer solchen Zeremonie dabei. Sie glaubt an so etwas nicht, Dämonen und dergleichen, aber sie war neugierig." Auf das Thema Exorzismus angesprochen, gibt Tante Mariam sofort ausgiebig Auskunft: „Vorn beim Priester war eine Frau, die völlig verwirrt war. Sie machte seltsame Geräusche und zuckende Bewegungen, woraufhin der Priester zu beten und zu singen anfing. Und die ganze Kirche machte mit. Immer wieder forderte der Priester den Dämon auf, die Frau zu verlassen. Aber der Dämon sprach plötzlich mit ganz und gar ungewöhnlicher Stimme aus ihr und beschimpfte den Priester auf übelste Weise. Zwischen beiden kam es zu heftigen Wortgefechten. Immer wieder betete und sang der Priester, während einige Kirchenbesucher die Frau festhielten. Das ging sicher eine halbe Stunde so weiter, dann verhielt sich die Frau plötzlich wieder völlig normal." Hakims Tante erinnert sich noch ganz genau an das eindrückliche Erlebnis. „Die Frau war ruhig, aber plötzlich fing eine andere Frau aus dem Publikum an, wie besessen herumzuschreien und um sich zu schlagen. Bis dahin glaubte ich nicht an Dämonen und Geister, aber der Dämon fuhr in der Kirche aus der einen in die andere Frau! Die war vorher ganz normal. Sie wurde dann nach vorn zum Priester gezerrt, anschließend schlugen der Priester und die Frau heftig aufeinander ein. Dann ging das Ganze wieder von vorn los: Beten und Singen und diese Beschwörungen, die ich nicht verstanden habe. Irgendwann verließ der Dämon die Frau über einen Tropfen Blut aus ihrem Finger und sie war wieder normal. Ich habe den Finger gesehen, da war keine Verletzung."

Die Geschichte macht großen Eindruck auf die Zuhörer. „Toll", entfährt es John, „das muss ich sehen!" Mariam hat diese Wirkung nicht beabsichtigt: „Geht doch nicht ein solches Risiko ein. Nicht, dass der Dämon plötzlich in einen von euch fährt. Nie wieder gehe ich zu so etwas hin, das ist mir unheimlich!"

Treffpunkt Straßencafé

Der Coffee Shop, das Straßencafé, ist eine ägyptische Institution. Einfache Stühle, meist aus Plastik, dazu winzige Metalltischchen - und alles unter freiem Himmel, meist am Straßenrand. Besonderer Komfort ist nicht zu erwarten, dafür Tee, Kaffee, Shisha; ausgefallene Getränke oder gar Snacks sucht man vergeblich. Es ist eine sehr einfache Umgebung - aus dem ägyptischen Alltag ist sie nicht wegzudenken. „Es ist laut, es ist voll, es ist immer etwas los." Hatem bringt es auf den Punkt; der Coffee Shop ist sozialer Treffpunkt für die männliche Hälfte der ägyptischen Gesellschaft. „Das gilt quer durch alle Altersgruppen", klärt Mahmoud auf, „nur die Kinder, die sind außen vor." Amina ist es wichtig zu ergänzen: „In Kairo gehen natürlich auch die jüngeren Frauen mit, wenn sich ihre Freunde im Coffee Shop treffen." Diskutieren, fernsehen oder Backgammon spielen; Langeweile kommt nicht auf.

Al Kahera Wal Nas

„Kairo und die Leute", so heißt der Satellitensender, den ich soeben neu entdeckt habe. Der bekannte Journalist Ibrahim Eissa kommentiert gerade das politische Geschehen in seiner Sendung „Hier ist Kairo" auf die ihm eigene Weise: Unaufgeregt, ruhig, ohne Geschrei. Aber mit Köpfchen und Wortwitz. Überhaupt macht es Spaß, dem rundlichen, freundlich dreiblickenden Herrn mit seinen roten Hosenträgern zuzuschauen. Nach ihm kommt ein lustig aussehender Reporter, der auf der Straße unterwegs ist. Sinngemäß heißt seine Sendung „Der lustige Ägypter". Eigentlich fragt er die Leute heute nur: „Was gibt es Neues?" Und sie antworten: zurückhaltend, freundlich, lustig, scherzend, temperamentvoll. Eine bunte Mischung: Männer, Frauen, Alte, Junge, mit Kopftuch und ohne, in Galabeya oder Anzug. Es ist ein Vergnügen, zuzuschauen und sich mit oder über die Menschen zu freuen. Herzlich, sympathisch, liebenswürdig. „Lasosta", der schräge Italiener in der nächsten Sendung interviewt eine bekannte Schauspielerin. Er fragt dies und das und plaudert munter. Beim Smalltalk dann plötzlich wie aus heiterem Himmel: „Und was halten Sie von Sex?" Die sicher über 70-jährige Dame mit der rauchigen Stimme bricht in schallendes Gelächter aus. „Willkommen in der Hauptstadt", heißt es in der Werbepause. Auf anderen Sendern flimmern beinahe pausenlos politische und wirtschaftliche Krisennachrichten, man könnte die hier gezeigte sympathische Seite Ägyptens fast vergessen. „Ich liebe den Sender auch!" Mahmoud freut sich über Gleichgesinnte.

Im Fernsehen

Archäologen haben um Hilfe gerufen und eine ganz ansehnliche Helferschar ist zusammengekommen. Jetzt räumen wir den Müll im Ra-Tempel von Arab el-Hisn in Kairos Stadtteil El-Matariya weg. An einem Tag schaffen wir drei Mülllaster voll, aber es ist eine Sisyphusarbeit. Eigentlich wollen wir nur ein Zeichen setzen: „Regierung, kümmere dich endlich und schütze diese historisch äußerst wichtige Stätte." Eine Hundertschaft Antikenpolizei ist da – und das Fernsehen filmt und dreht Interviews.

„Das gibt es ja nicht, ich hab dich gerade bei ON TV im Fernsehen gesehen", ruft am nächsten Abend eine Freundin aus Luxor an. Die Sprachlehrerin meint am nächsten Morgen, ihr Bruder habe ganz aufgeregt gerufen: „Dein Sprachschüler ist im Fernsehen!" Dass er aus El-Matariya komme, erklärt drei Wochen später ein Taxifahrer. Auf die Bemerkung: „El-Matariya kenne ich", stellt er begeistert fest, er habe mich bei ON TV im Fernsehen gesehen. Ich stelle mich unwissend, aber er beharrt darauf, ich hätte dort im Tempel Müll gesammelt. Bezahlen muss ich trotzdem.

Einen Monat nach der Aufräumaktion besucht der Antikenminister den Ort und stellt viel Geld zur Verfügung, um die Stätte zu entrümpeln und zu sichern. Warum ich eigentlich ägyptischen Müll wegräumen würde, wollte die Sprachlehrerin noch wissen.

III Von Revolutionsgeburtstagen und Fußballprozessen

Konflikte

„Mohamed Mursi muss weg, so schnell es geht!“, bringt Karim seine Auffassung auf den Punkt. „Auf keinen Fall, Mursi ist ein guter Mann!“, empört sich Ahmed, der davon überhaupt nichts wissen will. „Wir haben den Präsidenten für vier Jahre gewählt, jetzt müssen wir ihm auch eine Chance geben.“

Bereits lange vor der dramatischen Zuspitzung im Dezember 2012 hatte sich ein Konflikt zwischen dem islamistischen und dem oft als säkular und liberal bezeichneten Bevölkerungsteil abgezeichnet. „Sie werfen allen politischen Gegnern vor, nicht islamisch genug zu sein und wollen uns vorschreiben, wie wir zu leben haben!“, ereifert sich Abdu über die Islamisten. Er identifiziert sich damit eindeutig als Gegner des Präsidenten und verweist in einer Randbemerkung auch auf das immer wieder von radikalen Sheikhs geforderte strikte Alkoholverbot im ganzen Land. „In den Moscheen hetzen sie gegen uns, wollen uns ihre radikale Auslegung des Islam aufzwingen. Die Prediger haben doch den Verstand verloren – wir sind hier nicht in Saudi-Arabien!“ Rana regt sich über etwas anderes auf: „Die Heuchelei der Islamisten ist einfach unerträglich! Uns halten sie

Moralpredigten und sie selbst handeln nicht nach den Regeln, die sie uns aufzwingen wollen!" Natürlich erwähnt sie die zwei Fälle, die im letzten Jahr für die meiste Empörung gesorgt hatten: Den Parlamentsabgeordneten der Salafisten, der zur Vertuschung seiner Eitelkeit vorgab, von Schlägern krankenhausreif geprügelt worden zu sein; bis herauskam, dass er sich - völlig unislamisch - in der Klinik einer Schönheitsoperation an der Nase unterzogen hatte. Und seinen ebenfalls islamistischen Parlamentskollegen, der sich von der Polizei im Auto in flagranti bei sexuellen Handlungen mit einer 22-jährigen Studentin erwischen ließ. Viel schlimmer sei noch etwas anderes, gibt Amal zu bedenken: „Die Islamisten diskutieren ernsthaft, das Heiratsalter für Mädchen herabzusetzen. Auf neun oder zwölf Jahre, kannst du dir das vorstellen? Das ist doch Kindesmissbrauch!" Natürlich sehen die Anhänger des Präsidenten das alles anders und auch sie sind zahlreich. Die alten Seilschaften versuchten, Mursi zu Fall zu bringen, behaupten sie wieder und wieder. Der Kulturkampf am Nil ist voll entbrannt. Forderungen von radikalen Islamisten, die von ihnen als Götzenbilder angesehenen Nationalsymbole Sphinx und Pyramiden zu zerstören, heizen die Lage zusätzlich an.

„Am 25. Januar gehen wir wieder gegen Mursi auf die Straße, die Revolution geht weiter!" Mohamed, Rana, Amal und viele andere warten auf den großen Tag.

Am Ende der Welt

Der Tahrirplatz ist für den Verkehr gesperrt, dort zelten seit Wochen die Gegner von Präsident Mursi. Nachdem sich der Präsident übergangsweise quasi-diktatorische Vollmachten verliehen hatte, war es im November 2012 zu größeren Protesten gekommen. Das Land wurde tief gespalten. Auf der einen Seite die Unterstützer des Präsidenten, auf der anderen Seite seine Gegner. „Diktator“, schrien sie ihre Wut heraus, „Mursi ist ein Diktator.“ Hier liegen also die Überbleibsel der Proteste, direkt vor mir. Es ist ein Zeltlager, welches sich auf der kreisrunden Fläche in der Mitte des Tahrir-Platzes ausbreitet. Mein Ziel ist die Kasr el-Aini-Straße. Da gibt es ein Internetzubehör-Geschäft und dort muss ich dringend hin. Auf der Höhe des Mogamma-Verwaltungsgebäudes ist die Straße blockiert. Riesige Betonquader, aufgestapelt mit schwerem Gerät, versperren den Weg. Auch das noch! Rund um das Parlament sind diverse Straßen zugemauert, aber dies hier ist eine der Hauptstraßen von Kairo. „Hier ist geschlossen“, erläutert der freundliche alte Herr das Offensichtliche. Ich beschließe notgedrungen, drumherum zu gehen. Die erste Seitenstraße nach rechts, dann die nächste nach links - Pech gehabt, zugemauert. Also weiter parallel zur Mauerlinie. Schon wieder zugemauert. Das kann doch nicht sein! Am Nilufer angekommen ist die Straße offen. Na endlich! Ich folge ihr und muss jetzt möglichst schnell nach links. Stacheldrahtsperre. Das nervt. Das gleiche

Bild in der nächsten Seitenstraße. Frustration macht sich breit. In der dritten Seitenstraße ein Durchgang durch den Stacheldraht. Ich bin auf dem Weg zum Ziel, rechts und links im Halbdunkel parkt die Staatsmacht. Mannschaftstransporter, Polizeilaster. So weit das Auge reicht. Ich komme mir vor wie in einem Heerlager. Laster brausen heran, man beobachtet mich sehr genau. Halb neugierig, halb misstrauisch. Ich erreiche die Kasr el-Aini-Straße ungefähr 100 Meter hinter der Mauer. Die Geschäfte haben geöffnet, warten verzweifelt auf Kundschaft. Gähnende Leere, die Straße ist verwaist. Geisterstadt-Atmosphäre. „Eigentlich könnte ich gleich den Laden schließen", jammert ein Einzelhändler. Das Leben vor und hinter der Mauer steht still. Gestern noch beste Innenstadtlage, heute das Ende der Welt.

Fucked up country

„I hope I get this job for one year or so and then I'll leave this country", sagt Ahmed. Er hofft auf diesen tollen Job, aber im nächsten Jahr will er raus aus Ägypten. „This country is fucked up, it drains all your energy." Dieses Land saugt aus dir alle Energie, schon bei kleinen Dingen. Die Waschmaschine muss repariert werden, der Reparateur braucht dafür ganze zehn Minuten. „Und du den ganzen Tag, um dafür zu sorgen, dass er auch wirklich kommt, nachdem er die letzten beiden Tage nicht auftauchte!" Dann Stunden warten, bis er endlich einmal da ist. „Dann schaust du auch noch genau zu, damit er nicht schummelt und wirklich sinnvoll repariert. Endlich gibst du ihm das Geld und freust dich, dass du diese Woche etwas geschafft hast.“ Ein Erfolgserlebnis. „Bis du feststellst, dass noch der Termin mit dem Hausbesitzer, mit der Telefongesellschaft und der für die Internetverbindung ausstehen. Du musst alles alleine machen, niemand hilft dir, weder bei der Waschmaschine noch wenn du ein wirklich ernstes Problem hast." Es ist eine Frage des Zusammenlebens, jeder kümmert sich vor allem und zu aller erst um sich selbst. Andere spielen da keine große Rolle, wenn sie dir nicht von Nutzen sind. „Wer hat schon Respekt vor anderen? Und überhaupt erst vor dem Gesetz, wenn sich schon der Präsident nicht daran hält? Stell dir vor, er hat einfach eine neue Verfassungserklärung veröffentlicht, die ihn quasi unfehlbar macht. In praktisch allen politischen Entscheidungen hat er sich selbst das letzte Wort gegeben. Danach sind alle Verfassungszusätze, Entscheidungen und Gesetze des Präsidenten endgültig, gegen sie kann kein Rechtsmittel mehr eingelegt werden. Alle von den Gerichten für ungültig erklärten Dekrete Mursis sind damit wieder gültig. Wenn die Verfassungsrichter das nicht gut finden, werden sie beleidigt und angeschrien. Ich mag ihn nicht, aber der Friedensnobelpreisträger El-Baradei hat Recht, wenn er behauptet, dass der Präsident die Staatsmacht an sich gerissen und sich zu Ägyptens neuem Pharao gemacht hat. Recht und Ordnung gelten ihm nichts. It's really a fucked up country. I want to leave. But it is not easy." Ahmed will das Land verlassen, so schnell es geht. Alle Politiker taugen hier nichts. „Es bräuchte schon eine sehr blutige Revolution, aber..." Ahmed schüttelt den Kopf. Er geht.

Augen der Freiheit

Umbenannt wurde sie, die Mohamed Mahmoud-Straße. „Augen der Freiheit"-Straße heißt sie nun voller Anspielung unter Revolutionären, weil hier so viele durch die Schrotkugeln der Polizei ihr Augenlicht verloren. „Im täglichen Gebrauch bleibt es natürlich bei Mohamed Mahmoud", erklärt Eve, die Revolutionärin. Ständig wechseln hier die Wandmalereien. Hier ist das Gedächtnis der Revolution vom Januar 2011, so viele Märtyrer sind abgebildet. Überlebensgroß, bedrückend sind die Portraits. Kopten und Muslime, alle bekommen Engelsflügel. Im Tod sind sie alle gleich. Von der Polizei zertrümmerte Schädel und Gesichter an der Wand, die Bilder gingen um die Welt. Manche kennt man international, das von Khaled Said zum Beispiel. Seine Exekution durch die Polizei war einer der Auslöser der Revolution. Andere sind weniger bekannt. Beeindruckend und bedrückend zugleich. Dieser Ort ist beklemmend. Ein seltsames Gefühl, hier in der strahlenden Sonne. Emad Effat, vermutlich von der Polizei erschossener Sheikh des wichtigsten sunnitisch-muslimischen Religionszentrums Al-Azhar, und Mina Daniel, ein im Oktober 2011 vor dem Staatsfernsehgebäude von Maspero vermutlich von der

Armee getöteter koptischer Aktivist, spannen auf der Wand ein Banner: „Wer nach uns?“ Darunter viele Portraits von Getöteten. Und viele Menschen jubeln ihnen zu. Die Augen der Freiheit, sie haben die vielen Toten fest im Blick.

Mauern für den Fünfundzwanzigsten

Noch wenige Tage, dann jährt sich die Revolution von 2011 zum zweiten Mal. Vorbereitungen für den 25. Januar sind angelaufen, auch wenn das Programm noch unbekannt ist. Abdu, Ahmed und Mahmoud befürchten Gewalt zwischen dem islamistischen Lager und den Mursi-Gegnern. „Das wird heiß“, meint Abdu salopp. Man möge Downtown besser verlassen. Ich will mich in meiner Wohnung einigeln, für ein paar Tage auf Vorrat einkaufen, das Haus nicht verlassen. Andere denken ähnlich. In der Sheria Mohamed Mahmoud mauern sich die Amerikanische Universität und das danebenliegende Lycée el-Horreya ein, ziehen ihre Mauern höher, vermauern Türen und Tore. Sie bereiten sich wohl auf das Schlimmste vor, hier direkt am Tahrir.

Mathaf eth-Thawra

„Mathaf eth-Thawra“ sagt das große Schild über dem Zeltlager auf dem Tahrir-Platz. Museum der Revolution. Vor dem Eingang herrscht Gedränge, rechts und links daneben Bilder, Blumen auf dem Boden. Menschen stehen andächtig da, schauen betreten drein. Es sind die Bilder einiger Revolutionsmärtyrer, dazu die Blumen. Eine bedrückende Szene, die wohl auch den dringenden Bedarf für ein Denkmal, einen Ort der Erinnerung zeigt.

Ich betrete das Museum und schaue nur zufällig nach unten. Gerade laufe ich über ein Konterfei von Präsident Mursi. Schon die alten Ägypter demütigten so ihre Feinde. Die meisten Besucher stellen irgendwann überrascht fest, worauf sie gerade herumtrampeln. „Sieh mal, Mursi“, weisen sie andere darauf hin. Nicht wenige müssen grinsen. Eine tiefe Abneigung gegen den Präsidenten ist auch im Museum zu spüren. Neben unzähligen handgeschriebenen Zetteln gibt es zahlreiche Karikaturen von Mursi. Als amerikanischer Cowboy, in einem Frauenkleid, keine erdenkliche Demütigung wird ausgelassen. Dieser Mann hat alle Legitimität verwirkt, wenn es nach den Museumsorganisatoren geht. Den gestürzten ehemaligen Präsidenten, den „Pharao“ Hosni Mubarak sucht man beinahe vergeblich. Zwar gibt es eine Ecke zum 25. Januar 2011, eine weitere zum Maspero-Massaker vom 9. Oktober 2011, als die Armee mehr als 20 Demonstranten niedermachte und weit über 200 verletzte. Der Schwerpunkt ist viel aktueller. Kein Wunder, viele Menschen sind hier der Meinung, die Revolution müsse weitergehen. Und das ist das Besondere an diesem Museum: Jeder Besucher kann sich einen Stift und Zettel nehmen und ist sofort Teil des Projekts. Immer wieder werden Besucher aktiv und neue Zettel werden an die Wände geklebt. Einfach revolutionär.

Die Ruhe vor dem Sturm

U-Bahnhof Anwar as-Sadat, schnell aus der Metro aussteigen. Über der Station liegt der Tahrirplatz. Und morgen jährt sich die Revolution des 25. Januar 2011 zum zweiten Mal. Ich bin gespannt, als ich die Treppe ins Tageslicht hinaufgehe. Und sehe und höre - erst mal nichts. Das Wetter legt eine seltsame, drückende Schwüle über den Platz, es ist ungewöhnlich ruhig und leer. In einem Western würden in einer solchen Szene diese „tumbleweed" genannten, runden Wüstenbüsche durch das Bild sausen. Oder passender zu Ägypten: Plastiktüten. Aber natürlich passiert nichts dergleichen und nach der ersten Verwunderung fallen doch die anwesenden Menschen ins Auge. Eine Bühne wird aufgebaut. Aus großen Balken wird ein hölzerner Aussichtsturm gezimmert. Daran ein Plakat: „Aisch, Horreya, Adala igtimaeya, Karama insaneya!" Brot, Freiheit, soziale Gerechtigkeit, Menschenwürde - es sind die bekannten Forderungen der Revolution von 2011. Vor dem Mogamma-Verwaltungsgebäude hängt auch schon ein großes Banner: „Das Volk verlangt den Sturz des Systems!"

Mein Blick schweift umher. In der Kasr el-Aini-Straße kommt mir die große Mauer der Sicherheitskräfte irgendwie anders vor. Tatsächlich, es fehlen zwei Betonquader. Davor eine kleine Gruppe. Die Kinder sind ungefähr 10 bis 12 Jahre alt und ungefähr genauso viele. Jetzt trommeln sie allein in der großen, leeren Straße gegen die Regierung. Eine ganz merkwürdige Stimmung. Auf dem Tahrir sind schon erste Kamerateams unterwegs. Zu filmen gibt es aber nur diese Ruhe, irgendwie angespannt ist sie. Voller Erwartung auf das Kommende. Als ich zu gehen beschließe, plötzlich ein lauter Knall, eine Explosion. Zehn Meter hinter mir steht eine kleine Garküche plötzlich lichterloh in Flammen. Während der Besitzer hektisch versucht, das Gas abzudrehen, laufen von überall Menschen mit Wassereimern herbei. Aufgeregtes Geschrei. Schnell ist das Feuer gelöscht und die seltsame Ruhe kehrt wieder ein. Ist es die Ruhe vor dem Sturm?

Die Mauer muss weg

Keine drei Stunden ist es her, da lag eine drückende Schwüle über dem Midan Tahrir, dem Tahrirplatz. Jetzt sind etwas mehr Menschen da, erste Sprechchöre erschallen. Dabei ist erst morgen der zweite Jahrestag der Revolution. Die Aufbauten schreiten voran, mehr rollende Schnellimbisse, Snackverkäufer und Brezelmänner haben sich eingefunden. Sie erwarten heute wohl noch Kundschaft. In der Kasr el-Aini-Straße hat sich eine kleine Menschenmenge gebildet, vielleicht 300 Personen. Ein Kamerateam filmt aus etwas Entfernung, ich geselle mich dazu. „Bloß nicht unachtsam in irgendetwas hineingeraten!“ Die Lage scheint ruhig. Dann fällt mir auf: In der Mauer der Polizei klafft ein ziemliches Loch. Während der letzten Stunden sind hier mehrere gewaltige Betonblöcke herausgetrennt und entfernt worden – mit Sicherheit nicht von den Behörden. Nach ein paar Fotos wage ich mich näher heran. Mir fallen die vielen Maskierten und Vermummten auf. Das ist anders als vorhin auf dem Tahrir.

Durch die klaffende Lücke in der Mauer sind die dicht geschlossenen Reihen der Polizei zu sehen. Die Menschen vor und auf der Mauer scheint das nicht zu interessieren. Ältere Herren sind darunter, sie unterhalten sich mit den vielen Jugendlichen. Das Thema scheint klar: Die Mauer muss weg!

Zu Hause angekommen lese ich im Internet: „Zusammenstöße in der Kasr el-Aini-Straße zwischen Polizei und Demonstranten.“ Wenig später heißt es, die Armee sei auf dem Weg, um die Mauer wieder aufzubauen.

Am Vorabend

18 Liter Wasser, vier Kilo Mandarinen, Brot, Marmelade, Käse, etwas zum Knabbern. Ich kann Tage in meiner Wohnung ausharren, ohne auch nur einen Fuß vor die Tür setzen zu müssen. Und wenn doch Tränengas von der Straße durch die Fenster hineinwabert, dann kommt der Cola-

Vorrat zum Einsatz. Cola wurde von Freunden als Wundermittel gegen Tränengas empfohlen. Ob sie tatsächlich hilft? Na, notfalls kann man sie ja trinken. Alles gehamstert, rundherum kann die Welt in Scherben fallen, ich werde überleben. Und sollte doch etwas schief gehen, ist das Handy mit fast 100 ägyptischen Pfund, 100 LE Guthaben aufgeladen. Das dürfte für Monate reichen. Alles ist vorbereitet für schwierige Tage – denn alle Freunde erwarten für den 25. Januar viel Gewalt. Niemand weiß, wie lange wir das Haus nicht werden verlassen können. Und dann das: Der Kugelschreiber ist leer! Ja, der Einzige, den ich besitze. Wie soll das gehen, gerade in dieser aufregenden Zeit? Also noch schnell mal raus zum Einkaufen, diese Versorgungslücke muss geschlossen werden. Besser heute Abend als morgen am 25. Januar.

Moment, der Verkehr ist normal! In der Sheria Talaat Harb gehen Menschen einkaufen. Man könnte fast meinen, es sei ein normaler Wochenendabend. Etwas weniger los, sehr angenehm. Und dann Trommeln. Trommeln und weiße Flaggen. Auf jeder ist das Gesicht eines anderen Märtyrers abgebildet. Ein paar hundert, vielleicht 1000 Menschen laufen sich warm für den großen Tag. Friedliche Stimmung, Passanten filmen. Autos fahren vorbei. Obwohl ich Freunden und Verwandtschaft versprochen habe, auf gar keinen Fall zum Tahrir zu gehen, die Neugier siegt. Das Versprechen bezieht sich ja auf morgen, von heute war nie die Rede. Sie würden wohl vor Aufregung hohen Blutdruck bekommen, wenn sie von meinem Vorhaben wüssten: Vorsichtig nähere ich mich dem Herzen der Revolution. Der Tahrir hat sich deutlich belebt, wie unzählige Ameisen wuseln die Menschen umher. Vielleicht ein paar Tausend, grob geschätzt. Das Atmen fällt schwer. Liegt es am Tränengas aus der Sheria Kasr el-Aini, von wo die Presse Zusammenstöße meldet? Aus etwas Entfernung sieht es dort jetzt ruhig aus. Oder bekomme ich keine Luft, weil so viele fliegende Händler geröstete Süßkartoffeln, Maiskolben, Erdnüsse oder Ähnliches anbieten? Was für eine Luft - und doch eine Stimmung, die zum Verweilen einlädt. Die Verpflegung für Hunderttausend ist schon da. Es fehlen nur noch die Demonstranten. Es kann losgehen...

Was das Herz begehrt

Midan Tahrir, 25. Januar 2013. Zwei Jahre Revolution. Heute Großdemonstration - und es werden Geschäfte gemacht. Ein Heer von fliegenden Händlern bietet seine Ware feil. Ägyptische Flaggen in allen Größen. Schals in den Nationalfarben. Schlüsselanhänger, Plastikschund. Und natürlich schwarze Strumpfmasken, wahlweise ganz schwarz oder mit ägyptischer Flagge auf der Wange. Auch erhältlich: Die Ultras Ahlawy-Version der Strumpfmaske für die kampferprobten Anhänger des Fußballklubs der Hauptstadt. Nicht zuletzt: Die aus dem Film „V wie Vendetta" bekannte Guy Fawkes-Maske, die auf vielen Demos auch in

Europa mittlerweile zu sehen ist. Demobedarf. Es gibt alles, was das revolutionäre Herz begehrt. Und es wird gekauft. „Was kostet das?", fragt der schlaksige Jugendliche. Er hält eine Sturmhaube in der Hand.

Der große Tag

Midan Tahrir, 25. Januar 2013. Der Platz füllt sich, mehr und mehr Menschen kommen. Ägyptische Flaggen, viele selbstgemalte Schilder. Und so viel Kreativität. Sogar der Esel des Orangenverkäufers beschimpft den Präsidenten Mohamed Mursi auf einem Plakat, welches er zwischen seinen Zähnen hält. Nebenan steht der alte Mahmoud und hält ein Bild des ehemaligen Präsidenten Nasser in die Höhe. Ein Bild von Mursi hat er sich vors Gemächt gebunden und dick durchgestrichen. „Genau das halte ich von ihm", sagt er und fragt nach, geht sicher, dass es die Umstehenden auch richtig verstehen. Überhaupt sind viele ältere Männer mit kunstvollen Aktionen vertreten. Zwei andere halten Koran und Kreuz gemeinsam in die Höhe, sind mit kunstvollen Kostümen gekleidet. Ein Bauer ist ganz in die Nationalflagge gehüllt und hält neben der typischen Hacke Feldfrüchte in die Höhe. Und natürlich sind viele Jugendliche da. Sturmhauben, V-wie-Vendetta-Masken, aber genauso Frauen mit offenen Haaren, mit Kopftuch, mit Niqab. Eine bunte Mischung, doch eher wenige Bärtige. Wen wundert's, die Moslembrüder sind hier das Böse schlechthin. Alles Nachweisbare und Unsinnige, was ihnen vorgehalten werden kann oder eben auch nicht, wird ihnen vorgeworfen: Pakt mit den USA, mit Israel sowieso, Machtmissbrauch statt Dienst am Volk, völliges Versagen, Lügen, Mörder, Vollidioten. Die Liste ist lang, die Stimmung entschlossen – aber friedlich. Nur in der Kasr el-Aini-Straße fliegen massiv Steine Richtung Polizei. Den Tahrir berührt das nicht.

Am Abend ist der Platz dann voll, wenn auch nicht ganz so voll wie zu den Hochzeiten der Proteste 2011. Die Menge skandiert die bekannten Slogans. „Das Volk will den Sturz des Regimes." Ich kann mich kaum bewegen, die Menge drängt aus allen Richtungen in alle Richtungen. Beißender Geruch von brennendem Holz liegt in der Luft. Zu viele Süßkartoffelverkäufer und Erdnussröster sind unterwegs. Dazwischen mischen sich immer wieder Wolken von Tränengas, die aus Kasr el-Aini herüberziehen. Die Augen tränen, Menschen weichen zurück. Das Atmen fällt schwer, Krankenwagen fahren durch die Menge. Einzelne versuchen, die Fahrer mit Laserpointern zu blenden. Sonst versuchen sie das permanent bei TV-Teams auf den Balkonen eines nahen Hauses. Der Verstand scheint ausgeschaltet, heftige Wortgefechte mit anderen Demonstranten sind die Folge. In den Straßen um den Tahrir ein reges Kommen und Gehen. „Wie viele Leute sind das?", fragt Adel. Ich schätze maximal 100.000 Menschen. Er wundert sich über meine Schätzung und ist vom Fünffachen überzeugt.

Durch die Menge bahnt sich eine Gruppe Sheikhs der Al-Azhar Moschee den Weg. Ihre moralische Unterstützung wird durch frenetischen Jubel quittiert. Wo immer sie auftauchen, skandieren die Menschen „Allah, Allah!“ Denn das ist vielen hier besonders wichtig: Man muss kein Christ oder Ungläubiger sein, um gegen den Präsidenten aufzubegehren. „Heute startet eine zweite Revolution“, sagt Adel aus voller Überzeugung. Oder spricht nur die verzweifelte Hoffnung aus ihm? „Thawra, Thawra“, „Revolution, Revolution“, schreit die Menge. Immer und immer wieder. Erneut brennt Tränengas in den Augen, in der Kasr el-Aini-Straße kleine Feuer. Ein Junge liegt mit Atembeschwerden am Boden. „Lass uns gehen“, Adel hat genug.

Zwei Freunde bleiben noch. Vor ihren Augen startet plötzlich eine Schlägerei mit Eisenstangen, Frauen werden die Kleider vom Leib gerissen. Ahmed wird sein Portmonee geklaut, als er vor dem Tränengas flüchtet. Das berichten die beiden eine halbe Stunde später. Die Lage ist eskaliert, durch ganz Downtown zieht das Tränengas. Ich kann mein Fenster zu Hause nicht mehr öffnen, bekomme sonst sofort Atembeschwerden. Auch in anderen Städten ist die Hölle los, wie das Internet vermeldet. Als ich ins Bett gehe, rückt in Suez die Armee aus.

Der Morgen danach

Die Sonne scheint, eine frische Brise weht durch Downtown Kairo. Das Tränengas der letzten Nacht hat sich verzogen, die Sonne scheint warm und freundlich in mein verschlafenes Gesicht. Unter dem Fenster fließt der Verkehr. Was für ein Kontrast zur letzten Nacht, als der zweite Jahrestag der Revolution mit viel Tränengas ausklang. Ich öffne das Fenster und atme tief ein. Was für ein schöner Morgen!

Die Straße unten ist frisch gereinigt, vom Tahrir steigen Rauchwolken auf. Die riesigen Berge Plastikmüll, die bei den Protesten gestern angefallen sind, werden gleich vor Ort verbrannt. Natürlich auf offener Straße, keine Frage. In der Kasr el-Aini-Straße sieht es aus wie auf einem Schlachtfeld. Steine übersäen den Asphalt, dazu die Reste von Feuern. Gespenstische Stille, es ist fast menschenleer. Auf dem Tahrir geht das Sit-in gegen den Präsidenten weiter. Die zweite Revolution ist ausgeblieben. Für den Moment.

Einfach nur Fußball

Am Morgen fiel das lang ersehnte Urteil im Prozess um das Massaker von Bur Said. Vor einem Jahr waren 74 Menschen im Stadion der Stadt am Suez-Kanal und in dessen Umgebung gestorben, vor allem vom Hauptstadtclub Al-Ahly. Dessen Ultra-Fans sind für ihre wichtige Rolle bei der Revolution bekannt und so sehen viele das Töten im

Stadion als Rache des Sicherheitsapparates. Und jetzt 21 Todesurteile gegen vermeintlich Verantwortliche, die Urteile gegen die restlichen über 50 Angeklagten wurden auf März verschoben. Verurteilt sind einfache Menschen, kleine Leute - frei nach dem Motto: „Die Kleinen hängt man, die Großen lässt man laufen." Kein einziger Polizist wurde heute verurteilt. Und doch feiern sie heute in Kairo, kleine Gruppen von Ultras Ahlawy ziehen jubelnd durch die Stadt. In Bur Said das umgekehrte Bild. Massive Auseinandersetzungen und Proteste dort - berichtet das Fernsehen. „Dieses Urteil ist politisch", sagt Mahmoud. „Noch nie wurden in einem Prozess so viele Todesurteile verhängt. Die Justiz hier war schon immer politisch, faire Prozesse gibt es nicht." Er sieht es so: Ein hartes Urteil musste her, sonst wäre in Kairo die Hölle losgebrochen. Und doch trifft es wieder nur die kleinen Leute, die als Sündenböcke herhalten müssen. Die Hölle ist jetzt in Bur Said, am späten Nachmittag gibt es viele Verletzte und über zehn Tote zu beklagen - erfahren wir in Dauerbeschallung aus Fernsehen und Internet. „Das ist eine kleine Stadt, jeder kennt jeden", weiß Mahmoud aus Kairo. „Das Urteil macht viele betroffen und wütend." Sogar Polizisten vor Ort in Bur Said berichten, in dem Chaos vor einem Jahr hätten sie einfach die Menschen festgenommen, denen sie die Randale zugetraut hätten - ohne Beweise natürlich. Jetzt sollen einige dieser Festgenommenen hängen. Mahmoud setzt nach: „Ich hab genug von Politik, lass uns Fußball gucken gehen."

Also sehen wir uns in einem Café den Afrika-Cup an, einfach nur Fußball. Und doch telefoniert und simst Mahmoud pausenlos, sendet zusätzlich Facebook-Nachrichten. Freunde aus Bur Said melden, sie seien ok. Präsident Mursi hat gerade gesprochen und nichts gesagt. „Oh Mann, das ist ein schwarzer Tag." Ich stimme zu. Mahmoud drückt den Tunesiern die Daumen. „Sie sind der Arabische Frühling, außerdem liebe ich Underdogs", begründet Mahmoud. Die Tunesier verlieren 0:3. Als das Spiel vorbei ist, sind in Bur Said fast 30 Menschen tot. Die Zahl der Verletzten liegt bei über 300. Und der Tag ist noch nicht vorbei.

Tear Gas City

Es reizt die Augen, das Atmen fällt schwer. Kribbeln in der Nase, ein ganz komisches Gefühl. „Dieses Gas ist neu", sagen die Aktivisten auf dem Tahrir. Die Sicherheitskräfte verschießen es schon die zweite Nacht in Folge und das in großen Mengen. Am Abend des 25. Januar und auch diese Nacht. Auf den Straßen rund um den Tahrir rennen die Menschen. Jeder hat einen Schal oder eine OP-Maske vor das Gesicht gebunden. Es ist sonst nicht auszuhalten. Kairo Downtown, Herz der Tränengas-Stadt.

Ich höre laute Rufe, öffne kurz das Fenster, um nachzusehen. Was für ein Fehler! Obwohl ich es sofort wieder schließe, brennen die Augen wie Feuer. Freunde rufen an, ich möge auf keinen Fall das Haus verlassen. Mir reicht schon die Menge an Gas, die durch die geschlossenen Fenster nach innen dringt.

Bis über den Nil nach Zamalek ziehen die unsichtbaren Wolken und treiben die Menschen in die Häuser. An der Wohnungstür klopft es, Mitbewohner Abdelhamid kehrt heim. Seine Augen sind geschwollen, es sieht das Schlüsselloch nicht. Ob er von der Front kommt, möchte ich wissen. Nein, er war eine Freundin besuchen. Der Heimweg eben. „Sorry, ich muss sofort duschen."

Sadat

Anwar as-Sadat, die nach dem ehemaligen Präsidenten benannte Metrostation unter dem Midan Tahrir. Dort oben ist seit Tagen Ausnahmezustand. Seit dem 25. Januar genau genommen, es gibt dort viel Protest. Und in der Nähe Auseinandersetzungen mit der Polizei. Die setzt Tränengas ein. Viel Tränengas. Und das Belüftungssystem der Metro saugt es ein und „belüftet" damit die Station. Findige Geschäftsleute verkaufen OP-Masken, ein Pfund das Stück. „Wahid bi Gineh", eine für ein Pfund, rufen sie und halten die Masken hoch – während sie selbst ihr Gesicht mit einer solchen geschützt haben.

Die Metro fährt, das Personal trotzt den schwierigen Bedingungen. Aber alles läuft auf Sparflamme. Die Eingangstunnel können nicht gereinigt werden, dort kann sich niemand länger aufhalten;

das Atmen ist kaum möglich. Also stapeln sich der Müll und Dreck. Die zahlreichen Demonstranten verrichten notgedrungen ihr Geschäft eine Etage tiefer in den Ecken. Es stinkt erbärmlich. Chaoten haben viele Lampen zerstört, die Gänge liegen im Halbdunkel. Nur vereinzelte Lampen spenden Licht. Fahrgäste huschen eilig durch die Gänge, entlang der beschmierten Wände, vorbei an all dem Müll, Dreck und Gestank. Mit Handys leuchten sie sich den Weg, Taschentücher oder Schals vor Mund und Nase gepresst. Dem Chaos trotzend haben sogar einige fliegende Händler ihre Positionen eingenommen, harren zwischen Müllbergen aus und verkaufen ihren Ramsch. Und die Metro fährt. Ab und zu werden die Gleise blockiert, aber meist geht es nach wenigen Minuten weiter. Aufgebrachte Fahrgäste machen dann den Weg frei. Mit aller Macht kämpft der Alltag gegen den Ausnahmezustand. Das Leben geht weiter. „Sadat“ bleibt offen. Irgendwie.

Akustischer Ausnahmezustand

Unter dem Fenster fahren die Autos vorbei. Motorgeräusche, ein Hupen hier, ein Hupen da. Ein Motorrad beschleunigt, ein schwerer Bus brummt heran. Unablässiges Hupen. Motoren dröhnen, jeder mit seinem eigenen Sound. Ägyptischer Verkehr. Normalität. Ein gleichbleibender Lärmpegel, immer präsent. So normal, dass man dieses Hintergrundgeräusch gar nicht mehr bewusst registriert. Nach und nach aber wird der Verkehrslärm leiser, verschwindet langsam. Das fällt sofort auf. Beinahe Stille. Dann Trommeln. Tam, tam, tam, tam, tam. Stimmengewirr dringt nach oben. Tam-tam-tam-tam. Die Trommeln werden lauter. „Das Volk fordert ein anderes System." Die Rufe entfernen sich. Stimmengewirr, dann langsam wieder beinahe Stille. Da, der erste Motor! Noch einer. Eine Hupe. Das erste Motorrad, der erste Bus. Der Verkehr kehrt zurück, die Demonstration ist vorbeigezogen.

In der Wohnung rattert plötzlich der Ventilator. Das habe ich noch nie gehört - erst dadurch wird mir schlagartig klar, dass es draußen wieder ruhig ist. Der Verkehr ist ein zweites Mal verschwunden. Es ist so leise, dass sogar die Rotationen des Ventilators zu hören sind.

Duum! Ruhe. Duum duum. Dumpfe Schläge hallen durch die Straße. Ein Auto. Duuum. Duum, duum, mit Nachdruck. Pause. Eine Sirene in der Ferne. Schnell wird sie lauter. Ein Motor mit hoher Drehzahl, ein Fahrzeug rast vorbei. Die Sirene entfernt sich, der Krankenwagen rast mit vollem Speed davon. Duum! Duum-duum-duum-duum. Die Polizei schießt wieder mit Tränengas. Aufgeregte Stimmen, Motorräder beschleunigen. Ihre Fahrer düsen zum Geschehen - oder bringen lädierte Demonstranten vor dem Gas in Sicherheit.

Heiße Nacht

Am Abend fängt es an: Der Knall einer verschossenen Tränengaskartusche hallt durch die Luft. Einmal, zweimal, immer wieder. Aus Richtung Simon Bolivar-Platz, Kasr el-Nil-Brücke. Über Stunden. Erst deutet alles auf eine derzeit übliche Nacht hin. Seit die Zusammenstöße am 25. Januar begannen, gibt es jede Nacht Tränengas. Irgendwann fange ich an zu zählen. 25 Tränengasabschüsse in 13 Minuten. „Mein Gott!", stöhnt Rada. Kaum ausgesprochen kommt die Krönung: Zwölf Schüsse in einer Minute. Zumindest hört es sich so an, hier hört man nur den Knall der Tränengaspistolen. Dann plötzlich Schüsse in hoher Frequenz, heller im Ton. Gewehrfeuer? Nochmal! Dann Ruhe. Jetzt mache ich mir Sorgen. „Schau bloß nicht raus!", Rada ist besorgt.

Es geht noch Stunden so weiter. Neben der Omar Makram-Moschee am Tahrirplatz steigt Rauch auf. Tränengas vermutlich. Oder Feuer? Die Abschüsse werden lauter. Kommen sie näher? „Sollte der Tahrir etwa von Demonstranten geräumt werden?" Um Viertel nach zwei fängt es an zu regnen. Ruhe kehrt ein. Ich falle in einen unruhigen Schlaf.

Musterfamilie

Der Mann sieht fern. Demonstranten am Präsidentenpalast. „Alles bezahlte Schläger", davon ist er überzeugt. Präsident Mursi macht seine Sache gut, man muss die Moslembrüder unterstützen. Seine Frau ist da ganz anderer Meinung, sie hofft auf die liberale Opposition. Im Nebenzimmer sitzen wir: „Bezahlte Demonstranten, wer soll denn diese Massen bezahlen? Das geht doch gar nicht. Hoffentlich stürzen sie ihn bald!", sagt Hasan. Ihn, Mursi. Am Präsidentenpalast, in Ettehadiya, sind gerade unsere Freunde. Vielleicht sieht sie der Mann just in diesem Moment im Fernsehen?

Das ist doch...

Ich sitze auf dem Tahrir und trinke Tee. Ein europäisch aussehender Mann geht vorbei, die Sitznachbarn rufen: „Amigo!" Wen meinen sie? Das ist doch - mit einem Notizbuch unter dem Arm und eiligen Schrittes unterwegs - Dietmar Ossenberg! Oder? Ich zahle schnell und eile hinterher. Der ZDF-Korrespondent eilt Richtung Omar Makram Moschee. Dort ist eine Menschenmenge zusammengelaufen. Ossenberg - oder sein Doppelgänger - bleibt stehen und sieht sich um. Einzelne Rufe, Schilder werden hochgehalten. „Was ist hier los?" Die Rufe werden lauter, der Reporter verschwindet im Getümmel.

Gedränge am Eingang der Moschee. Etwas ist passiert oder passiert gerade. Das ist doch ein Sarg, den die Leute da heraustragen! Großes Geschrei. Da, noch einer. Oder doch nicht? Die Menge setzt sich in Bewegung. Klagende und wütende Rufe zugleich. Ich verstehe nichts. Ein aufgebrachter Mann stürmt auf mich zu und zeigt das Bild des Märtyrers. „Das ist der Mann“, brüllt er, „und wir sind alle schwul!“ Ich weiß nicht, was er meint – es bleibt sein Geheimnis. „Wir sind alle Verbrecher!“ Ich klopfe ihm auf die Schulter, schon stürmt er weiter. Familie, Freunde und noch viele andere ziehen vorbei. Der Schmerz steht ihnen deutlich in die Gesichter geschrieben. Tränen fließen. Bilder des Toten werden in die Höhe gehalten. Fünf oder sechs Kamerateams, vorn das Auto mit Sarg, dann ein Frontbanner. Der Trauerzug dreht eine Runde um den Tahrir, große Anteilnahme überall. Viele Aktivisten kennen das nur zu gut, und viele Passanten können mitfühlen. Nicht einmal 30 Jahre alt, sogar jünger als viele hier. Betroffenheit, man kann sich nur furchtbar fühlen. Das ist so nah und es geht allen hier nah. Der Zug kehrt zurück zur Makram Moschee. Laute Rufe überall, viele Menschen filmen mit ihren Handys. Dann nimmt die Prozession Kurs auf den Midan Simon Bolivar und verschwindet aus meinem Blickfeld. Zu Tode gefoltert von den Sicherheitskräften. Mohamed el-Gendy war sein Name.

IV Das Gemüt gerät in Wallung

Amun-Min

Der Aufpasser im Ägyptischen Museum möchte unbedingt, dass ich mir ein bestimmtes der vielen Exponate anschaue. Er bringt mich zu einem Steinrelief, auf dem der altägyptische Gott Amun-Min abgebildet ist – und deutet sogleich auf das Wesentliche: Typisch für die Darstellung des Gottes ist der unübersehbare Phallus, das Geschlechtsteil ist jedenfalls nicht zu klein geraten. „Ich bin auch Amun-Min!", sagt er, setzt sein breitestes Grinsen auf und wartet auf meine Reaktion. Ein kleiner Scherz am Rande...

Taxifahrer

Riesiger Stau auf der Straße. Vorn eine Menschenansammlung. Lautes Geschrei. Wild gestikulierende Menschen. Die Kontrahenten: Zwei Taxifahrer, deren Autos die Straße blockieren. Mit dabei: herbeigeströmte Passanten, welche die Streitparteien zu trennen versuchen. Schaulustige, Neugierige. Es fliegen Fäuste, die Männer mittleren Alters scheinen außer sich. Sofort werden die beiden auseinandergedrängt. Wüste Beschimpfungen. Die Menge bringt einen Fahrer zu seinem Wagen. Fast schon ist er eingestiegen, da ruft der andere eine derbe Beleidigung herüber. Das ist zu viel! Außer sich vor Wut rennt der Beleidigte zurück, erneut fliegen die Fäuste. Immer mehr Menschen strömen herbei. Einer der Fahrer greift sich einen großen Stein und wirft ihn mit voller Wucht aus kurzer Entfernung auf die Motorhaube des anderen Taxis. Die wartenden Autos hupen und ihre Fahrer schreien. Der Fahrer des beworfenen Taxis sieht rot. Er rennt zum Auto, greift in das Fach seiner Fahrertür und geht auf den Kontrahenten los. Hat er eine Waffe gezogen? Bange Sekunden. Die Menge schafft es irgendwie, ihn in sein Taxi zu befördern. Laut brüllend fährt er los – stoppt aber nach zehn Metern schon wieder. Noch bevor er aussteigen kann, sind wieder Leute da und reden auf ihn ein, lautstark, wild durcheinander. Aber mit Erfolg. Er fährt los. Erste Autos passieren die freigewordene Stelle, per Handzeichen von Umstehenden angewiesen. Da fährt auch der zweite Taxifahrer. Der Stau löst sich auf.

Auf dem Boden der Tatsachen

Jeden Tag sitze ich am Midan Tahrir in einem Straßencafé und trinke Tee. Heute ist ein Freund dabei. Wir bestellen Tee und unterhalten uns. Es dauert keine zwei Minuten, da meint er: „Wir wurden gerade beleidigt." Ich bin überrascht, frage wieso. Zwei Männer nannten uns im Vorbeigehen „Schwuchteln". Ich kann es fast nicht glauben, hatte gerade noch geschwärmt, wie ruhig es hier ist, wie weit der Platz ohne Verkehr wirkt. Nur ganz kurz später geht ein Mädchen vorbei. Ich achte nicht darauf, werde aber umgehend darauf hingewiesen, dass sie mich belehrte, ich solle gefälligst meine Beine nicht überkreuzen und vernünftig sitzen. Zehn, vielleicht 12 Jahre alt. Gibt es das? Ich bin schockiert. „Das hat sie gesagt?", frage ich ungläubig, „Diese Kleine?" Es ist so etwas wie ein ägyptischer Volkssport, andere Menschen, deren Aussehen und Verhalten zu kommentieren - gern auch mit einem Tonfall von oben herab. Viele tun es, quer durch alle politischen Lager und Gesellschaftsschichten. Was anderswo insgeheim gedacht wird, wird hier wie selbstverständlich artikuliert. Wenn es die betreffende Person hört - überhaupt kein Problem. Wie sie aussieht oder sich kleidet oder sich verhält, es ist fast nebensächlich. Niemand ist davor gefeit.

Für die Rettung der ägyptischen Ehre ist heute der Teeverkäufer zuständig. „Das ist nicht deine Angelegenheit, wie er da sitzt", herrscht er das junge Mädchen an.

Schreie in der Dunkelheit

Schreie. Schreie in der Dunkelheit. Draußen unter dem Fenster schreit eine Frau, hell und hysterisch. Ich öffne mein Fenster und kann die Frau nicht unmittelbar ausmachen. Menschen rennen herbei, unten an der Hauswand bildet sich eine Traube. Dann strömen ca. 50 Leute in die kleine Seitengasse nebenan. „Wird da eine Frau belästigt, einer der berüchtigten Fälle von sexueller

Massenbelästigung?", meldet der Kopf Alarm. Schnell die Schuhe angezogen und dem Mitbewohner Bescheid gegeben. Wir laufen hinunter, um nachzusehen, was los ist. Der Bawab, unser Pförtner, ist schon da und hat das Eisentor im Hauseingang verriegelt. Wir kommen nicht raus und er lässt auch nicht mit sich reden: „Da ist es gefährlich, einer hat eine Pistole." Nachbar Youssef ist ebenfalls herunter geeilt. „Wir bleiben alle drin", sagt er bestimmt. Wir spähen durch das Tor, doch offenbar sind die Leute wieder verschwunden. Nur vorn an der Straße stehen noch einige wild gestikulierend herum.

Hin und her gerissen

„Wie steht es um die Sicherheit?" Das wollen viele in der Heimat wissen. „Kann ich jetzt nach Ägypten reisen?", ist die Standardfrage, auch in den deutschen Medien. Die Lage ist gerade ruhig. Aber immer wieder kommt es zu Zwischenfällen. So wie gestern vor dem Haus, als bei einem Streit einer der Beteiligten plötzlich eine Waffe zog. Oder heute Nacht, als mitten in der Innenstadt eine Parteizentrale von sechs Bewaffneten angezündet wurde. Sicherheit sieht anders aus. Da wäre noch die stark gestiegene Zahl der Raubüberfälle und Taschendiebstähle. Gerade vorgestern wurde eine europäische Frau meterweit mitgeschleift, als man ihre Handtasche im Vorbeifahren griff und das Fahrzeug Gas gab. Das wurde von der Betroffenen gerade in einer E-Mail eindrücklich geschildert.

Die vermeintlich clevere Dame hatte ihre Handtasche so am Körper befestigt, dass sie nicht gestohlen werden konnte. Großflächige Abschürfungen und Platzwunden waren die Folge.

Noch viel tragischer ist die zunehmende Zahl von sexuellen Belästigungen und Übergriffen auf Frauen nicht nur auf dem Tahrirplatz, sondern auch in den Straßen, Verkehrsmitteln und öffentlichen Einrichtungen in Ägypten. Die Sicherheitslage ist so schlecht, dass meine ägyptischen Freunde bei jeder neuen Meldung über einen schlimmen Fall - oder selbst einen Handtaschenraub - schier verzweifeln. „Warum tut denn keiner etwas dagegen?", rufen sie empört. Aber die Touristen, die sollen „natürlich" kommen, sehr gern sogar. „Ist doch kein Problem. Alles ist sicher." Wir leben ja auch noch.

Blindwütig

Wust el-Balad, ein Abend in Downtown. Wir sitzen im Coffee Shop, angenehme Abendstimmung. Nebenan fiebern die Fußballfans bei einer Champions League-Partie mit. Die Cafés hier in Bursa sind brechend voll. Ein schöner, entspannter Abend zum Wohlfühlen. Dann plötzlich Aufregung an einem Motorroller vier Meter von den Tischen entfernt. Ein junger Mann läuft los. Ein anderer hinterher. Ein metallischer Gegenstand blitzt in seiner Hand. Andere stürzen hinterher. Das Coffee Shop-Personal ist alarmiert, versucht zu beruhigen, beobachtet angespannt und aufmerksam die Lage. Polierter Stahl blinkt. „Dachte ich's mir doch", schießt es mir durch den Kopf. Das ist eine Machete und was für eine! Die Gruppe verschwindet irgendwo zwischen den Cafés aus unserem Sichtfeld. Die anderen Cafébesucher verfolgen sie angespannt mit ihren Blicken. Es leert sich. Plötzlich kommt die Gruppe schnellen Schrittes zurück. „Wo ist die Machete?", denke ich noch und sehe sie in ein Stoffbündel eingewickelt. Dann fährt der Mann mit Machete auf einem Motorroller davon, die anderen verstreuen sich bald.

Der Vorfall beunruhigt mich. „Kann denn die Polizei nichts dagegen tun, präventiv meine ich, Polizeiarbeit eben?", frage ich Tarek. Der versteht meine Aufregung nicht. „Ich habe auch so eine Machete, die ist gut gegen das Gestrüpp im Vorgarten." Noch bevor ich etwas darauf erwidern kann, entsteht erneut Aufregung hinter uns. Jeder will natürlich wissen, was dort los ist; wir aber zahlen und brechen auf, hier fühlen wir uns nicht mehr sicher. Und dann sehen wir es: Zwei Jugendliche prügeln blindwütig aufeinander ein. Sie werden jedoch schnell durch die herbeieilenden Leute auseinandergezerrt und getrennt.

200 Meter weiter am Midan Talaat Harb schon wieder Geschrei, Menschenauflauf. „Ach, das ist nur eine der üblichen Prügeleien in dieser Gegend, eigentlich kein Grund zur Sorge", sagt mein Begleiter, „aber eben deswegen mag ich Downtown nicht." Ich jedoch sehe das anders und rufe aufge-

bracht: „Das ist ja hier wie im Kindergarten! Keiner hat gelernt, Konflikte ohne Gewalt zu lösen." Das wiederum irritiert nun einige Umstehende, sie schauen erstaunt zu uns herüber. „Du hast ja Recht, aber so ist das hier nun mal", sagt Tarek, „daran wirst auch du nichts ändern, lass uns lieber gehen."

Eine Frage der Ehre

Wir haben einen Halbtagesausflug geplant und brauchen dafür ein Auto. Wie gut, dass Mostafa eins hat. Er fährt immer, wenn es irgendwohin geht. Ganz logisch. Nicht alle sind so glücklich und haben eigene vier Räder. Diesmal ist die Zeit knapp und Tom berät mit Sonia, wie es trotzdem klappen könnte. „Wenn uns Mostafa abholt, dann könnten wir es schaffen", meint er. Mostafa reagiert sofort gereizt: „Wenn du einen Fahrer brauchst, ruf dir ein Taxi!" Die Botschaft ist klar: Er lässt nicht quasi von oben herab über sich verfügen. Da hilft auch der Beschwichtigungsversuch nichts, dass das so wirklich nicht gemeint war. „Überhaupt, zu diesem Ausflugsziel wollte ich sowieso nie hin." Es ist jetzt eine Frage der Ehre.

Großereignis

Es ist etwas still draußen in Downtown, aber die Coffee Shops sind gut besucht. Plötzlich, völlig ohne Vorwarnung, hallt ein massiver Aufschrei durch die Straßen. Ich laufe nachsehen und stelle erleichtert fest: Al-Ahly gegen Zamalek, es läuft das Derby der beiden großen Fußballklubs der Hauptstadt. In den Coffee Shops sitzen ihre Anhänger, es sind viele in diesem Fußball-verrückten Land, und schauen gebannt auf die Bildschirme. Gerade schoss Al-Ahly das Führungstor!

Wir und sie

Manchmal regt uns einfach alles auf. Jede Kleinigkeit ist kompliziert, überall ist es dreckig, jeder versucht jeden zu hintergehen. Nie kann man ungestört auf der Straße gehen, irgendwer spricht einen immer an, will Bakschisch, etwas verkaufen, wissen wohin man will, einfach nur reden. Immer dieses Angestarrtwerden, gebetsmühlenartig unsinnige Kommentare von anderen Leuten, Belästigungen. Und wehe, der Handwerker wird gebraucht. Das heißt tagelanges nervenaufreibendes Warten und nachher nichts als Pfusch. Einfach mal sauber und zuverlässig, also professionell arbeiten. Fehlanzeige! Und dann erst das mangelnde kulturelle Angebot, die katastrophale Diskussionskultur – oder die fehlenden Sportmöglichkeiten, Schwimmbäder zum Beispiel. Oder bitte, wenigstens mal dem Krankenwagen auf der Straße Platz machen, das ist doch nicht so schwer. Wenn schon alle wie die Geisteskranken fahren müssen. „Sie begreifen es nicht, lernen es nicht, können es einfach nicht!“, schimpft Bob, wenn es gerade wieder einmal ganz dicke kommt. Und doch leben wir

Ausländer gern in Ägypten. „Warum eigentlich, wenn es so furchtbar ist?“, fragt man in der Heimat immer wieder. So genau wissen es wohl die wenigsten. „Eigentlich ist es ja ein großartiges Land, aber ab und an könnte ich durchdrehen...“, jammert gern ein Leidensgenosse. Wir und sie, manchmal ist es eine Hassliebe.

Problem gelöst

Plötzlich laute und empörte Protestschreie. Woher kommen sie? Da, ein Taxi fährt vorbei, aber die hintere Türe auf der Beifahrerseite steht weit offen. Von dort kommt die Frauenstimme, die quer über den Platz zu hören ist. Nach ein paar Augenblicken hält das Taxi an, eine schwarz gekleidete junge Frau mit Kopftuch stürzt heraus. Lautes Schimpfen, durch das Fenster der Beifahrertür schreit sie den Taxifahrer an. Sofort eilen Menschen herbei, die auf den Fahrer und die Frau einreden. Übelste Beschimpfungen prasseln auf den Fahrer nieder, die junge Frau nimmt kein Blatt vor den Mund. Er hat sie belästigt, daran besteht kein Zweifel. Jetzt verlässt sie die Fahrzeugseite - und stellt sich direkt vor das Auto. Sie greift zum Handy, ruft die Polizei an. Sie notiert das Nummernschild. Die Umstehenden reden auf sie ein, aber sie weigert sich, zur Seite zu gehen und den Weg freizugeben. Beschimpfungen. Die Herbeigeeilten reden auf den Fahrer ein. Wirklich aufgebracht erscheinen sie nicht, beruhigen eher den Fahrer als die Frau.

Die Polizei kommt nicht. Die Menge schiebt die Frau zur Seite, das Taxi fährt weg. Problem gelöst.

Keine Frage des Alters

„Nasr City", rufe ich. Das Taxi hält. Ich steige ein, der ältere Taxifahrer fährt los. Er soll das Taxameter anschalten. Vergebliche Mühen, angeblich ist es kaputt. „Kein Problem", sagt der Fahrer, „nur 50 Pfund." Ich lache. „Ich fahre immer diese Strecke, sie kostet zwischen 18 und 25 Pfund", kontere ich. „Die Straßen sind völlig verstopft, 50 Pfund." Er beharrt darauf. Nur wenige Autos sind unterwegs, der Verkehr fließt gut. „25 genau oder ich steige aus." „Ok, 45." Ich öffne die Tür, jetzt meint er „40". Ich steige aus.

Er beschimpft mich. Jetzt hole ich aus, erkläre ihm mit Nachdruck: „Ich fahre die Strecke die ganze Zeit und ich weiß, was sie kostet. Nie mehr als 25 Pfund. Ich lasse mich von dir nicht für dumm verkaufen." Die alte Dame auf dem Bürgersteig wird hellhörig. „50 Pfund, wo willst du mich denn dafür hinfahren?", frage ich empört, „das ist Diebstahl." Hinter mir wird es laut. Die Dame ruft dem Fahrer zu: „Nimm das Geld, sonst kriegst du nichts, du Trottel!" Er fährt jedoch wutentbrannt los, nicht ohne sie zuvor kräftig zu beleidigen. Sein Taxi bleibt leer. Ob er die Schimpfkanonade noch hört, die ihm hinterher schallt? Die Dame beweist: Ein breiter Schimpfwortschatz ist keine Frage des Alters.

Scherben bringen Glück

Er hat schon seinen Anzug angezogen, Khaled, der Vater. Ausgehbereit wartet er darauf, dass seine Frau nach Hause kommt. Gleich wird er das Haus verlassen und möchte draußen gut aussehen. Gerade lässt er noch ein freundliches „Hallo" hören, aber als seine Frau fünf Minuten später nach Hause kommt, da wird es laut. „Wo bist du vier Stunden allein gewesen?", brüllt er quer durch die Wohnung. „Was?", keift seine Frau zurück. Sie war einkaufen und hat Freundinnen getroffen. Aber das beruhigt ihn nicht, es wird immer lauter. Nach hitzigen Wortwechseln platzt ihm vollends der Kragen: Er knallt eine Zimmertür zu, nur um sie gleich wieder zu öffnen und sich auf die Waschmaschine zu stürzen. Deren Tür schmettert er ebenfalls zu, das Glas splittert und Scherben verteilen sich auf dem Boden. „Du bist doch völlig durchgedreht!", brüllt die Frau. „Viel Spaß, jetzt kannst du deine Wäsche mit der Hand waschen!" Sie lacht ihn aus. Andere Gegenstände fliegen und zerbersten mit lautem Scheppern und Klirren. Heftige Wortsalven werden abgefeuert. „Was willst du schon machen?", giftet er sie an. Höhnisch lachend ruft sie „dein Fernseher" und läuft los. Sein empörtes Brüllen, „Das wagst du nicht!", bleibt ihm schon ein paar Sekunden später im Halse stecken. Laut kracht der nagelneue Plasmabildschirm auf die Fliesen. Die Wohnungstür knallt, der Vater ist nach draußen gelaufen. Noch ein paar Tage herrscht in Khaleds Haus dicke Luft – dann hat die Waschmaschine eine neue Tür und auch der Fernseher ist durch einen neuen ersetzt. Sie haben sich wieder vertragen. Für den europäischen Beobachter ist es schlicht unerklärlich.

Dicke Überraschung

Unbedingt soll ich dieses Video sehen. Umm Hisham, die Mutter von Hisham, drückt mir ihr Smartphone in die Hand. Gespannt wartet sie auf meine Reaktion, zupft derweil am Kopftuch. Ihre Schwester, die Oma und die vollverschleierte Tochter wissen schon, was gleich kommt. Das Video startet. „Oh, mein Gott“, schießt es mir durch den Kopf. Eine extrem übergewichtige Tänzerin in einem hautengen, äußerst knappen Fummel geht zu arabischer Musik voll ab. Während sie das Tanzbein schwingt, quellen ihre überzähligen Pfunde aus jeder erdenklichen Öffnung der Kleidung und hüpfen und kreisen und wabbeln um sie herum. An den Stellen zwischen den Kleidungsöffnungen ... naja, Wurst in Pelle, ist mein erster Gedanke. Ungläubig starre ich auf den Bildschirm. „Was macht die da?“, bringe ich gequält hervor. Wie soll ich reagieren? Ich kann die Lage nicht einschätzen. Doch es gibt kein Halten mehr, die Frauen können sich vor Lachen kaum auf den Beinen halten. „Was macht die da?“, grölt Umm Hisham mit letzter Kraft, von Lachkrämpfen geschüttelt. Die dicke Überraschung ist gelungen, sie haben ihren Spaß.

V Auf Achse

Geisterfahrer

Stau! Wie so oft in Kairo, dieser übervölkerten Stadt. Wir sitzen im Minibus und warten. Gerade ging die Fahrt los, 50 Meter sind schon geschafft. Und jetzt geht nichts mehr. Die Kreuzung ist zu. Typisch ägyptisch drängelt alles auf jede erdenkliche Art und Weise noch in die kleinste Lücke. Kreuz und quer. Auch wir sind mit dabei. Quälend langsam kommt der Minibus voran. Ein Meter hier, ein halber da. Spurwechsel, doch wieder zurück. Nach endlosen Minuten ist die Mitte der Kreuzung erreicht. Die anderen Fahrgäste ertragen es mit stoischer Gelassenheit. Zehn Meter durchstarten, dann wieder Schluss. Wir wollen auf die Hochstraße, sind am Fuß der Auffahrtsrampe angekommen. Da vorn liegt die Ursache des Staus: Ein Minibus hat auf halber Höhe der Rampe anscheinend gemerkt, dass das irgendwie die falsche Auffahrt war. Also drehte der Fahrer um und versucht nun, als Geisterfahrer die Auffahrt wieder hinunter zu kommen. „Idiot!“, murmelt die Dame auf der Rückbank. Einer gegen hundert. Nichts geht mehr. Irgendwie kommen wir doch vorbei. Irgendwann. Für die ersten 200 Meter brauchen wir fast 20 Minuten.

Landmarken

Im „Mau'af" - dem Minibusbahnhof - erstmal das richtige Gefährt finden. „Du musst nach Awel Makram fragen", erklärt Gaber. Der Minibus ist schnell gefunden. „Awel Abbas, Awel Makram", ruft der Fahrer. „Medinet Nasr?", fragt eine Frau. „Ja, Awel Abbas Awel Makram", antworten die schon sitzenden Fahrgäste. Als es voll ist, geht die Fahrt los. „Ramsis, ala Kubri Oktober", antwortet der Jugendliche in sein Handy. Präzise Ortsbeschreibung: Wir sind am Ramsis-Bahnhof auf der Oktober-Brücke. Die Strecke ist heute frei, bald ist das Ende der Oktober-Brücke erreicht. „Mumkin ansil sillim?", fragt der Herr mit den weißen Haaren. „Sillim" heißt Treppe und wenig später hält der Fahrer an einer Fußgängerbrücke über die Straße. Ob es möglich sei, in „Treppe" auszusteigen, fragte der Mann also. Ist es. „Munassah lau samaht", ruft die alte Dame. Munassah, entschuldigen Sie. „Munassah" heißt die Tribüne gegenüber des Grabmals des unbekannten Soldaten, auf der Präsident Sadat einst erschossen wurde. Der Fahrer hält aber nicht, sondern an der nächsten Kreuzung. „Aha, muss man sich merken", speichert das Hirn. „Rabaa insha'allah", meldet kurz darauf der bärtige Mann Haltebedarf an. Und an der Rabaa al-Adawiya Moschee hält der Minibus. Als er wieder anfährt, ruft ein Anzugträger schon den nächsten Stopp nach vorn: „Tiba yastar". Das Einkaufscenter Tiba Mall, da soll „yastar", der „Fahrer" halten. Es geht weiter Schlag auf Schlag und der Minibus leert sich. „Awel Abbas maak“, das heißt wörtlich übersetzt: „Awel Abbas mit dir“. Angesprochen ist natürlich der Fahrer. Und am Anfang der großen Straße Abbas el-Akkad steigen fast alle Fahrgäste aus. Hier ist ein wichtiger Umsteigepunkt zu anderen Minibussen. Jetzt kommt der Endhalt „Awel Makram“ am Anfang der Straße Makram Ebaid. „Sag dem Fahrer eine Landmarke, wo du aussteigen willst“, meinte Gaber noch. Leichter gesagt als getan. „Ala gamb yastar“, „auf Seite, Fahrer!“, rufe ich schnell in Ermangelung eines leicht zu merkenden Haltepunktes - und steige aus.

Einmal abkassieren

Der Minibus fährt los. Das heißt: Geld raus holen und bezahlen. Die Fahrgäste verrechnen den jeweiligen Fahrpreis unter sich, soweit es geht. Wer hinten sitzt, hat Glück, gibt sein Geld passend nach vorn und erfreut sich seines Lebens. In der ersten Reihe hinter dem Fahrer in der Mitte, da ist es anders. Der Platz bedeutet oft Arbeit. So wie heute. Es hat mich erwischt. Schon tippt mir der erste Mitfahrer auf die Schulter. Alle möglichen und unmöglichen Beträge werden angereicht. Und ich darf verrechnen und möglichst allen das passende Wechselgeld geben - damit der Fahrer möglichst wenig damit zu tun hat und sich auf die Straße konzentrieren kann. Was waren noch gleich 3 x 1,75 LE und was bekommt jetzt der Herr zurück, der gerade mit 10 Pfund für drei bezahlt hat?

Schwer ist die Rechenaufgabe nicht, aber alles geschieht auf Arabisch und vor allem geschieht alles gleichzeitig. Und zwei Jugendliche bezahlen zusammen mit fünf Pfund, aber der Schein ist von einem der beiden und der andere hat diesem zwei Ein-Pfund-Münzen für seinen Anteil gegeben. Also bekommt der eine 25 Piaster und der andere den Rest vom Wechselgeld. Von überall kommt Geld bei mir an, alles natürlich gleichzeitig. Dazu die arabischen Erklärungen, wer wie viel bekommt. Das ist hart, das ist eine Herausforderung. Und doch klappt es irgendwie, niemand beschwert sich. Auch Muttersprachler reißen sich nicht um diesen Job. Nächstes Mal sitze ich lieber wieder hinten – oder lasse den Nachbarn rechnen. So wie neulich, als der junge Mann auf dem Nachbarsitz verzweifelt dreinschaute, als die verantwortungsvolle Aufgabe an ihn übertragen wurde.

Nichts geht mehr

Der Minibus müht sich durch den Verkehr. Heute ist einer dieser Tage, an denen Kairos Straßen vollkommen verstopft sind. Quälend langsam geht es voran, Meter für Meter. Die anderen Fahrgäste spielen mit ihren Handys oder dämmern im Halbschlaf vor sich hin. Erschöpfung nach einem langen Tag macht sich breit. Anders beim Fahrer. Je langsamer es voran geht, desto hektischer werden seine Aktionen. Er hupt und winkt und flucht und fleht. Es hilft nichts. Heute ist der Wurm drin, nichts geht mehr. Irgendwann sind wir aus dem

Stadtzentrum heraus, jetzt gibt er Gas. Egal wie lange die Fahrt dauert, der Fahrpreis für die Strecke bleibt gleich. Also will er Zeit aufholen. „Awel Abbas", ruft er den nächsten Ausstiegspunkt. Der halbe Bus bestätigt einen Haltewunsch: „Aiwa", ja. Der Fahrer gibt Gas. „Istanna", warte, halt, rufen wir. „Ala gamb yaster", fahr an die Seite, Fahrer! Anhalten soll er. Schimpfend tut er das, wer aussteigen will, hätte ja eben was sagen können. „Ihr müsst was sagen", beschwert er sich. „Haben wir, haben wir", rufen wir. Ein langer Tag. Nichts geht mehr.

25 Piaster

Heftiges Wortgefecht im Minibus! Der Fahrer ist außer sich, er streitet mit einem Fahrgast um 25 Piaster, umgerechnet weniger als drei Cent. Ständig dreht er sich um, flucht und gestikuliert nach hinten. Der halbe Minibus stellt sich ihm entgegen oder versucht zu vermitteln - in jedem Fall lautstark und höchst emotional. Derweil rast das Gefährt mit sicher 80 Sachen durch die nächtlichen Straßen, immer links, immer auf der Überholspur. Noch einmal dreht sich der Fahrer um und schreit, was seine Lungen hergeben. Dann winkt er ab, dreht sich wieder nach vorn - und reißt das Steuer nach rechts. Der Minibus schleudert zur Seite, dreht hart bei, die Wucht des Manövers wirbelt die Fahrgäste kräftig durcheinander. In Sekundenbruchteilen schießt der Wagen quer über die anderen Fahrstreifen, wie durch ein Wunder sind sie gerade leer. Geistesgegenwärtig reißt der Fahrer das Lenkrad nach links, bringt den Minibus kurz vor dem Aufprall auf die Mauer rechts der Fahrbahn wieder auf Spur. Totenstille auf den hinteren Bänken, der Fahrer atmet tief durch. Es fehlte nur eine halbe Streit-Sekunde und der Minibus wäre mit voller Geschwindigkeit frontal in ein unbeleuchtet auf der linken Spur parkendes Auto gerast.

Fahrzeugschaden

Der Verkehr ist ok, die Fahrt im Minibus geht zügig voran. In Ghamra steigen noch die Fahrgäste ganz normal aus, der Fahrer fährt an. Es ruckelt. Er wippt mit dem Gaspedal, das Fahrzeug kriecht mühsam Zentimeter für Zentimeter voran. Auf halber Höhe der Auffahrt zur Brücke ist dann Schluss, Stillstand. Die Schaltung steht im vierten Gang und sie klemmt. Alles hin und her Rütteln ist ohne Erfolg, dieser Minibus hat keine Chance. Im vierten Gang anfahren, dazu noch am Berg – ein Ding der Unmöglichkeit. Nach verzweifelten Versuchen rollt der Wagen vorsichtig rückwärts die Rampe hinab, immer wieder muss der Fahrer wegen von unten nachkommender Fahrzeuge stoppen. Nach langen Minuten ist es endlich geschafft. Fahrer Ibrahim schaltet weiter verzweifelt herum, aber es hilft nichts: Der vierte Gang will sich nicht wegschalten lassen. Irgendwann meldet sich Mahmoud aus der letzten Sitzreihe zu Wort. Der vielleicht 40-Jährige in brandneuer Lederjacke mit piekfeinen Anzugschuhen schaut sich die Sache selbst an, bittet seine Frau um eine Zeitung und breitet sie auf der Fahrbahn unter dem Minibus aus. Gekonnt klettert er unter das Fahrzeug, verschiebt mit bloßen Händen irgendetwas unter dem Wagen. Er solle schalten, ruft Mahmoud dem Fahrer von unten zu. Es klappt! Ibrahim schafft es, den ersten Gang einzulegen und die Fahrt kann weitergehen. „Nicht schalten, du musst zu einer Werkstatt", ermahnt Mahmoud den Fahrer. Aber der kann es nicht lassen, schaltet bei abschüssiger Fahrt vom ersten in den vierten Gang. Natürlich kommt es, wie es kommen muss: In Ramsis steigen zwei Mitfahrer aus und der Fahrer will anfahren ... Auf der Hälfte der Auffahrt zur Brücke ist Schluss ... rückwärts herunter rollen ... Zeitung ausbreiten. „Ich gehe nicht nochmal runter", erklärt Mahmoud dem Fahrer. „Du machst es und ich erkläre." Der Fahrer ist überfordert, liegt hilflos unter seinem Fahrzeug. Schließlich muss doch wieder Mahmoud in seinem feinen Zwirn unter den Minibus krabbeln. Er schafft das Wunder ein zweites Mal und die Fahrt geht im ersten Gang weiter. Ibrahim hat gelernt, jetzt schaltet er nicht mehr hoch und schleicht über die Oktoberbrücke Richtung Tahrir. Mahmoud, wieder in der letzten Reihe neben seiner Frau sitzend, erklärt den anderen Fahrgästen die Lage: „Wie kann ein Fahrer nicht wissen, wie er sein Auto repariert?" Auf die Frage, ob er Mechaniker sei, antwortet er klar: „Nein, ich habe mir das alles selbst beigebracht, seit ich ein Kind war. Genau hinschauen und lernen."

Crash

Zügig geht es voran, endlich etwas freie Bahn. Dann vor uns ein Stau, der Minibusfahrer möchte über eine Seitenstraße ausweichen. Ein Mitfahrer will aussteigen, steht auf, ist auf dem Weg zur Tür. Der Fahrer biegt ab, zieht nach links und ... boooooooooom! Es kracht gewaltig. Ich werde nach vorn geschleudert. Eine Frau schlägt mit dem Kopf gegen die seitliche Scheibe. Den Aussteiger wirft es auf die vor ihm Sitzenden. Wir sind seitlich mit voller Wucht in einen Privatwagen gekracht. Aber irgendwie nur so halb, haben wir nur gestreift? Die Fahrer halten an, steigen aus. Jeder begutachtet sein Fahrzeug. Erstaunlicherweise nur kleine Kratzer. „Malesh", sagt der Fahrer, was soll's. Die Fahrt geht weiter.

Eins gegen fünfundsiebzig

Keiner steigt in den Minibus ein. „Fahrpreis ein Pfund", sagt der Fahrer. Acht Leute sind schon da, aber hier ist was im Busch. „Unmöglich", ruft der Mann mittleren Alters. „Chamsa we sabain", fünfundsiebzig. Gemeint sind natürlich Piaster. „Al Ugra chamsa we sabain Ersch", der Fahrpreis ist 75 Piaster. Der Fahrer will ein Pfund, „at-Tariq sachma". Die Strecke ist voll. Verstopfte Straßen, es dauert derzeit lange. Schließlich steigen alle ein, jeder bestärkt die anderen im Fahrtpreis. „Chamsa we sabain." Das Geld wird gesammelt. „Im Januar kostete es 50 Piaster, dann 75 und jetzt wollen sie ein Pfund“, empören sich zwei ältere Herren. Der Fahrer erhält das Geld, genau abgezählt. Widerstand zwecklos. Der Fahrpreis: chamsa we sabain.

Wechselgeld

Im Minibus hat der Fahrer kein passendes Wechselgeld. Zwei Personen bekommen 25 Piaster zurück, aber er hat nur eine 50 Piaster-Münze. „Hat jemand Wechselgeld?“ Geldbörsen werden gezückt, nach kleinen Münzen durchsucht. Fehlanzeige! Notgedrungen gibt der Fahrer seine Münze einfach nach hinten durch. „Nimm Du die 50 Piaster“, sagt der alte Herr zu dem neben ihm sitzenden Jugendlichen. „Nein danke, nehmen Sie das Geld“, erwidert dieser. Beide möchten auf ihren Anteil am Wechselgeld verzichten und ihn freundlich dem Anderen überlassen.

Zwei Pfund

Zwei Pfund bezahle ich im Minibus, der Fahrer nimmt es dankend. „Fahrer, die Strecke kostet nur ein Pfund“, beschwert sich der junge Mann in der zweiten Reihe. „Zwei Plätze, zwei Pfund“, sagt der Fahrer und deutet auf den Sitz neben mir. Da sitzt mein schweres Gepäck, alles ok. „1 Person, 1 Pfund“, setzt der Jugendliche nach. „Alles ok, vielen Dank“, greife ich ein, bevor es laut wird. Aber im Gegenteil: Der Minibus gratuliert dem Jungen für seinen ehrenwerten Einsatz - Fahrer inklusive.

VI Der Frühling ruft

Raus aufs Land

Raus aus Kairo. Wochenendausflug. „Viele Ägypter tun das“, erklärt Mahmoud. Unser Ziel: Aswan, die Stadt im Süden Ägyptens. Gelber Sand, grüne Palmen, blauer Nil, der beeindruckende Staudamm. Sonne, leichter Windhauch. Und klare, frische Luft. „Wow!“, Mahmoud ist begeistert. Vergessen der Kairener Smog und die drangvolle Enge. Hier ist Platz zur Entfaltung. Raum zum Sein. Erholung pur. „I love it.“

Licht und Schatten

An-Nur, das Licht. Überall kleben sie hier in Aswan, die Plakate der Nur-Partei. „Ja zur Verfassung“, haben die Salafisten plakatiert und auch Monate nach der Abstimmung Ende 2012 kleben ihre Plakate noch. Aswan, eine islamistische Hochburg.

In den Schatten der Nacht stehen dann sie vor dem Bahnhof. Die Anderen. Rund 50 Menschen trommeln und verteilen Flugblätter - gegen Mursi. Die Revolution lebt, das liberale Lager zeigt Präsenz.

Al Fanähn

Geziret en-Nabatat, die Pflanzeninsel in Aswan. Wir haben uns von einem Motorboot übersetzen lassen und streifen durch das gepflegte Grün mit seinen exotischen Pflanzen. Aber besonders der Ausblick auf das Westufer des Nils, mit seinen Farben, Sanddünen, dem dunkelblauen Wasser und dem satten Grün, der ist unglaublich schön. Ein Paradies für Fotographen. Und tatsächlich: Auf einem Felsen hantiert ein etwas älterer Mann mit seiner Kamera. Ein perfekter Platz, ich klettere hinauf. Wir sind uns einig, was für ein tolles Bild!

Zurück am Boden dann erst einmal Kekspause. Auch er klettert herunter und fragt, welches Objektiv ich auf meiner Kamera habe. „Oh, das ist aber ein schönes Zoom-Objektiv", meint er. Und ich gratuliere ihm zu seinem noch größeren Zoom, den könnte ich gut gebrauchen. 2000 LE hat er ihn gekostet, berichtet der Mann unumwunden, für viele Ägypter mehr als ein Monatsgehalt. Wir verabschieden uns freundlich von ihm.

Später, nach ausgiebigen Spaziergängen durch den wunderbaren Park der Insel, stehen wir vor einem Problem. Wie zurück zum Ufer, wie übersetzen auf die andere Seite? Die öffentliche Fähre gibt es nicht mehr - zumindest heute. Und so stehen wir da - und sehen den Fotografen am Anleger. „Frag ihn", sagt Mohamed. Und der Mann teilt gern ein Boot mit uns. Das ist Ägypten, mal wieder Glück gehabt! Das Boot füllt sich, bis es rappelvoll ist. Wer wir denn seien, möchten die Mitfahrer wissen. „Freunde von Fanähn Ahmed", werden die Anderen aufgeklärt. „Künstler Ahmed" nennt man den Fotographen also, es klingt respektvoll. Er freut sich, die Gruppe freut sich. Sie ist aus Zagazig im Delta. Und man ist neugierig: Was machen wir hier, wo kommen wir her, und so weiter und so fort. Auch der Humor kommt nicht zu kurz. Mohamed ist Ägypter, da freut sich die alte Dame. Und ich? „Oh, ein Deutscher!" Sie macht eine abfällige Handbewegung und guckt angestrengt böse – um sich dann am Ufer von mir aus dem Boot helfen zu lassen.

Alle steigen aus, der Bootsführer will Geld sehen. Von uns, Mohamed und mir. Den neuen Fahrgästen. Zwanzig Pfund. Ich denke an zehn Pfund. Mohamed gibt 20. Das sieht Fanähn Ahmed und reißt sie dem Bootsmann wieder aus der Hand. „Hier wird nichts bezahlt", stellt er klar, „wir haben das Boot für den ganzen Tag gemietet. Bass, genug." Der Bootsführer ist außer sich. Er tobt. Fanähn Ahmed schimpft zurück. Wir entfernen uns von den Streithähnen. Andere aus Zagazig greifen ein. Gegen die Übermacht der Gruppe muss der Skipper kapitulieren. Er schreit noch, als wir schon die Treppe vom Nil hinauf zur Uferstraße bewältigt haben. Zagazig entschuldigt sich bei uns für das Geschrei. Und wir entschuldigen uns bei Zagazig – für das Geschrei. Ein freundlicher Abschied. Fanähn Ahmed und die Seinen ziehen von dannen. Ausflügler halten zusammen.

Inspiration

Da sind diese getreidegelben Felder, das satte Grün der Wegränder und Palmen, das tiefe Blau des Nils. Dazwischen überall Menschen und Tiere, Wasserbüffel, Kühe, Schafe. Und Kamele, die seltsam gekleidete Touristen transportieren. Die Kameras klicken, die Kameltreiber in ihren traditionellen Galabeyas (oder gefälschten Adidas-T-Shirts und -hosen) geben ihren Tieren schmatzende Anweisungen. Ein gemütlicher, ein ruhiger Trott. Ganz anders als das hektische, braun-graue Kairo. Wo Landleben auf Tourismus trifft. Luxor-Westbank. Und dann ist da plötzlich die Familie aus Kairo. „Die Kinder sollen mal was Anderes sehen", sagt der Vater.

Freudige Erwartung

Wir biegen an der Polizeistation auf dem Berg ab, verlassen den Hauptweg. In dieses Wadi wollen wir, die Aussicht dort soll umwerfend sein – der Traum aller Wanderfreunde. Ein kurzer Gruß an die noch sehr jugendlichen Polizisten, die hier in Jogginghose, T-Shirt und Flipflops ihren Dienst tun. Langeweile ist ihre Tagesbeschäftigung, herumsitzen und nichts tun (können). Ausschau halten.

Bald ist die Polizeistation hinter uns, wir kommen im angepeilten Wadi unterhalb der Polizeistation an. Der Weg hat sich gelohnt, der Blick ist wirklich toll. Sehr bald ist da das Gefühl, beobachtet zu werden. Oder war es nur eine Plastiktüte, die Schatten wirft? Nein, da ist ein Kopf, der sofort in Deckung geht. Ein paar Minuten später das gleiche Spiel. „Ah, die Polizei beobachtet uns", meine ich. Ob man wohl schauen will, dass wir hier keine Antiquitäten stehlen? Sonia hat eine andere Theorie: „Männlein und Weiblein gehen in eine nicht leicht einsehbare, einsame Ecke auf einem Berg. Dafür hat der ägyptische Menschenverstand nur eine Erklärung: ein ungestörtes Plätzchen für intime Momente."

Wir beschließen zu gehen und werfen einen Blick zurück. Circa zwanzig Meter über uns liegen an der Oberkante der Klippe sechs junge Männer in Jogginghosen, mit T-Shirts und Flipflops auf dem Bauch und spähen offensichtlich aufgeregt und in freudiger Erwartung zu uns hinunter. Als sie sehen, dass wir sie entdeckt haben, rappeln sie sich eilig auf. „Sorry Jungs", denke ich, „heute nicht. Und jetzt schnell zurück auf euren Wachposten."

VII Eine Rebellion bahnt sich an

Des Präsidenten neue Kleider

Über ein halbes Jahr ist Mohamed Mursi jetzt Präsident. Was hat er erreicht? Mit großen Versprechen ist er angetreten, eingehalten hat er davon bisher fast nichts. Die Lage ist schlecht, die Unzufriedenheit groß. Das Land ist tief gespalten. Die Angst vor Gewalt zwischen den Lagern ist da. Das ist überall zu hören. Die Ansichten über die Gründe für die Misere könnten unterschiedlicher nicht sein. Wer ist schuld? Auf dem Tahrir ist die Antwort schnell gefunden: „Rasiere dein Gesicht und du siehst aus wie Mubarak“, sagt man dort über Mursi. Mubarak, der autoritäre Langzeitherrscher. Und so will man auch den aktuellen Präsidenten aus dem Amt jagen - und jagt ihn erst einmal auf Plakaten in Unterwäsche über die Straße.

Nofretete mit Leibgarde

Midan Talaat Harb, eine Demonstration. Nicht zu groß, vielleicht 200 Menschen. Vielleicht 150. Und viel Presse. Eine kleine Gruppe von Frauen scheint die treibende Kraft der Veranstaltung zu sein. Sie halten Poster mit der „revolutionären Nofretete“ hoch. Die altägyptische Königin, eine Zeichnung der weltbekannten Büste aus dem Museum in Berlin, mit Gasmaske. Aus einem Auge laufen rote Tränen. Hier demonstrieren sie gegen die erschreckenden Fälle von sexual harassment auf dem Tahrir, massenhafte Gruppenbelästigung oder -vergewaltigung von Frauen. Und sie demonstrieren gegen die Belästigung von Frauen im öffentlichen Raum allgemein. Auch viele, gerade jüngere Männer sind dabei. Die Kernbotschaft an die Adresse der Islamisten, die nur zu gern die Frau „zu deren Schutz" aus der Öffentlichkeit verbannen möchten: "Control your sons, not your daughters." Kontrolliert eure Söhne, nicht eure Töchter. Die kleine Menge skandiert den Slogan, wieder und wieder. Gut bewacht von zahlreichen Männern und ein paar Frauen in gelben Westen. Die Anti-Sexual-Harassment-Patrouille, eine Freiwilligengruppe, ist massiv vertreten, um die Demonstration selbst vor Übergriffen zu schützen. Die Menschen hier setzen ein Zeichen, auch wenn die Veranstaltung klein ist. Aber fangen nicht alle wichtigen Dinge klein an?

Eisenstangen

Aufregung an einem der Zugänge zum Tahrirplatz. Ein gutes Dutzend Jugendliche, eher Kinder von vielleicht acht bis vierzehn Jahren, laufen mit Eisenstangen zu einer der Absperrungen, die den Platz noch immer vom Verkehr abschirmen. „Was ist da los?", fragen sich viele Passanten. Aufgeregtes Geschrei. Die Eisenstangen werden durch die Luft geschwungen. Dann entdecke ich den Grund der Aufregung. Ein einfacher Verkehrspolizist versucht an vor der Absperrung parkende Autos Strafzettel zu verteilen. Polizei so nah am Platz? Egal ob Einsatzhundertschaft oder Falschparker-Schreck, da gehen die Nerven der Revolutionskinder durch. Sie differenzieren nicht, sehen nur das Symbol der Staatsmacht in dem schmächtigen Mann. Der Polizist zieht sich zurück und ruft beschwichtigende Worte. „Wie führen sich denn die Kinder hier auf? Das kann doch nicht wahr sein", murmelt ein Mann entsetzt vor sich hin.

Gay Cops

„Cops are gay" steht da in großen Buchstaben auf der Mauer in der Sheria Mohamed Mahmoud. Die Sammlung der beeindruckenden revolutionären Graffiti ist um ein neues Exemplar bereichert. Zwei sich küssende Polizisten mit besagtem Aufmacher. Klar, das ist eine Beleidigung der Polizei. „Gay" als Schimpfwort.

Wenige Tage später ist etwas plötzlich anders. Der dicke Schriftzug ist verschwunden, der Schnurrbart der sich herzenden Polizisten hat seine Farbe von ägyptischem Schwarz in Regenbogen gewechselt. In großen, neu gepinselten Lettern steht auf der Kleidung der Männer: „Homophobia is not revolutionary". Homophobie ist nicht revolutionär. Das hier schon. Kulturkampf live. „Das eigentlich Erstaunliche ist doch, dass diese neue Version noch da ist und nicht direkt übermalt oder von Schmähslogans überzogen ist", meint ein

Journalist, der gerade Fotos des Kunstwerks macht. Es bewegt sich etwas am Nil.

Bassem Youssef

Bassem Youssef, der bekannte Satiriker und seine Sendung „El-Bernameg", das Programm, stehen unter Beschuss. Ein Haftbefehl, vom Generalstaatsanwalt ausgestellt, sorgt für Schlagzeilen. Die ägyptische Variante der „heute show" ist den Regierenden offenbar zu unbequem geworden. Jede Woche dreht sie die Regierung und die Islamisten durch die satirische Mangel. Die Sendung hält ihnen und ihren haarsträubenden Aussagen und Handlungen den Spiegel vor. „El-Bernameg" zeigt Missstände auf, prangert Doppelmoral an, zieht unfreiwillig komische Hetztiraden vollends ins Lächerliche. Bassem trifft einen Nerv, erobert die Herzen immer neuer Zuschauer im Sturm. Wieder und wieder macht er sich auch über Präsident Mursi lustig, veralbert ihn. Jetzt ermittelt die Justiz wegen „Verunglimpfung des Islam und des Präsidenten". Und der Beschuldigte geht zum Generalstaatsanwalt, von Unterstützern und riesiger Pressekohorte begleitet. Was für eine Show, aus der Vernehmung twittert er amüsante Details: „Polizisten und Staatsanwälte wollen mit mir fotografiert werden, vielleicht haben sie deshalb meine Verhaftung angeordnet?" Es ist das Gesprächsthema auf der Straße schlechthin. „Dieser Mann ist großartig", meint ein Taxifahrer, „er sagt, was gesagt werden muss." Kostenlose Werbung für die

Sendung sieht Said in der Aktion der Staatsmacht. Er könnte nicht ganz falsch liegen. Denn Bassem kommt gegen Kaution vorerst frei und kündigt auf der Stelle an, er werde auch jetzt kein Blatt vor den Mund nehmen.

Dann ist es auch schon wieder soweit: Freitagabend, der wöchentliche Sendetermin. Ich bin im Taxi unterwegs, der Fahrer schimpft den Satiriker einen „Hund". Er ist wohl mit seiner Meinung in der Minderheit. Alle Coffee Shops, die wir passieren, kennen nur ein Fernsehprogramm: „Das Programm" mit Bassem Youssef. Wie viele Menschen die Sendung sehen, darüber gibt es keine Statistik. Man munkelt 30 Millionen. Gefühlt ist es das halbe Land. Nachher sagt nicht nur Ali: „Vielleicht die beste Sendung überhaupt, Bassem in Höchstform." Er hat sein Versprechen gehalten. Und eins ist sicher: Auch der Generalstaatsanwalt hat wohl sehr aufmerksam zugeschaut.

Ich hab's gesehen

Bassem Youssef, der ägyptische Satiriker mit bekannter Fernsehsendung? Von ihm hält Sherif gar nichts: „Ich finde ihn furchtbar, das ist nicht lustig." Mohamed lässt durchblicken, dass er da anderer Meinung ist. Sherif setzt nach: „Bassem ist unfair und zieht alles in den Dreck." Das hat er gehört. Zwei Tage später begrüßt er Mohamed mit dem Satz: „Ich hab's gesehen!" Der guckt verwirrt. „El-Bernameg!" ... „Das Programm!" ... „Bassem!"

Augenscheinlich zum ersten Mal. Noch bevor Mohamed nachfragen kann, stellt Sherif klar: „Es war so lustig, er hat die Moslembrüder total fertig gemacht!"

Ungläubige

Dreißig Meter Treppe, steil den Berg hinunter. Ich bin an den Mokattam-Bergen, am Rande der „Müllsiedlung" der Zabbalin, Kairos meist koptischen Müllsammlern. Direkt vor mir versuchen zwei ungefähr zehnjährige Jungen eine volle Gasflasche die Treppe herunter zu wuchten. „Wer fällt zuerst, die Flasche oder einer der kleinen Träger?", schießt es durch meinen Kopf. So windschief wie sie dort hängen, kann es eigentlich nicht lange dauern. Beherzt greife ich zu und trage die Flasche nach unten. Unzählige Passanten kamen nicht auf die Idee.

Unten wird die Flasche bereits erwartet. Da steht er, vielleicht Mitte 50, schmächtig, im traditionellen Gewand und mit wildem Bart, der ihn eindeutig als religiösen Hardliner, als Salafisten kennzeichnet. In der Hand seine Gebetskette murmelt er fromme Worte in seinen Bart. Ich stelle ihm die Gasflasche direkt vor seine Füße. Mein koptischer Begleiter reagiert blitzschnell: „Und das sind die Ungläubigen, die ihr aus dem Land jagen wollt." Die Umstehenden kichern.

Große Stadt

Die Wohnung putzen, na toll! Was für ein Staub und Dreck! Und so ein herrlicher Tag draußen, richtig ärgerlich. Überrascht stelle ich anschließend fest, den ganzen Nachmittag geschrubbt und gewienert zu haben. Jetzt heißt es aber dringend los, gleich ist doch ein großes Treffen mit Freunden! Also auf zum Mau'af, dem Minibusbahnhof. Los geht's am Midan Abdel Moneim Riad, und der Minibus fährt raus aus Downtown Richtung Heliopolis. Auf der Hochbrücke schließt die junge Frau in der Reihe vorne das Fenster. Von draußen dringt der Geruch brennender Autoreifen herein. Vielleicht 300 Meter rechts liegt die koptische Kathedrale von Abbasseya. „Oh, eine Demonstration!", denke ich. Im Fernsehen hieß es, dass dort heute eine Trauerfeier für Opfer von religiös motivierter Gewalt stattfinden sollte. Im Ort Al-Khasous waren vor einigen Tagen mindestens fünf Menschen getötet worden, als es zu Gewalt zwischen Muslimen und Kopten kam. Es ist nicht der erste Fall von Gewalttaten zwischen den Konfessionen, seit Präsident Mursi sein Amt antrat.

Am Zielort angekommen sind Mohamed und Khaled entsetzt: „Oh Gott, du bist in Abbasseya vorbeigefahren? Viel zu gefährlich!" Die Heftigkeit der Reaktion überrascht mich, aber man erklärt schnell: „Da toben heftige Straßenschlachten. Die Trauernden wurden von Unbekannten und der Polizei angegriffen, heißt es im Fernsehen. Das Innenministerium sagt natürlich, die Sicherheitskräfte seien angegriffen worden." In mir reift eine nicht allzu überraschende Erkenntnis: „Einmal keine Nachrichten gecheckt und schon kriege ich nichts mit. Kairo ist doch eine große Stadt." Manchmal reichen schon dreihundert Meter Entfernung. Du genießt den schönen Tag und liest später bei Spiegel online, was bei dir um die Ecke los war.

Die Gefallenen

Ahmed hat die Moslembrüder gewählt, Mursi zum Präsidenten gewählt. Sie würden es anders machen, das Land würde aufblühen. Keine eineinhalb Jahre ist das her. Die Erinnerung ist frisch, als wäre es gestern gewesen. Jetzt treffe ich ihn wieder. „Sie müssen weg", begrüßt er mich, „wir wollen nicht noch vier Jahre warten." Alles hätten sie abgewirtschaftet, es gäbe keine Sicherheit, keine Touristen. „Die Leute haben den Islam gewählt", ist er überzeugt, „aber die Moslembrüder wollen nur die Macht für sich selbst." Ahmed ist desillusioniert. Er hofft auf die Armee - wie so viele.

Mubarak

Die Sicherheitslage ist schlecht, die Wirtschaft liegt am Boden. Bei Benzin und Gas gibt es immer wieder Engpässe, die Preise für Lebensmittel und Gebrauchsgegenstände steigen. Ganz besonders trifft es die Armen, die sowieso schon Schwierigkeiten haben, irgendwie über die Runden zu kommen. Die Inflation ist hoch und Investoren zögern ob der instabilen politischen Lage mit Investitionen. Der Tourismus, eine wichtige Säule der Wirtschaft und eine der Haupteinnahmequellen für ausländische Devisen, hat sich seit der Revolution von 2011 immer noch nicht wieder erholt, nicht einmal annähernd - die Zahlen liegen weit unter denen des Spitzenjahres 2010. Das alles zwingt das ägyptische Pfund in den Sturzflug, zumal die Geldreserven in harten Dollars mit erschreckender Geschwindigkeit schrumpfen und das Land in eine bedrohliche Lage bringen. Die Regierung ist gezwungen, zur Stützung des Staatshaushaltes im Ausland und beim Internationalen Währungsfonds um finanzielle Hilfe zu bitten - bislang mit mäßigem Erfolg.

Meine Freunde sind sich einig, die Lage ist katastrophal. Und die Moslembrüder? „Sie sichern ihre Macht und bekommen sonst nichts auf die Reihe." Das ist schon fast allgemeine Meinung. „Unter Mubarak hatten wir Sicherheit und Arbeit", höre ich allenthalben. Alaa konstatiert: „Ich habe ihm schon vergeben. Wir haben ein kurzes Gedächtnis und erinnern uns nur an die guten Sachen." Im Gerichtssaal winkt Mubarak in die Fernsehkameras.

Nichts wie weg!

Wir überlegen gerade, wo wir uns gleich in Downtown treffen wollen. Es ist Freitag, heute wollen die Moslembrüder für eine „Säuberung der Justiz" protestieren. Aber der Blick aus dem Fenster hier in Wust el-Balad sagt: Alles ruhig, Verkehr normal. Völlig unverhofft textet Hakim: „Schwing deinen Hintern in einen Minibus und komm hier rüber - sofort!" Er wohnt in einem der äußeren Stadtteile von Kairo. Noch bevor ich nachfragen kann, setzt er nach: „Das Fernsehen meldet gerade, die Moslembrüder wollen zum Tahrir und auch Ramsis blockieren." Midan Ramsis, der große, zentrale Verkehrsknotenpunkt am Bahnhof. Midan Tahrir, das symbolische Herz der Opposition gegen die Moslembrüder - und bei mir gleich nebenan. „Beweg dich! Nicht in fünf Minuten, SOFORT! Das gibt Gewalt."

Ich ziehe mir schnell etwas Vorzeigbares an, greife zum Portemonnaie und eile los. Am Midan Abdel Moneim Riad, dem Minibusbahnhof hinter dem ägyptischen Museum, herrscht Hektik. Der Minibusfahrer macht Druck: „Yalla, yalla", schnell einsteigen. Und wir brausen los. Stau auf der Auffahrt zur 6. Oktober-Brücke, Autos wenden. Der Fahrer brüllt und gestikuliert: „Fahrt, ihr Hunde! Die Brücke ist frei, oben kein Problem gerade." Nach wenigen Augenblicken sind wir durch und rasen über die fast leere Hochstraße Richtung Heliopolis. Kurz vor Ramsis der Blick nach unten. Die schnurgerade Sheria Orabi ist voller Demonstranten. Die ersten sind bereits auf der Ramsis-Straße, kurz vor ihrem Ziel. Der Minibus rast mit vollem Tempo weiter, raus aus Downtown, weg von Ramsis. Ich gebe per SMS Entwarnung.

In Heliopolis sitzt Hakim schon in einem Café. Über den Plasmabildschirm flimmern Bilder aus Downtown. Heftige Gewalt: Schlägereien, Steinhagel, Schrotmunition, Tränengas. „Ist das mein Haus?", schießt es mir durch den Kopf. Es ist es, live im Fernsehen. „Weg, weg! Lasst bloß die Finger davon ihr Idioten", denke ich laut. Vor meiner Haustür ist ein Schlachtfeld. „Ich hab's ja gesagt", konstatiert Hakim.

Mein ägyptischer Mitbewohner ist ok, er hat sich rechtzeitig nach Maadi zu einem Freund abgesetzt. Aber der andere? Die erlösende Nachricht kommt, auch er ist ok. Aber er hat es nicht rechtzeitig geschafft und ist in einem Café gestrandet. Als kurz Ruhe einkehrt, eilt er nach Hause. Kaum über die Türschwelle, bricht draußen die Gewalt wieder los. Noch stundenlang geht die Schießerei weiter. „A hell of a night", eine höllische Nacht, konstatiert er trocken am nächsten Tag, als ich wieder zu Hause eintreffe.

Alles beim Alten?

Veränderung liegt in der Luft. Seit Tagen beobachten wir, dass plötzlich wie aus dem Nichts viele emsige Gestalten in weißen Uniformen auf die Straßen zurückkehren. Plötzlich wird an roten

Ampeln wieder gehalten. Knöllchen für das Parken in zweiter oder dritter Reihe werden ausgestellt. An Kreuzungen weicht das totale Chaos wieder einer gewissen Ordnung. Die Verkehrspolizei meldet sich in Downtown Kairo zwei Jahre nach der Revolution wieder in großer Zahl zurück. Es ist fast wie früher, in vorrevolutionären Tagen. „Es muss eine Anweisung gegeben haben, jetzt wieder zu arbeiten“, spekulieren wir, „es ist auch dringend nötig.“ Eine ägyptische Bekannte sieht es ähnlich: „Diese ganzen 12-Jährigen ohne Führerschein auf Motorrädern müssen endlich aus dem Verkehr gezogen werden.“ Auch in der Metro die Überraschung: Heute Morgen ein Pulk von rund 50 Polizisten in der Station „Sadat“, mittags sind alle Straßenverkäufer aus den Gängen verschwunden. „Wie viel Platz hier doch plötzlich ist!“ Das Ende der totalen Anarchie, lange erwartet. Am Ausgang der Metrostation dann plötzlich Stopp: Wir müssen umdrehen und zu einem anderen Ausgang, hier sind bewaffnete „Baltageya“, Gesetzlose, unterwegs – sagen zurückkommende Passanten. Oben an einem Zugang zum Tahrir kämpfen Straßenverkäufer – mit Eisenstangen, Macheten, Messern. Ein Saftwagen liegt umgeworfen da, Orangen rollen über den Boden. Riesiger Aufruhr. Fünf Meter hinter mir taucht ein Mann mit Machete auf und läuft auf mich zu. Ich suche vorsichtshalber das Weite. Wo ist der Arm des Gesetzes, wenn man ihn braucht? Von den in den letzten Tagen allgegenwärtigen Sicherheitskräften fehlt plötzlich wieder jede Spur.

Tamarod

Zwei Millionen Unterschriften wollen sie schon in zwei Wochen gesammelt haben - Tamarod, die „Rebellion" gegen den Präsidenten Mursi. Das melden die Nachrichten. Islam ist das völlig neu. Der junge Erwachsene mit dem für europäische Ohren gewöhnungsbedürftigen Namen hat davon noch nichts mitbekommen. Am nächsten Tag stehen dann fünf junge Männer am Eingang der Metro mit den Unterschriftenzetteln. Sauber darauf abgedruckt: eine Misstrauenserklärung gegen den Präsidenten. Darin werfen die Aufständischen Mursi vor: Wir wollen dich nicht, weil

- die öffentliche Sicherheit immer noch nicht auf die Straßen zurückgekehrt ist,
- der Arme immer noch keinen Wohnsitz hat,
- die Ägypter immer noch im Ausland betteln,
- das Recht der Märtyrer nicht gekommen ist,
- die Ägypter und ihr Land keine Würde haben,
- die Wirtschaft zusammengebrochen ist und nur aus Bettelei besteht,
- du den Amerikanern untergeordnet bist.

Ich sehe niemanden unterschreiben. Abends in Zamalek ein riesiger Stau, der ganze Stadtteil erstickt im Verkehr. Nach eineinhalb Stunden entdeckt Ahmed als erster die Ursache: Auf der Sheria Abuel Feda, der einzigen Ausfahrtstraße, stehen rund 50 Leute, halten Zettel hoch und rufen

„Tamarod". Unterschreiben Menschen? Im Vorbeifahren - endlich nach Hause! - können wir es nicht sehen. Dafür aber am nächsten Tag: Auf dem Tahrirplatz stehen sie an der Metro. Und tatsächlich, Menschen unterschreiben. Um Betrug zu verhindern, werden die Angaben auf den Unterschriftszetteln mit dem Personalausweis abgeglichen. Der Freiwillige, Mahmoud heißt er, erklärt: „Jeder muss vorzeigen, sonst wird die Unterschrift nicht angenommen." Ob schon viele unterschrieben haben, möchte ich wissen. „Ja", lautet die Antwort, und ich hätte auch selbst darauf kommen können: Er hält ein ganzes Bündel ausgefüllter Formulare in die Luft.

Die Wasser des Nil

Äthiopien baut einen Staudamm im Nil, Ägyptens Politik ist empört. Es ist ein Thema ohne Bezug zur Kampagne von Tamarod, auch wenn die Opposition natürlich unablässig Mohamed Mursi vorwirft, nicht hart genug gegen Äthiopien vorzugehen. „Jeder Tropfen Nilwasser wird mit ägyptischem Blut verteidigt", erklärt schließlich fast wörtlich der Präsident, „wenn nicht die vertraglich festgelegte Menge in Ägypten ankommt." In der Zeitung ist zu lesen, dass laut Regierungsprognose bei absehbarem Bevölkerungswachstum 2050 die dann rund 150 Millionen Ägypter eineinhalb Mal so viel Nilwasser brauchen, wie dem Land vertraglich zusteht. Alarmstimmung! „Also ich bin gegen den Staudamm", kommentiert Gamal die Nachrichten. Mahmoud ist nachdenklich: „Ich denke an den wunderbar grünen Golfplatz in Giseh und die gebrochene Wasserleitung in der Straße vor dem Haus von Nasr, die seit einer Woche das Wasser im Erdreich und auf der Straße verteilt. Und an den tropfenden Wasserhahn in unserem Bad, den der Vermieter nicht reparieren will. Meiner Familie ist es egal, das Wasser ist im Mietpreis inbegriffen." Ich für meinen Teil denke an die riesigen landwirtschaftlich genutzten Wüstenareale, in denen wassersparende Tröpfchenbewässerung ein Fremdwort ist. In den Nachrichten zu hören und zu lesen ist von all dem nichts. Auch nichts von der Frage, wie viele zusätzliche Menschen Ägypten mit begrenztem Fruchtland und begrenzten Wasserressourcen eigentlich noch verkraften kann. Für die gesamte ägyptische Politik ist das Problem klar. Tamarod hin oder her, der äußere Feind eint das patriotische Land in dieser einen Sache. Das Problem heißt: Äthiopien.

Ungläubige Ausländer

Wir sitzen im Überlandbus und dann steigt er ein: Sein Bart und seine Kleidung lassen keinen Zweifel, er ist Salafist. Kaum am Platz angekommen, holt er sein Smartphone aus der Tasche und schon fängt er an zu predigen, der Hassprediger. Wilde Hasstiraden dröhnen aus dem Lautsprecher. „Wenn ich das hören will, gehe ich in die Moschee", entfährt es meinem Sitznachbarn. Er möge das bitte abstellen, bittet er den Bärtigen, so etwas wolle er nicht hören. Irgendwas von den „ungläubigen Ausländern" murmelt der Bartträger, woraufhin Amr ihn anherrscht: „Ich trage vielleicht Designerbrille und vernünftige Kleidung, aber ich bin auch Ägypter und Moslem." Niemand aus dem Bus springt ihm bei, der Prediger schwadroniert weiter drauf los. „Ich habe nichts gegen Koranverse", meint mein Nachbar mit gedämpfter Stimme, „aber diesen Mist kann ich nicht mehr hören." Viele ägyptische Moscheen haben seit der Revolution von 2011 auf islamistische Töne umgeschwenkt oder äußern sich jetzt offen in dieser Richtung, besonders seit dem Amtsantritt des Moslembruders Mursi. Die Imame der Moslembrüder und Salafisten hetzen gegen Ausländer, Ungläubige, den politischen Gegner. Gesellschaftlich ist das hoch brisant, ein wesentlicher Teil der Bevölkerung regt sich hochgradig über diese Politisierung auf.

Der Busfahrer hat schließlich ein Einsehen: „Das wird jetzt abgestellt!", erklärt er mit bestimmtem Ton, um die lautstarke Auseinandersetzung hinter sich zu beenden. Der Prediger verstummt.

Die große Rebellion

„Tamarod", die Rebellion gegen Mohamed Mursi Isa al-Aiyat, ist das große Thema. Letzte Woche verkündete die Kampagne stolz, dass schon 7,5 Millionen Ägypter die Misstrauenserklärung gegen den Präsidenten unterschrieben hätten

– in einem Monat. Heute, eine Woche später, sagt der Sprecher, das große Ziel von 15 Millionen Unterschriften bis zum 30. Juni sei zum Greifen nah. Und im Minibus, in der Metro, im Coffee Shop, überall fällt das Wort: Tamarod. „Tamarod"-Karikaturen kursieren online. Der Präsident erklärt auf einer Auslandsvisite, „Tamarod" hin oder her, er bleibe der gewählte Präsident. „Auch mit 13,2 Millionen Stimmen", weiß er zu ergänzen. 13,2 Millionen, das sind weniger als die 15 Millionen, die Tamarod als Unterschriften sammeln will. Mursis Unterstützer werden zunehmend nervös, drohen in den Nachrichten, die „Legitimität des Präsidenten mit allen Mitteln zu verteidigen." Vorgestern Nacht zündeten Unbekannte das Tamarod-Hauptquartier an. Mahnende Stimmen warnen lauthals vor einem Bürgerkrieg, sollten am 30. Juni Mursis Anhänger auf die Straße gehen. Zum einjährigen Amtsjubiläum an diesem Tag hat Tamarod zur Großdemonstration am Präsidentenpalast aufgerufen; gegen Mursi und für vorgezogene Neuwahlen. „Das wird riesig", meint Nabila, „mein Vater und meine Brüder gehen auch hin."

Wappnen für den Einschlag

Der 30. Juni rückt näher und die Anspannung steigt. Es wird der Tag der großen Demos, soviel steht fest. „Es wird blutig." Das sagen Mohamed, Mahmoud und Ali übereinstimmend. Im Fernsehen drohen radikale Islamisten ziemlich unverhohlen mit Gewalt gegen die Demonstranten. Die

„Rebellen“ plakatieren und sprühen Aufrufe für den großen Tag in Downtown. Andere kratzen selbige wieder ab oder überpinseln sie. Mittendrin sammelt Tamarod weiter Unterschriften - erfolgreich. Ali ist jetzt auch dabei. „Ich habe unterschrieben“, erklärt er im Freundeskreis. Meine Sprachschule gibt bekannt, dass sie zum 30. Juni für einige Tage schließt. Sicher ist sicher. Präsident Mursi ernennt noch schnell reihenweise neue Gouverneure, darunter einen besonders radikalen Islamisten im Tourismuszentrum Luxor - die Stadt ist sofort auf den Barrikaden, bangt um ihre wirtschaftliche Zukunft. Das ägyptische Pfund schwächelt gewaltig, alles wartet angespannt auf den großen Tag. Die deutsche Botschaft rät in einer Rundmail an registrierte Bundesbürger im Land, sich einen Vorrat an Wasser, Medikamenten und unverderblichen Lebensmitteln für zehn Tage anzulegen sowie wichtige Dokumente und Bargeld griffbereit zu haben. „Vorsichtshalber" versteht sich, kein Grund zur Panik. Botschaften wollen ein paar Tage schließen, an den Tankstellen bilden sich lange Schlangen - die Dieselknappheit ist nichts Neues, aber schlimmer als sonst. Auch die Stromausfälle sind plötzlich gehäuft, immer wieder liegen ganze Straßenzüge im Dunkeln. Es scheint, als würde die Versorgung mit den lebenswichtigen Gütern Benzin und Strom gerade jetzt vollends zusammenbrechen wollen. Ägypten wappnet sich für den Einschlag. Einschlagen wird der 30. Juni, aber wie und bei wem, weiß derzeit niemand. Noch ein paar Tage.

Klare Ansage

Eine Woche bis zum 30. Juni, dem Tag der geplanten Großdemonstrationen gegen den Präsidenten Mohamed Mursi. Good boy, bad boy, das ist hier die Frage. Ist Mursi ein guter Mann oder eben nicht? „Man sollte sie alle erschießen“, erklärt Abdelhamid im Brustton der Überzeugung. Wen? „Die Moslembrüder natürlich!“ Ob es ihm nun passe oder nicht, sie seien doch ein gewisser Teil der Bevölkerung, gebe ich zu bedenken. Irgendwie müsse man sich doch arrangieren. „Die Armee muss uns vor diesen Terroristen schützen“, meint Gamal, der aus einer Familie von Militärs stammt. „Sonst ist alles verloren.“ Ägypten, ein Land der Extreme. „Mursi muss die Verräter einsperren“, fordert hingegen Mahmoud, der Taxifahrer. Wenn er wüsste, dass er mich gerade zu Sonia fährt. Die sieht das ganz anders: „Am 30. geht's um Leben und Tod. Das ist unsere letzte Chance, den Faschisten Mursi und die Ikhwan – Moslembrüder – loszuwerden.“ Ägypten ist tief gespalten. Viele haben den Eindruck, die Gegner des Präsidenten seien in der deutlichen Mehrzahl. Bei einer nächtlichen Taxifahrt fragt Ramy nach meiner Meinung zur Lage. Das sei Sache der Ägypter, versuche ich mich aus der Affäre zu ziehen und frage schnell: „Was ist deine Meinung über Mohamed Mursi?“ Was dann kommt, sprengt jede Erwartung. Der Mann zieht lautstark Schleim hoch – und spuckt aus dem Fenster. Eine klare Ansage. So sähen das auch viele andere Fahrer, kommentiere ich. Er schaut mich an. „Tatsächlich?"

Tamarod talatin Junju

Als Kritik an den Benzin-Engpässen und der Weigerung der Behörden zur Erteilung neuer Lizenzen für Alkoholverkaufsstellen laut wurde, erklärte Präsident Mursi vor einiger Zeit entschieden: „Benzin and alcohol, don't mix!" Man sollte das wohl getrennt betrachten, aber das Gelächter über die Formulierung war groß. Wer würde wohl am lange erwarteten 30. Juni lachen? Womöglich Mursi und seine Moslembrüder, wenn die Demonstrationen kleiner als angekündigt ausfallen?

„Ich bleibe heute auf jeden Fall zu Hause!", meint Karim auf meine besorgte Nachfrage, „Niemand weiß, was heute geschehen wird!" Heute, am Tag der geplanten Großdemonstrationen gegen den Präsidenten Mohamed Mursi. „Wir sehen uns am Präsidentenpalast", postet Reda bei Facebook. Ich sitze am Internet und sehe gleichzeitig fern. Noch ahne ich nicht, dass dies eine Dauerbeschäftigung für die nächsten Tage sein wird. Mursis Unterstützer harren schon seit Tagen in großer Zahl an der Rabaa-Moschee in Nasr City aus. Jetzt beginnt sich auch der Tahrir mit den Mursi-Gegnern zu füllen. Und wie er sich füllt! Im Fernsehen sieht man unglaubliche Menschenmassen, das hier ist gewaltig. „Auf dem Weg nach Ettehadiya", zum Präsidentenpalast, lässt Mohamed in einer twitter-Nachricht seine Freunde wissen. Jetzt gibt es auch für Karim kein Halten mehr. Raus zum Präsidentenpalast! Und wider Erwarten bleibt der Tag recht friedlich.

Am nächsten Tag gibt die Armee nach Toten und Verletzten in der Nacht bekannt, dass sie den Streitparteien 48 Stunden Zeit für eine Einigung geben würde. Andernfalls würde sie einschreiten, um das Abgleiten des Landes „in einen dunklen Tunnel" zu verhindern. Plötzlich donnern Armeehubschrauber über den Tahrir, an ihnen befestigt ägyptische Flaggen. Die Menge explodiert im Freudenrausch, Volksfeststimmung, grenzenloser Jubel. „Die Armee ist auf unserer Seite!", juchzt Ibrahim. Über den Mursi-Unterstützern in Rabaa fliegen keine Hubschrauber mit Flaggen. Jubel auf der einen Seite, Entschlossenheit bei den Mursi-Anhängern.

Auch am nächsten und übernächsten Tag große Demos auf beiden Seiten. Das Armeeultimatum läuft aus - und nichts geschieht. Gespannte Erwartung. „Bald passiert was, ganz sicher!" Es ist eine ungeheure Erwartungshaltung, der Mahmoud da Ausdruck verleiht. Am Abend des 3. Juli tritt der Verteidigungsminister, General Al-Sisi im Staatsfernsehen auf. Rechts und links von ihm sitzen verschiedene Armeegrößen. Auch dabei Sheikh Ahmed al-Tayyeb, der Imam der Al-Azhar Moschee und gleichzeitig Rektor der zugehörigen Universität, die zusammen das wichtigste religiöse Zentrum der sunnitisch-islamischen Welt bilden.

Neben ihm der koptische Papst Tawadros II. Ebenso ein Mann der Salafisten, ein Jugendvertreter der Tamarod-Kampagne, Mohamed el-Baradei, Vertreter des Oppositionsbündnisses Nationale Rettungsfront. Kann es noch Zweifel geben? „Schalt das Fernsehen ein“, schreit Khaled aufgeregt am Telefon, „schalt das Fernsehen ein!“ Es läuft schon längst, wie überall im Land. Dann spricht Al-Sisi aus, was fast alle hoffen. Mohamed Mursi ist abgesetzt.

Grenzenloser Jubel brandet auf bei den Menschenmassen auf dem Tahrir und am Präsidentenpalast, Party bis tief in die Nacht. Entsetzen und Wut bei den Menschen an der Rabaa-Moschee, die empört „Militärputsch“ schreien. „Die Revolution ist zurück“, sagt hingegen Rana, die das Wort „Putsch“ empört als Beleidigung von sich weist: „Es waren die größten Proteste aller Zeiten, größer als im Januar 2011 gegen Mubarak. Das nennt man Revolution.“ Der Dank der Demonstranten geht ganz klar an eine Adresse. Mohamed ändert sein Cover bei Facebook: „Proud of my army dad“, stolz auf seinen Vater in der Armee. Armee und Volk sind wieder Freunde, zumindest in diesem Moment.

„Egyptians and Mursi, don't mix!“, twittert Fatma. „Drei Diktatoren in zweieinhalb Jahren erledigt“, bilanziert Mahmoud und meint damit Mubarak, den auf ihn folgenden Chef des Militärrates Tantawi und nun Mursi. „Die Ägypter haben heute bekommen, was sie wollten. Aber wollen sie auch, was sie jetzt bekommen?", fragt der Analyst im Fernsehen nachdenklich. Es ist ein ausländischer Sender, das ägyptische Fernsehen feiert. Die Sender der Islamisten werden zwangsabgeschaltet. Tamarod talatin Junju, Ägypten schreibt wieder einmal Geschichte.

VIII Der Bürokrat tut seine Pflicht

Mogamma

Ameisenburg, Labyrinth, Albtraum. Beschreibungen gibt es viele. Aber jetzt: Willkommen im Mogamma, dem großen Verwaltungsgebäude in Kairo! Das Visum muss verlängert werden. Ein Leidensgenosse erklärte vorab, was wo zu tun ist. Aber das nimmt dem Erlebnis - gar nichts. Mogamma: Riesiger Betonklotz, ganz viele Fensterchen und schon vor dem Eingang ein Gedränge. Also rein und schon kann man seinen Pass kopieren - merke: Kopien und ein Passfoto, das braucht man fürs Visum. Hunderte Menschen versuchen, durch zwei kleine Türen zu drängen, um in den Raum mit der Fotobox und dem Kopierer zu kommen. Stimmengewirr. Oder ist da vorn nur ein Fenster? Der halbe Eingangsbereich steht voll. Nein, er steht nicht voll, sondern drängelt hin und her, vor allem Richtung Tür, aber natürlich auch mal zurück, wenn sich eine Schlange von Neuankömmlingen durch die Menge zum Treppenhaus kämpft. Also schnell mit durchgekämpft und in den ersten Stock. Sicherheitskontrolle - naja, sehr nach Augenmaß - dann beginnt das Labyrinth. Bürotüren, ganz viele. Fenster zu Innenhöfen, ganz viele. Menschen, ganz viele. Und alle wollen irgendwo hin. Oder am Fenster rauchen. Oder rumstehen - aber eigentlich weniger. Die Frage: Wohin jetzt? Ein Polizist sagt: „In diese Richtung!“ und zeigt einen Gang hinunter, der sich nach 20 Metern gabelt. Rechts oder links? Auf gut Glück ... links. Tatsächlich, Fenster! Schalter-Fenster, mit Beamten dahinter. Hier ist Nummer 70. Und irgendwo bei Nummer 30 sollen die Formulare für das Visum liegen. Dazwischen: 40 Schalter in einer langen Reihe, mit einem riesigen Wust an Wartenden davor, mit einem Rückstau bis an die hintere Wand des Ganges. Und viele Leute - ziemlich viele - wollen irgendwo von einem Fenster zu einem anderen. Also wabern sie quer durch die Warteschlangen - in beide Richtungen natürlich. Und dann kommt der Salafist mit seiner vollverschleierten Frau, die von keinem Mann berührt werden darf. Da ist vorprogrammiert: Geschrei! „Aus dem Weg, Platz da", ruft er. Solange, bis die große Menge noch engeren Körperkontakt organisiert hat, damit eine Gasse frei wird. Irgendwann: Ankunft bei Fenster 30, doch da ist kein Tisch, auf dem Formulare liegen. Aber so etwas wie ein Infopoint und davor natürlich riesiges Gedränge. In der rechten Hand Formulare, die linke dem Menschen hinter dem Tresen entgegengestreckt. Ungefähr 20 Arme zeitgleich, und die dazugehörigen Münder rufen irgendwelche Fragen. Wild durcheinander. Verdrängungswettbewerb. Irgendwann irgendwo ist da das Formular und ich greife es und es ist das richtige. Und wo ausfüllen? Nichts ist frei, überall Körper. Und Lärm. Auf einer Miniablage wird ein DinA4-großer Bereich frei, sofort den Körper in die Lücke schieben, blockieren, den Platz behaupten. Schnell ist der Bogen ausgefüllt, die Kopien des Passes und ein Passbild und der Pass rausgeholt und an meinem Rücken reiben sich die Leute wie die Wildschweine und wir schunkeln nach rechts und links wie es gerade der Durchgangsverkehr erzwingt und ich habe alles und weiß: Fenster 12 oder 13, die Sachen abgeben. Nur ein paar Meter, nicht schlimm. Und da ist nix los! Die Dame bekommt die Papiere und den Pass und ich hätte gern „re-entry", weil ich zwischendurch mal nach Deutschland muss und dann aber wieder rein will, ohne dass das Visum verfällt. „Okay okay", meint sie und sagt: „Fenster 44, Briefmarken für 11,10 LE kaufen." Also die ganze Strecke zurück durch den Flur und rein ins Getümmel. Alle bezahlen bei Fenster 43 oder 44. Von überall. Immer. Gleichzeitig. Hektik bei den Beamten hinter dem Glas. Da liegen: Dutzende Bögen mit irgendwelchen klitzekleinen Briefmarken zu verschiedenen Nennwerten. Daneben ein riesiger Haufen Geldscheine und dazwischen Münzen. Das ist dann wohl die Kasse. Betrag ansagen, bezahlen – bitte passend! – Stellung halten. Er rupft die Briefmarken aus dem Bogen. Hektische Handbewegungen. Kostenpunkt: 11,10 Pfund, aber 10 Piaster gibt es nicht mehr. Die kleinste Münze ist 25. Wechselgeld ist da. 11,25 LE bezahlt. 15 Piaster irgendwo in den Büchern notiert? Oder als Trinkgeld? Jedenfalls 4 kleine Briefmarken in den schweißnassen Händen – bloß nicht zusammenpappen lassen! Und jetzt? Keine Ahnung, trabe ich eben zurück zu Fenster 12/13 und tatsächlich: Die Marken abgeben. Die Dame klebt sie auf das Formular, in den Pass schreibt sie eine Nummer. „Morgen 10 Uhr wiederkommen. Fenster 38, morgen 10 Uhr." Den Pass bekomme ich zurück. „Morgen mitbringen."

Und ich frage, ob das „re-entry" für das Visum jetzt schon dabei ist und die Dame meint freundlich, aber bestimmt, dass wir jetzt erst einmal die Aufenthaltserlaubnis machen, und dann kümmern wir uns um das „re-entry", also vielleicht ab morgen und dann irgendwo neben Schalter 1, und das stand da auch schon auf einem Schild, und das wäre dann eine andere Dame und ein anderer Vorgang, aber wo ist denn jetzt überhaupt erst einmal der Ausgang?

Offensiver Lückenschluss

10 Uhr morgens, hallo Mogamma. Jaja, das Visum. Heute geht's weiter, an Fenster 38. Es ist angenehm leer, im Vergleich zu gestern. Nur eine kurze Schlange. Vor mir eine junge Frau. Sie scheint etwas ahnungslos, wie man hier ansteht. Immer wieder schiebe ich sie nach vorn und sage ihr, sie möge bitte offensiven Lückenschluss betreiben. So tun es die Anderen, so ist das hier nun mal. Schieben, drängeln, drücken. Schließlich komme ich vorn am Fenster an, zeige meinen Pass mit der Nummer, die gestern eingetragen wurde. Die Dame sucht ein Papier raus, legt den Pass dazu - der Nächste! Offensiven Lückenschluss haben auch die nach mir als Motto: Ehe ich mich versehe,

bin ich weg vom Fenster. Was tun? Ratlos suchen meine Augen diejenigen, die vor mir in der Schlange waren. Weg. Verschwunden. Ich irre umher, doch sie bleiben verschollen. Also zurück zu Fenster 38, meinem einzigen Anhaltspunkt. Ich drängele vor, bitte die ganz vorn Wartenden, nach dem weiteren Vorgehen zu fragen. Die Schalterdame will wissen, wer das wissen will. Mich trifft ihr vorwurfsvoller Blick. Verächtlich guckt sie, wer der ahnungslose Trottel ist. Ach so. „In zwei Stunden wiederkommen."

Am Ende

Stunden sind vergangen, zwei genau genommen. Zurück an Fenster 38 in Kairos gigantischem Verwaltungsgebäude, in den Fluren der Passabteilung des Mogamma. Und jetzt das: Was für eine riesige Warteschlange! Hinter mir meint jemand, es sei heute aber besonders voll. Drängeln Richtung Fenster, nur mal schnell den Pass abholen. Das wollen alle. Vorn angekommen die Ernüchterung, es ist kein Pass da. Nur spanische Pässe liegen dort. In aller Seelenruhe trägt die Dame hinter der Scheibe die Nummern von Formularen in dicke Bücher ein. Vor der Scheibe drängen sich die Wartenden. Ab und an kommt ein neuer Stapel Pässe, die sie erfasst, jeweils kurz hochhält – und weglegt. Wir, das heißt die Gemeinschaft der ganz vorn Wartenden, versuchen, den Namen oder zumindest irgendwelche Infos des jeweiligen Passes zu sehen und rufen nach hinten. „Spanische Leute hier? Eine junge Frau, mit Brille. Felicitas irgendwas." Die vermeintlich Gesuchte ruft, drängelt sich nach vorn. Wir versuchen, eine Gasse zu bilden - sie ist es doch nicht. Wer seinen Pass findet, ist glücklich. Und alle drängen nach vorn. „Wir könnten auch alle gemütlich sitzen und sie - ich meine die Dame vom Fenster - ruft dann auf." Was ist das für ein vernünftiger Vorschlag, den der Belgier nebenan macht. Aber es gibt kaum Bänke und keine Stühle oder wenigstens Fensterbänke und die Dame ruft auch nicht. Wer seinen Pass nicht bemerkt, der verschwindet unter riesigen Papierbergen. Und dann passiert lange nichts. Noch immer spanische Pässe, aber keine Spanier da. Es werden Scherze unter den wartenden Ausländern gemacht. Das Thema: unsere so undankbare wie unnötige Wartezeit im wilden Gedränge.

Plötzlich drängeln Afrikaner zu unserem Fenster. Wir sagen ihnen, dass hier nur die Touristenvisabearbeitung ist, aber es hilft nichts. Die plötzlich aufkreischende Besucherin im traditionell bunten afrikanischen Gewand will zu dem Fenster, zankt sich mit anderen Wartenden. Es nervt, wir lassen sie durch. „Falsches Fenster", sagt die Dame hinter dem Glas, „nebenan." Alle paar Minuten geht es so.

Im Gedränge wird es langsam warm. Schweiß rinnt Rücken und Beine hinunter, Durstgefühl stellt sich ein. Neue Pässe, wir rufen jede neue Info nach hinten. Tatsächlich gibt es Glückliche. Sie bekommen Applaus, erst nur einzelne Klatscher, dann applaudiert die ganze Warteschlange der westlichen Ausländer. Nach eineinhalb Stunden Warten hebt das die Stimmung – und bei der Dame hinter dem Fenster die linke Augenbraue. Wer seinen Pass entdeckt, kämpft sich vor, quittiert die Entgegennahme, ist glücklich und geht. Irgendwann entdecke ich meinen. Und die Dame steht auf und sortiert Papiere. Oh nein, da geht ihr Blick zur Uhr. „Um drei Uhr lässt sie alles stehen und liegen und macht Feierabend", tönt ein Engländer absichtlich laut herüber. Das muss sie gehört haben, aber es kommt keine Regung. Es ist noch Zeit. Sarkastische Scherze, sie könnte bis drei Uhr sortieren, jagen wohldosierten Grusel ein. „Vor 40 Jahren erfand man bei uns das System mit dem Nummernziehen", sagt ein Neuhinzugekommener. „Da, jetzt ist sie zurück." Jeder Handgriff der Dame wird kommentiert. Ich mache es jetzt wie die Ägypter am Fenster nebenan. Vehement und penetrant rede ich auf die Beamtin ein, gestikuliere, hebe die Stimme: „Entschuldigung, der Pass ganz oben!" Wieder und wieder. Die „Herrscherin der Welt", wie der Engländer sie betitelt, gibt mir tatsächlich den Pass. Ich bin müde, erschöpft, mir ist heiß. Der Applaus ist meiner, wohl verdient.

Auf dem Weg nach draußen stelle ich fest, dass mein Visum nicht wie beantragt um ein halbes Jahr, sondern nur um drei Monate verlängert wurde.

Drei Monate später

„Morgen 10 Uhr, Fenster 38", sagte die Beamtin in der Passabteilung gestern. Natürlich, mal wieder Mogamma, mal wieder Visum. Ich erklärte ihr, da wäre Sprachschule und fragte, ob ich um halb zwölf kommen könnte. „Nein, vor zehn Uhr."

Und jetzt rund einhundert Wartende vor dem Gebäudeeingang. Es ist kurz vor acht Uhr morgens und gleich wird geöffnet. Tatsächlich, um fünf vor acht wird die Tür aufgesperrt. Erstaunen - deutsche Pünktlichkeit? Schnell nach oben, es ist noch leer. Und die Dame an Fenster 38 schaut in den Pass und sagt, ich müsse zur Kollegin an Fenster 40, die sei aber noch nicht da. 20 Minuten warten. Mehr Angestellte treffen an ihren Schreibtischen ein, packen ihr Frühstück aus, machen Tee - und erstmal Pause. Schließlich kommt die Beamtin von Fenster 40. Sie plaudert mit den Kolleginnen, packt ihre Sachen aus. Dann fängt sie an, ihren Schreibtisch aufzuräumen. Die Kollegin von Fenster 38 kommt heraus und will den Ventilator anstellen, aber der Schalter ist zu hoch und sie kommt nicht dran. Ich schalte für sie ein - und nutze die Gelegenheit, um zu fragen, ob Fenster 40 wirklich das Richtige sei. Sie schaut erneut in meinen Pass und sagt: „Ja." Jetzt sortiert die Dame dort Formulare. „Guten Morgen, Frau Professorin" werfe ich ihr entgegen, bin doch langsam genervt, lächle so gut es geht. Überrascht schaut sie auf, das findet sie gut. Sie lächelt - und sortiert weiter. Fünf Minuten später verscheucht sie den jungen Mann, der sich gerade vordrängeln will und erklärt ihm, ich sei zuerst dran. „Aha“, denke ich, „immerhin.“ Und dann will sie plötzlich den Pass sehen. Ergebnis: Es ist doch Fenster 38, wo die Dame schon seit Punkt acht Uhr sitzt. Immerhin gibt sie den Pass direkt an die Dame 38 weiter, die durch ihre Stapel wühlt und mein Formular nicht findet. „Zu Fenster 13“, sagt sie. Da war ich gestern schon. Die Dame dort erklärt: „Nach zehn Uhr zu Fenster 38.“ Es ist die gleiche Dame wie gestern. Ich erkläre, ich hätte Sprachkurs, ob es nicht halb 12 ginge. Sie hat nicht zugehört. Ich frage nochmal. „Ja, ok“, sagt sie.

Um halb 12 ist an Fenster 38 eine riesige Schlange. Aber Fenster 40 ist frei. Also schnell hin, die Lage erklären. „Kein Problem“, sagt sie, nimmt den Pass, gibt ihn der Dame in Fenster 38. Sie sieht mich, zeigt auf den Ventilator, lächelt, sucht das Formular sofort heraus, legt den Pass dazu. Immer wieder eine Freude. „Wiederkommen nach ein Uhr.“

IX Wie es sich gehört

In Verlegenheit

Die Sprachlehrerin neckt und provoziert schon den ganzen Tag. Keine Ahnung, was heute los ist. Jetzt nehme ich den Fehdehandschuh auf und schreibe bei einer Aufgabe zum Thema „Überraschung“ die folgende wahre Geschichte, die so oder ähnlich schon viele Ausländer erlebten:

>>*Vor langen Jahren war ich auf der Insel Elephantine in Aswan unterwegs und wurde von einem Jugendlichen gefragt, ob ich „Egyptian Banana“ wolle. Ich antwortete höflich, ich sei satt und wolle keine Bananen, aber er fragte noch zweimal und meinte dann, ob ich wüsste „how much?“. Ich sagte, ich wüsste es nicht und er sagte „25 Pfund“, woraufhin ich herzlich lachen musste. „Ziemlich frech“, dachte ich angesichts dieses übertriebenen Preises für das Kilo noch, als er auch schon seine Hose öffnete, unverschämt grinsend konstatierte „but it is big“ und ich Naivling begriff, worum es hier eigentlich ging.*<<

Bei der Rechtschreibkorrektur liest die Sprachlehrerin erst laut und flüssig vor, stockt dann, schweigt, fragt, was das denn heiße: „die Hose öffnen“. Ich sage, sie lese richtig. Ob das „ein schlechter Junge“ gewesen sei, will sie wissen. Ganz vorsichtig, fast zaghaft kommt die Frage. Es ist ihr peinlich, das alles. Sehr peinlich. Sehr, sehr peinlich. Sie ist etwas hilflos, nimmt schließlich das

Heft, reißt die Seite heraus und zerreißt sie in kleine Stücke. „Das kannst du nicht schreiben“, empört sie sich, „ich bin eine Frau!“ Womit sie Recht hat.

Im Aufzug

Der Aufzug, in den ich steige, sieht aus wie vom Ende des 19. Jahrhunderts. Eine Holzkabine mit Doppelflügeltür, die an dünnen Drahtseilen hängt. Natürlich gibt es keine Türautomatik, ist Handarbeit gefragt. Viele Aufzüge in Kairo sehen noch so aus, es ist ein gewohnter Anblick - wenn auch für deutsche Augen zunächst ein sehr gewöhnungsbedürftiger. Zwei ältere Männer warten schon in der Kabine und schließen hinter mir die Tür. Ich drücke auf „Erdgeschoss“, wir wollen abwärts fahren - nichts passiert. Etwas skeptisch blicke ich auf den Knopf, warte darauf, dass sich das Gefährt in Bewegung setzt. Jetzt drückt einer der Männer wieder und wieder in aberwitziger Geschwindigkeit auf den Schalter. Er grinst, einen Versuch war es wohl wert. Gerade als der andere Herr - Ayman heißt er - zum Schalter langt, macht der Fahrstuhl ruckartig einen Satz nach unten und setzt sich in Bewegung. Ich erschrecke fürchterlich, denke kurzzeitig an einen Absturz. „Der Aufzug hat's eilig!“, wirft Ayman trocken ein. Keine Beschwerde, kein Fluchen über den Zustand der Technik. Stattdessen ägyptischer Humor, absolut treffsicher. Wir müssen lachen.

Der Diktator

Asmaa geht in dieser Diskussion über Politik gerade voll auf. Unsere Meinungen zur Streitfrage sind unterschiedlich, die Diskussion ist lebhaft. Irgendwann entschuldigt sie sich, sie habe nicht so viel Übung mit solchen Dingen. „Hier in Ägypten hat der Vater eine Meinung. Zuhause ist er der Diktator. Die Brüder haben auch Meinungen, aber Frau und Töchter? Wir haben Meinungen zum Essen und zum Waschen." Es ist wohl das klassisch ägyptische Familienbild. „Die Revolution auf der Straße war schwierig und wird noch dauern", meint Asmaa, „in den Köpfen geht es noch langsamer."

Unsere Kultur

Der Sommer kündigt sich langsam, ganz vorsichtig an. Kairo erwärmt sich auf 32 Grad am Nachmittag, vielleicht sind es auch 34 Grad. Abends ist es richtig angenehm, mit T-Shirt ist es frisch, aber nicht zu kalt. Die Polizei hat die Winteruniformen in den Schrank gehängt, das Weiß der Sommervariante strahlt unter der warmen Sonne. Mostafa ist es „fuckin' hot", richtig heiß. Oben mit T-Shirt geht es, aber die Jeans macht ihm das Leben schwer. „Warum stellen die die Klimaanlage nicht an?", jammert er im Café. Oh, sie läuft schon. Auch Samira schwitzt, es ist ihr viel zu warm. Sie trägt Kopftuch, ein dünnes Oberteil mit langen Ärmeln, darüber eine Bluse. Und natürlich einen Rock, aber nicht zu durchsichtig. Im Büro dreht Samira die Klimaanlage auf 23 Grad. Zehn Grad unter der Umgebungstemperatur, mich fröstelt. Ich ziehe einen Pullover an. Die anderen starren entgeistert: „Wie kannst du nur, es ist so heiß!" Am nächsten Tag schnieft und hüstelt es allenthalben. „Wir können die Klimaanlage ja auslassen", schlage ich vor. „Ja, aber es ist so heiß!", kommt prompt die Antwort. „Es gibt kein falsches Wetter, nur falsche Kleidung", zitiere ich eine alte Outdoor-Weisheit und ergänze provokant: „Man muss sich ja nicht so warm anziehen. Sommerliche und luftig kurze Kleidung tut es ja auch!" Amina nickt zustimmend: „... aber das verhindert unsere Kultur."

Das Bild der Frau

Im Schnellimbiss, Frühstück bestellen. Vor der Tür wartet Sophia aus Amerika, jung, schlank, offene und lange Haare. Ibrahim und Abu Islam sind außer sich. Während sie die Bestellung zusammenstellen, gibt es nur ein Thema: Daumen nach oben, „gut!". Das sagt Ibrahim und Abu Islam ergänzt mit schelmischem Grinsen: „Sehr gut!" Woraufhin Ibrahim fragt: „gir-le-friend?" Ist sie nicht. Das ist den beiden schwerlich vorstellbar, warum laufen wir sonst gemeinsam durch die Stadt? Zumindest muss ich doch ein gewisses Interesse an ihr haben – befreundet mit einer Frau, gibt es so etwas? Abu Islam ist wirklich sehr angetan. Er sei doch verheiratet, meine ich ehrlich entrüstet.

„Wenn er die sieht, dann ist er Junggeselle", wirft Ibrahim schnell ein, bevor Abu Islam antworten kann. „Genau", meldet der sich wieder zu Wort und stellt klar, was er von ihr hält: „Gut, veeeeery good."

„Ich rege mich über so etwas furchtbar auf!", empört sich meine ägyptische Bekannte Amina später, als sie davon hört. „Zu viele Männer hier sehen Frauen nur als Sexobjekte. Aber manchmal denke ich, bei unserer jungen Generation ändert es sich langsam."

Die Künstlerin

In einer unscheinbaren Wohnung in einem ganz normalen Mittelklasse-Wohnviertel besuchen wir die junge Künstlerin. Mit ihrer Mutter teilt sie sich die Wohnung, die älteren Geschwister sind schon alle ausgezogen. „Kommt, ich muss euch mein Atelier zeigen!", lädt sie begeistert zum Wohnungsrundgang ein. Einen kleinen Raum hat sie ganz für ihre Malerei hergerichtet, vielleicht acht bis zehn Quadratmeter groß. Verschiedene Werkzeuge, eine Staffelei, Pinsel, Paletten und vor allem viele Bilder an den Wänden gibt es dort. Das hier ist eindrucksvoll, sie ist wirklich talentiert und malt und zeichnet beeindruckend. Fast fotorealistisch sind ihre Bilder, das ist ganz große Klasse. Irgendwann fällt der Blick auf die Werke, die im oberen Drittel der Wände hängen: Da ist der Torso einer jungen Frau - von hinten, schlank, elegant, unverhüllt. Da ist der junge Mann in Frontalansicht - durchtrainierter Körper, auf den Knien, die Hände hinter dem Kopf. Eine strubbelige Frisur, Waschbrettbauch, Strandfigur. Vor allem aber ist er nackt, sein großer, erigierter Penis ist unübersehbar. Ein anderes Bild zeigt im Großformat die Hand eines jungen Mannes, der - die Körper eng aneinander gepresst - seiner Freundin unter das T-Shirt greift. Daneben weitere splitternackte oder recht spärlich bekleidete Junggesellen, ihre Geschlechtsteile prall und groß mitten in den Bildern. „Wow, das ist der Wahnsinn!", staunt Nadia begeistert, „Was sagt denn deine Mutter dazu?" Die junge Künstlerin muss grinsen: „Die will, dass ich das alles abreiße. Sie ist eine religiöse Frau und der nackte Körper bringt sie in Verlegenheit. Aber so sind wir doch alle geboren." Ob die Nachbarn eine Ahnung haben, was hier hängt? „Als die Putzfrau die Bilder das erste Mal gesehen hat, da sagte sie mit einem Funkeln in den Augen, sie fände die ganz toll", erklärt die Künstlerin, sichtlich mit Freude. „Ich solle das nur der Mutter nicht sagen, sie wolle ihren Job behalten." Sie lacht. „Du musst eine Ausstellung machen", ergreift schließlich Hamed das Wort. „Danke, Leute", erwidert sie, „meint ihr wirklich?" Schon hier im privaten, geschützten Raum ist es ungeheuer mutig, sämtliche gesellschaftliche Tabus zu brechen. Aber in aller Öffentlichkeit? Sie will darüber nachdenken, mindestens ein paar Monate.

Von Tauben und Falken

In der Nachbarschaft liegt diese Zoohandlung, das Geschäft läuft gut. Er ist zu bedauern, der kurz angekettete Schäferhund, der auf einen Käufer wartet. Und die süßen kleinen Katzenbabys im Käfig und die viel zu großen Fische, die in kleinen Becken im trüben Wasser dahinvegetieren. Joy dreht sich jedes Mal das Herz um, wenn sie die Katzen sieht: „Die armen Dinger, was für eine Tierquälerei!" Auch Laila wird bei diesem Anblick fast hysterisch: „Die sind doch so süß! Ich will sie haben!" Heute kam ein gefiederter Neuzugang: In einem kleinen Käfig sitzt ein Falke, einfach neben die weißen Tauben gestellt. Das Tier ist extrem aufgeregt. Die Tauben auch. Ich weise Nasser darauf hin. Er schaut mich fragend an. „Falken mögen Tauben sehr gern...", fange ich einen Satz an und hoffe auf ein aufgehendes Licht - Fehlanzeige. Der Falke sieht mittlerweile aus, als würde er vor Aufregung tot umfallen. Diese leckeren Täubchen. Worüber sich der Deutsche wieder Gedanken macht...

Das Buch

Wir unterhalten uns über dieses und jenes, irgendwann erwähne ich beiläufig, dass ich ein Buch über Ägypten schreibe. Sofort ist Samira elektrisiert. Sie überlegt kurz und fragt dann, was denn genau geplant sei. „Ich beschreibe Situationen, Erlebnisse, Erfahrungen. Typisch Ägyptisches –

und Ausnahmesituationen. Viele kleine Puzzleteile, die sich zu einem hoffentlich informativen Bild zusammenfügen." Sofort steht die Frage im Raum: „Was hältst du von den ägyptischen Mädels?" Ich versuche zu erklären, es ginge gar nicht so sehr um meine Meinung über Ägypten und die Mädels und das Leben hier, aber das erscheint ihr sehr merkwürdig. Samira überlegt, was in einem solchen seltsamen Buch enthalten sein müsste. Ich müsse ganz viel lesen, über den Islam und auch über das Christentum, damit ich informiert sei, wenn ich mit den Leuten spreche. Zum Beispiel müsse ich wissen, dass der Koran schon viele Dinge wusste, die wir gerade erst wissenschaftlich herausfinden, unter anderem die Anzahl der Planeten im Sonnensystem. Und vieles mehr. So etwas sollte doch auf jeden Fall vorkommen. Und überhaupt, „gibt es mehr schlechte oder gute Sachen über Ägypten in dem Buch? Es sollte doch auf jeden Fall mehr Gutes sein." Das ist ihr ganz wichtig.

Learn about Islam

Wie seine Politik hinsichtlich des rasanten Bevölkerungswachstums aussehen würde, fragte Steven einen Vertreter der Moslembrüder vor einiger Zeit - und dachte an die gewaltigen Probleme des Landes: Arbeitslosigkeit, Überbevölkerung, überfordertes Schulsystem. Das sei eine ganz, ganz tolle Sache mit diesem Wachstum, wusste der zu berichten: „Der Islam ist die am schnellsten wachsende Religion der Welt."

„Learn about Islam, the fastest growing religion in the world", steht da auf dem Schrank mit den kostenlosen Broschüren in der Al-Azhar Moschee, dem Zentrum des sunnitischen Islam. Über den Islam soll man also lernen, hier im religiösen Zentrum. Stolz steht es da: Wir sind die am schnellsten wachsende Religion der Welt. „Und ist das nicht gut?", fragt Mehdi ganz vorsichtig.

Miss Marwa

Wo ist eigentlich Miss Marwa? Das fragen wir uns seit Tagen. Die freundliche Sekretärin der Sprachschule ist plötzlich verschwunden. Auf Nachfrage heißt es dann: „Krank". Eine Woche vergeht, zwei Wochen, ein Monat. Miss Marwa bleibt verschollen. Schließlich Neuigkeiten: Sie hat geheiratet. Ihr Mann erlaubt ihr nicht, arbeiten zu gehen. Miss Marwa ist jetzt Hausfrau.

Eine andere Generation

„Mein 15-jähriger Bruder hat seine erste Liebe gerade auf Facebook bekannt gegeben!" Nehal ist aufgewühlt: „Einfach so!" Die Eltern haben es auch schon entdeckt, erfuhren es auf diesem Wege. „Ich habe damals noch Wochen und Monate gebraucht, bis ich mich getraut habe, ihnen etwas zu sagen." Die Zeiten ändern sich, eine Beziehung vor der Ehe ist kein Tabu mehr bei Kairos Jugend. „Ich gebe es ja ungern zu, denn dann höre ich mich so alt an“, schreibt die 27-jährige Nehal, „aber jetzt weiß ich, was das bedeutet: ‚Eine andere Generation‘.“

Der Esel

Muna erzählt:

>> Ein Mann geht mit Sohn und Esel zum Basar. Die Leute lachen und lästern: „Sieh mal, der Dumme geht neben seinem Esel, warum reitet er nicht?“ Also steigt der Mann auf seinen Esel, der Sohn läuft nebenher. Unterwegs treffen sie auf Leute, die schimpfen: „Unmöglich so etwas, der lässt das arme Kind laufen!“ Also setzt der Mann den Sohn auf den Esel und läuft selbst nebenher. Wenig später treffen sie auf empörte Leute, die sogleich den Sohn anfeinden: „Wie kannst du nur den armen, alten Mann laufen lassen und selbst bequem reiten?“ Also steigt der Vater zum Sohn auf den Esel. Wieder treffen sie nach kurzer Zeit Menschen, die wütend reagieren: „Ach, der arme Esel! Die beiden sind doch viel zu schwer für ihn!“ Also steigen sie ab und der Vater nimmt den Esel auf die Schultern und trägt das erschöpfte Tier. An einer Brücke lachen die Leute: „Wie kann man nur so dumm sein und seinen Esel tragen? Der Mann leidet ja selbst wie ein Hund!“ Da platzt dem Vater der Kragen und er wirft den Esel ins Wasser. Entsetzt schreien die Leute auf... <<

Stille. Erwartungsvoll blickt Muna in die Runde. „Was ist die Moral von dieser ägyptischen

Geschichte?", will sie wissen – und antwortet gleich selbst: „Die Leute müssen überall ihren Senf dazugeben..."

Schimpfwörter

Sprachkurs Arabisch, das Lehrbuch ist durchgenommen. Das Programm ist absolviert, die letzte Wiederholungsaufgabe gelöst, geschafft. „Was interessiert euch noch?", fragt die Lehrerin, „Was wollt ihr noch wissen?" Es gibt da ein Anliegen: Schimpfwörter, Flüche, beleidigende Redewendungen. Damit man weiß, wann man sich aufregen muss. Sie lacht. Sie lacht herzlich. „Faalan?", wirklich? Natürlich! O je! Das ist ihr unangenehm. Fünf Minuten ringen wir miteinander. Es sei doch wichtig, dass ich verstehe, wann ich beleidigt würde, argumentiere ich. Wann ich etwas entgegnen müsse, um nicht lächerlich da zu stehen. Selbstverteidigung sozusagen. Es hilft alles nichts. Nayrooz ist peinlich berührt. „Sohn eines Esels", das kriegen wir hin. Mehr geht nicht. „Du musst deine Freunde fragen, ich bin die Lehrerin." Am Abend bietet sich auch gleich ein Experte an...

Neugierig

„Wo kommst du her?", fragt Hussein und setzt sich neben mich. Kaum hat er es erfahren, gibt es kein Halten mehr. Fragen über Fragen prasseln auf mich ein: Ist Deutschland schön? Welche Musik hörst du? Wie sind die Mädchen „drauf“ in Deutschland? Lernt man bei euch eigentlich Arabisch in der Schule? Was arbeitest du? Verheiratet? Kinder? Was machen die Eltern? Bayern München oder Borussia Dortmund? Ist „Präsidentin“ Merkel gut? Gibt es bei euch auch Fuul und Taameya zu essen? Fahren in Deutschland eigentlich Eselkarren?

Europa, das Ausland, fasziniert die Ägypter. Ihre Neugier kennt fast keine Grenzen. Auch Hussein saugt wissbegierig alle Informationen in sich auf, möchte jedes Detail ganz genau in Erfahrung bringen. Während unserer 20-minütigen Unterhaltung im Coffee Shop bleibt kein Thema ausgespart. Bei der ein oder anderen Frage schießt Hussein über das Ziel hinaus, wird - für meinen Geschmack - etwas zu privat. Ich ziehe es vor, nicht darauf zu antworten. Einen Versuch war es offenbar wert, mein Gesprächspartner grinst. Ich kann es ihm nicht verübeln, dieses Interesse am Blick über den Tellerrand imponiert mir. Irgendwann muss er weiter: „Es war interessant, mal jemanden aus Deutschland getroffen zu haben!“

Für den Arztbesuch

Die alte Muna hat ein Problem: „Mein rechtes Knie ist stark geschwollen, ich muss dringend zum Arzt!“ Ohne Krankenversicherung stellt das ein Problem dar - woher soll sie das Geld für die Behandlung nehmen? Am Midan Abdel Moneim

Riad sitzt sie gewöhnlich jeden Tag und verkauft kleine Päckchen Papiertaschentücher für ein Pfund das Stück. Reich wird man davon nicht, Geld ansparen erscheint unmöglich. So bleibt der alten Frau heute nichts anderes übrig, als Passanten und Kunden um einen kleinen Obolus zu bitten. Viele helfen mit kleinen Beiträgen. „Allah sei Dank!“, verkündet sie abends. Das nötige Geld für den Gang zum Arzt ist zusammengekommen.

Spy Duck

„Die Ägypter sind das freundlichste Volk der Erde.“ Eine Selbstverständlichkeit, unzählige Male überall gehört. Und dann kam die Revolution 2011, die bösen Ausländer wollten Ägypten in die Knie zwingen – verkündeten offizielle Stellen pausenlos. Plötzlich keine Einladung zum Tee mehr, plötzlich überall Skepsis gegen Ausländer. Bis heute, immer wieder in unterschiedlicher Stärke. Und jetzt: In Qena wird ein Storch wegen „Spionageverdacht“ von der Polizei festgesetzt, er trägt einen GPS-Sender zur Vogelforschung auf dem Rücken. „Was? Das kann doch gar nicht sein! Das ist ein Witz!“ Mariam ist sich sicher – oder doch nicht? „Da muss ich mal meinen Bruder fragen, ob er was gehört hat.“ Hatem hat es und ist höchst amüsiert: „Das geht nur bei uns in Ägypten!“ Die „Spionageente“ ist die Lachnummer schlechthin – und lässt doch tief blicken. „Ich weiß gar nicht, ob ich das lustig finden soll“, meint Monica nachdenklich, „das ist ja schon Paranoia.“

Glaube wiederhergestellt

Wo ist sie, die herzliche Gastfreundschaft der Ägypter? „Das stimmt, die Leute sind nicht mehr so offen gegenüber Ausländern“, stimmt Zeinab zu. Jetzt sitzen wir in diesem Park und da kommt sie: die Großfamilie. Es gibt kein Entkommen. Erst gibt es Guaven, dann 7up, dann Sonnenblumenkerne. Dankend abgelehnt? Dann legen sie es eben neben uns. Ich muss gegen den Vater „4-gewinnt" spielen (juhu, 3:1 gewonnen!), während Ariane mit der Mädchenbande unentwegt Fotos machen muss. Und Fangen spielen. Dann Tretboot fahren, Zuckerwatte essen, mehr Fotos. Und natürlich Fragen beantworten. Ohne Ende. Seilchen springen, 46mal geschafft. Die Mutter geschlagen. Ihren Mann sowieso, der schafft nur neun. Das Abendessen können wir gerade noch ablehnen, aber nächste Woche müssen wir zu Besuch nach Hause kommen. Unbedingt. Da ist sie, die sagenumwobene ägyptische Gastfreundschaft. Glaube wiederhergestellt.

X Sommer

Oben

Kairo, Sommer, Hitze. Es ist schlicht heiß. Die Klimaanlage brummt, der Ventilator rattert. Warm, sehr warm! In den Straßen steht die Luft. In der Wohnung lässt es sich aushalten. Aber nach draußen? Es hilft ja nichts, ich habe es unserem Bawab versprochen. Er ist eine Institution: der Pförtner, der Hausmeister und viel mehr. Sein Problem: Die Waschmaschine ist kaputt. Mit dem Aufzug geht es also nach oben. Dann Endstation. Auf einer klapprigen Wendeltreppe geht es aufs Dach. Dort wohnt er in drei kleinen, aufgemauerten, sehr einfachen Zimmerchen mit seiner Tochter. Überraschung: Es weht eine angenehme, kühle Brise. „Ich habe einen Ventilator, das reicht völlig“, sagt Hani, „der Wind ist sehr angenehm.“ Die Aussicht ist gut, unter uns liegen die brütend warmen Straßenschluchten der Hauptstadt. Wir sind oben. Hier lässt es sich aushalten.

Erfrischung

Es ist erst halb acht morgens, aber schon stickig heiß in Kairos Innenstadt. Ein gänzlich unangenehmer Tag, 60% Luftfeuchtigkeit sollen es sein – fast wie in den Tropen. Für hier jedenfalls sehr viel. „Die Luft ist wirklich sehr feucht“, wundert sich Mohamed, „das ist selten." Schon kurz nach dem Verlassen des Hauses läuft der Schweiß den Rücken hinunter. „Hätte ich wenigstens eine leichtere Jeans angezogen", denke ich. An der Kasr el-Nil Brücke plötzlich die Überraschung. Ein kühlender Lufthauch streift das Gesicht. Von unten steigt eine angenehme Kühle hinauf. Zwei Autofahrer haben angehalten und genießen am Brückengeländer den Luftzug.

Mach die Fliege

Es ist heiß dieser Tage in Kairos Sommer, heiß und ungewöhnlich feucht. Sie mögen das, kommen zuhauf durchs offene Fenster herein. Plagegeister, es summt und brummt. Sie riechen den Schweiß der warmen Körper, drehen ihre Runden und landen immer wieder - auf uns. Es nervt. Sicher mehr als 20 Stück, die hier eingeflogen sind. „Bau doch diese Dinger in deine Fenster", beschwert sich Mohsen. Fliegengitter? Recht hat er. „Ich suche fleischfressende Pflanzen (für Fliegen)", schreibt eine in Zamalek wohnende Ausländerin, „wer weiß, wo es die zu kaufen gibt? Dringend..." Sie bekommt keine Antwort. Draußen in den Stadtteilen an der Wüste gibt es sie kaum, die brummende und summende und nervende Plage. Aber nahe dem Nil fühlt sie sich sehr wohl. Nicht immer, aber im Moment. Said sprüht Insektizid, „aber es stinkt". Wir fahren die Klimaanlage hoch, bis die Biester träge werden. Den Rest erledigt die WG-Katze.

XI Militärputsch im Namen des Volkes

Eine neue Zeit

Mohamed Mursi ist entmachtet. Auf den Hauswänden stehen noch die Parolen: „Irhal ya Mursi", hau ab Mursi. Auf dem Tahrir stehen wieder die Zelte. Der Tariq an-Nasr in Nasr City ist an der Rabaa al-Adawiya Moschee blockiert. Dort campen noch immer die Mursi-Anhänger. Zwischen Tahrir und Abdel Moneim Riad Platz fehlt an mehreren Stellen das Pflaster des Bürgersteigs – diese Steine flogen also neulich umher. Der Kiosk um die Ecke hat das blutverschmierte Al Jazeera-Logo plakatiert, Kritik an der angeblich einseitigen und aufwieglerischen Berichterstattung des Senders aus dem Golfstaat Katar. Die Spaltung des Landes in zwei Lager, sie ist tiefer denn je. Vor dem Ägyptischen Museum stehen Panzer. Keine 50 Meter weiter gibt es Poster zu kaufen. Darauf abgebildet General Al-Sisi, der Verteidigungsminister und neue starke Mann. Neustart für die Revolution oder die Rückkehr der Generäle? Eine neue Zeit ist angebrochen im Land der Pharaonen. Wieder einmal.

Die Roadmap

Neben der Absetzung von Mohamed Mursi verkündete das Militär noch am 3. Juli 2013 eine „Roadmap", einen Fahrplan für den Übergang zurück zu demokratischen Verhältnissen. Im Fernsehen, im Internet, in den Zeitungen - der Inhalt der Roadmap ist überall nachzuschauen. Der Plan für die Zukunft lautet:

- Aussetzung der Verfassung;
- Der Vorsitzende des Obersten Verfassungsgerichts wird Übergangspräsident bis zu vorgezogenen Neuwahlen;
- Bildung einer Übergangsregierung von Technokraten und der Erlass eines vom Verfassungsgericht geprüften Wahlgesetzes für vorgezogene Parlamentswahlen;
- Bildung eines Komitees zur Überarbeitung von umstrittenen Verfassungsartikeln;
- Festlegung eines Ethikcodes für die Medien, um deren Professionalität zu sichern;
- Bildung eines Komitees für nationale Versöhnung;
- Sofortige Schritte, um die Jugend in die Entscheidungsprozesse einzubinden.

„Hoffnung habe ich", jubelt Eve, „wir haben unser Land zurückgewonnen! Jetzt startet Ägypten in die Zukunft."

Teufel und Helden

Vor dem Hauptquartier der republikanischen Garde sind über 50 Menschen ums Leben gekommen. Wie es dazu kam, ist umstritten. Die Moslembrüder, die Ikhwan, behaupten, die Armee habe das Feuer auf friedliche Demonstranten eröffnet. Die Armee sagt, sie sei von Terroristen angegriffen worden. Die britische Zeitung „Guardian" hat recherchiert und kommt zum Ergebnis, die Version der Moslembrüder sei eher zutreffend. Diesen Artikel zeige ich meinen Freunden. Und dann ist der Teufel los!

Ob ich jetzt für die Ikhwan sei, will Hisham wissen. Der Guardian sei pro-Mursi, und überhaupt gehe die gar nichts an, was in Ägypten passiere. „Ich vertraue der Armee, warum sollte die auf friedliche Menschen schießen?", erklärt Nabila. Ich weise auf die Ereignisse von Maspero hin, wo die Armee vor rund eineinhalb Jahren friedliche koptische Demonstranten angriff – darüber waren sich damals fast alle revolutionären Gruppen einig. „Das war nicht die Armee, das waren die Ikhwan", bekomme ich jetzt zu hören. Das Gleiche gelte für die Schüsse auf Demonstranten in der Sheria Mohamed Mahmoud im November 2011. Ich denke, ich höre nicht richtig. Aber es geht weiter: Benzinknappheit, die Ikhwan sind schuld, die schenken das alles der Hamas in Gaza. Den „scheiß Palästinensern" wollte Mursi auch noch den halben Sinai schenken. „Man sollte sie alle umbringen", meint Mohamed. Beim Sit-in der Moslembrüder säßen nur bezahlte Syrer und Palästinenser - naja, und auch arme Ägypter, vielleicht, vermutlich. Und außerdem hätten die Führungsleute deren Pässe einkassiert, sie könnten gar nicht gehen. Ich werfe ein, die Welt sei doch nicht so einfach zu erklären, man müsse doch die Meldungen hinterfragen. Meine Gesprächspartner verzweifeln schier über den Europäer, der immer alles in Frage stellt und jetzt plötzlich für Mursi ist. Ich verzweifle ein wenig über die Ägypter, die in den Moslembrüdern plötzlich den Sündenbock für alles sehen, den Teufel höchstpersönlich. Die noch kürzlich völlig verhassten Sicherheitskräfte sind jetzt Helden, ihre Musikkapelle spielt auf dem Tahrir, wie ich ungläubig im Fernsehen sehe. Sie wird gefeiert. Noch vor einigen Monaten hätte sie den Platz nicht lebend verlassen.

Normales Leben

„Eigentlich ist das Leben dieser Tage ganz normal in Kairo", erkläre ich gerade noch über Skype. Und dann das: Gaber aus Nasr City will mittags zu Besuch kommen und muss auf dem Weg umkehren. Die Armee sperrt die Straße. Wieder zuhause angekommen hat er die Schuhe noch nicht ausgezogen, da hört er von draußen die Lautsprecherdurchsagen der Armee: „Verlassen Sie nicht das Haus, bleiben Sie drinnen." Wenig später steht vor seinem Haus in der kleinen Seitenstraße ein Panzer, die Armee geht gegen Bewaffnete vor. Am Telefon scherze ich, er habe sich wohl den falschen

Stadtteil zum Leben ausgesucht. Bei mir in Downtown sei alles normal und ruhig.

Am späten Nachmittag plötzlich laute Schüsse. Oder Feuerwerk? Ich öffne das Fenster, sehe Feuerschweife am Zugang vom Tahrir zur Kasr el-Nil Brücke. Das Feuer kommt aus Richtung Tahrir in Richtung Brücke. Was kommt aus der anderen Richtung? Es ist von hieraus nicht zu sehen. Heftiges Feuer jetzt, es knallt in schneller Abfolge. Gewaltig! Vor dem Ägyptischen Museum diskutieren die den Tahrir bewachenden Demonstranten, erkennbar an ihren Warnwesten, heftig mit den dort stationierten Soldaten. „Macht was!", an den Gesten ist es klar erkennbar. Das Schießen geht unentwegt weiter.

Plötzlich, als wäre ein Schalter umgelegt: Hektisches Rennen bei der Touristenpolizei am Museum. Irgendwoher kommt Ausrüstung, ist sofort verteilt. Im Handumdrehen steckt die Wachmannschaft in ihren schusssicheren Westen, dazu Helme auf dem Kopf. Die großen, metallenen Schutzschilde werden im Laufschritt zusammengeschoben, Posten an strategischen Stellen zusammengelegt. Stress, Hektik, Adrenalin. Eingeigelt. Gewehre griffbereit. Nein, feuerbereit.

Ein paar Meter weiter: Motoren zünden. Die Armee macht mobil. Mit einer großen Abgaswolke rast der erste Panzer zum Ort des Geschehens. Fünf weitere folgen. Das Gewehrfeuer nimmt ab, verstummt, flackert wieder auf.

Verkehrschaos auf der Straße am Museum, Autos wenden, kommen aus allen Richtungen. Das Ziel: Besser weg. Sofort! Gaber ruft an: „Die Ikhwan versuchen, den Tahrir einzunehmen." ON TV überträgt live und meldet das. Und CBC+2 ist jetzt auch live dabei. Die Tahrir-Demonstranten und die Armee verjagen die Angreifer. Ich sehe es im Fernsehen. Und plötzlich, ein paar Minuten später, ist es wieder ruhig da draußen, das Leben wieder ganz normal.

Wen interessiert's?

Tarek und ich sprechen gerade über Skype. „Ich bin sofort zurück, draußen wird gerade geschossen", meint er plötzlich. Ein gepanzerter Truppentransporter parkt plötzlich in seiner Straße, berichtet er live. Und: „Ich höre Schrotmunition." Es wird noch ein paar Stunden so weitergehen. „Die Armee versucht Bewaffnete in die Schranken zu verweisen", erklärt er. In den Nachrichten oder online ist am nächsten Tag nichts zu finden. „Ach, das gibt es derzeit überall", kommentiert Tarek, „das berichtet doch keiner."

Insel der Menschlichkeit

„Die Terroristen sollen alle sterben, wir verteidigen den Staat." Sagen die Unterstützer der neuen Regierung. Sie sind gegen die Moslembrüder. „Die Ungläubigen, Putschisten und Mörder sollen alle sterben, wir verteidigen die Legitimität und Religion." So sieht es bei den Ikhwan und ihren Verbündeten aus. Beide Positionen gibt es in verschiedensten Abstufungen, vom Extrem bis abgeschwächt: „Alle einsperren!" Das meint zum Beispiel Khaled. Mahnende Stimmen der Mäßigung und des Ausgleichs gibt es kaum – die sicher prominenteste: Der Satiriker Bassem Youssef, bekannt für seinen Spott über Mursi und die Seinen. Am Ende des Tages müssten ja doch alle im gleichen Land leben, mahnt er in seiner Zeitungskolumne und fügt hinzu, man möge die Menschlichkeit nicht vergessen. Derzeit würde die ehemalige Opposition genau das tun, was sie der ehemaligen Regierung vorwarf. Auf die Meinung des Satirikers hingewiesen meint Mariam: „Er hat Recht." Als ich Bassems Position in einer Diskussion wiedergebe, entgegnet Wafaa, ich sei clever. In der Gesamtschau sind wir derzeit eine kleine, ungehörte Minderheit. Seine größte Angst sei es, schreibt Bassem Youssef, dass die „Insel der Menschlichkeit" irgendwann entvölkert sein könnte.

Von Gottes Gnaden

General Abdel Fattah al-Sisi, Verteidigungsminister und vielleicht so etwas wie ein Putschist im Auftrag des Volkes, ist plötzlich allgegenwärtig. Am Tahrir finden Fanartikel reißenden Absatz. Al-Sisi Poster. Al-Sisi zusammen mit den großen Militärpräsidenten Nasser und Sadat. Der Verkäufer erklärt und deutet auf die Plakate: „Al-Sisi mit dem Übergangspräsidenten ... was war noch gleich sein Name?“ Überlegen. Nachdenken. Grübeln. „Ach ja, Adli Mansur.“ Al-Sisi umrahmt vom koptischen Papst Tawadros II und Al-Azhars Sheikh Ahmed al-Tayyeb – „Muslime und Kopten sind eine Hand“ steht da und darunter: „Die Gemeinschaft des Volkes über der religiösen.“ Das Bild spricht eine unmissverständlich klare Sprache.

Die Zwanzig

Ohrenbetäubendes Hupen draußen auf der Straße. Eine Mega-Hochzeit? Neugierig öffne ich das Fenster. Es hupt wie verrückt. Draußen marschieren genau 20 Menschen, fast alle Kinder, gefolgt von einem Kleinlaster. Sie halten Plakate von Al-Sisi und rufen Slogans. Wer hupt, stimmt zu. Ich bin kurz vor dem Hörsturz.

Masr ded al-Irhab

Vorgestern hat General Al-Sisi bei einer Militärfeier überraschend für heute alle Ägypter aufgerufen, auf die Straße zu gehen. Man solle damit der Armee ein Mandat geben, gegen Terroristen vorzugehen. Heute gibt es im Fernsehen kein anderes Thema: „Masr ded al-Irhab“, Ägypten gegen den Terror. Das ist der Slogan. Al-Sisis Schlüsselsatz wird im Staatsfernsehen rauf und runter gespielt. Da steht er in Militäruniform, mit Orden behangen, dicker schwarzer Sonnenbrille. Ein Bild, wie man sich klischeehaft eigentlich einen Junta-Chef vorstellt. Mein entsprechender Kommentar führt fast zum Bruderkrieg im Freundeskreis. Die Armee ist heilig. Wer es wagt, an ihren edlen Motiven zu zweifeln, ist sofort unten durch. Ich setze noch einen drauf und frage, wofür denn die Armee überhaupt Demonstrationen brauche, um ihre Arbeit zu machen. Da stecke doch das politische Kalkül dahinter, Druck auf die Moslembrüder auszuüben. Empörte Reaktionen: „Die ägyptische Armee ist geradeheraus. Wenn sie irgendwas machen will, dann tut sie es! Die Armee macht keine Politik, sie schützt nur das Land. Und mit Terroristen spricht sie erst recht nicht." Nagy ist äußerst verärgert. „Wenn Al-Sisi sagt, wir sollen auf die Straße gehen, um gegen den Terror zu demonstrieren, dann meint er genau das. Hör auf mit deinen Verschwörungstheorien." Es entbrennt eine hitzige Debatte. „Was weißt du schon über dieses Land, du bist kein Ägypter, du verstehst nichts. Wozu mischen sich die Ausländer überhaupt ein? Die haben hier nicht zu kommentieren." Wir sind seit langem gut befreundet. Wie mag die Reaktion erst bei anderen Menschen ausfallen? „Warum hast du eigentlich vor zwei Jahren Revolution gegen den Polizeistaat gemacht, wenn die Sicherheitskräfte alle so ehrlich und gut sind und nur das Beste für das Land wollen?", frage ich beinahe verzweifelt. Bevor es jedoch handgreiflich wird, beenden wir das Thema. Sofort.

Hunderttausende sind heute dem Aufruf der Armee gefolgt – mindestens. Die Revolution von 2011? Derzeit vergessen.

Eine Hand

Panzer stehen vor dem Haus, genaugenommen gepanzerte Truppentransporter. „Dababat", Panzer, sagen die Menschen trotzdem. Sie bewachen die Straße. Eine Gruppe junger Mädchen kommt vorbei, bleibt stehen, kichert, posiert vor einem Panzer von zwei Soldaten umringt, das Handy blitzt auf, Foto im Kasten, weiter. Zwei Jugendliche fackeln nicht lange, stellen sich vor den Panzer, drücken einem Passanten das Handy in die Hand, es blitzt, Foto im Kasten, weiter. Ein Mann wartet, will die Straße überqueren, ein Taxi hält, er ruft „Rabaa" (dort sitzt der Feind, die Moslembrüder in ihrem Sit-in), der Fahrer lacht, die Soldaten lachen, der Mann freut sich über den gelungenen Scherz, weiter. Ein klappriges Auto hält, die Familie steigt aus, schnell die Kinder vor dem Panzer platzieren, klick, Blitz, Schnappschuss fürs Familienfotoalbum, einsteigen, weiter. Die meisten Ägypter haben ein unverkrampftes, ja extrem positives Verhältnis zur Armee. Ein Motorradfahrer hält, hält das Baby dem Soldaten oben auf dem Panzer entgegen: „Bitte einmal hinter das Maschinengewehr setzen." Das ist etwas zu viel verlangt. Der Mann ist enttäuscht, dann eben nur im Arm halten. „Die Armee und das Volk sind eine Hand", heißt ein bekannter Slogan. Hier sieht es ganz so aus.

Unwirklich

Ägyptisches Museum. Vor dem Tor stehen zwanzig Panzer. An der Sicherheitskontrolle einmal Pass zeigen. An der Sicherheitsschleuse der Polizei einmal Tasche röntgen, der Elektroschocker meiner Begleitung geht problemlos durch. Am Ticketschalter ist nicht genug Wechselgeld, um auf 200 Pfund herauszugeben. Drinnen ist es ruhig. Vereinzelt sind andere Menschen zu sehen: Aufpasser sitzen gelangweilt herum, Polizeirekruten machen ihren Rundgang, schauen dabei interessiert hier und da etwas an. Es ist ja Zeit. Wo sich sonst am Tag mehrere tausend tummeln, herrscht jetzt Stille. Politische Krise. Es sind vielleicht fünfzig Besucher im ganzen Ägyptischen Museum. „Nicht so laut!", regt sich der Aufpasser bei der Goldmaske Tutanchamuns über eine normale Unterhaltung auf. An Besucher ist er scheinbar nicht mehr gewöhnt. Allein bei Göttern und Pharaonen.

Gott, Nasser und Ikhwan

Uralt sieht er aus, der freundliche alte Herr. Er spricht bedächtig, grübelt, sucht nach Worten. „Mit Politik beschäftige ich mich nicht", sagt er schließlich, „für mich gibt es nur noch unseren Gott." Er spricht das im Brustton der Überzeugung: „Rabena", unser Gott. Aber Nasser, das sei ein guter Mann gewesen. „Von den Bashas hat er das Land genommen, sie hatten 100 Feddan. Und dann hat er es den Fellachen gegeben, fünf Feddan dem und fünf Feddan dem und so weiter." Die einfachen Bauern bekamen das Land. Wie in seinem Dorf, eigentlich kommt er vom Land. Jetzt sitzt er auf seinem Sofa in Kairo und schweigt bedächtig. Aber etwas will er doch noch fragen: „Sitzen sie immer noch auf der Straße, die Ikhwan? Sie sollen nach Hause gehen, Mursi kommt nicht zurück. Unmöglich."

Rabaa

Rabaa al-Adawiya, die bedeutende Moschee in Nasr City. Auf der Kreuzung davor befindet sich seit nunmehr einem Monat das Sit-in der Islamisten gegen die Absetzung von Mohamed Mursi und „für die Wiederherstellung der Legitimität", wie sie es nennen. Ich bin neugierig. Was sitzen da wirklich für Leute? Das ägyptische Fernsehen weiß, das sind alles Terroristen. Man zeigt Bilder von Waffen und Videos von extrem hässlichen Gewaltszenen am Rande. Ausländische Medien wissen, da sitzen Frauen und Kinder. Ägyptische Journalisten und Anwohner berichten von Übergriffen. So wie Ines: „Ich traue mich kaum aus dem Haus." Ich bin neugierig, aber einfach so dahin spazieren? „Bist du lebensmüde?", entsetzt sich Mahmoud, „Du willst echt unbedingt sterben, oder?" Gut, dass ich immerhin regelmäßig vorbeifahre. Da sind Aufpasser in Warnwesten, mit Helmen und großen Stöcken, die an den Haupteingängen Wache schieben. Zahlreiche Menschen gehen ein und aus. Und überall große Poster mit dem Konterfei Mohamed Mursis. Ein Poster mit zwei Pfeilen: ein grüner Pfeil, die „Revolution 25. Januar", ein roter Pfeil in entgegengesetzter Richtung, „Militärputsch gegen die Legitimität". Soll wohl heißen: „Wir sind die Guten!" Waffen sehe ich im Vorbeifahren keine. Auch keine Sicherheitskräfte, die in der Umgebung warten. Keine Belagerung. Aber die Anspannung steigt. Neuerdings werden die Eingänge mit Mauern aus Sandsäcken befestigt. Je nach aktueller Lage fährt der Minibus einen kleinen oder großen Umweg um das Protestlager. Wie lange das noch so weitergeht?

Eine andere Welt

Aus Downtown kennen wir sie alle, die vielen Graffiti an den Wänden. „Irhal Mursi", steht dort noch überall geschrieben, Mursi hau ab. In Medinet Nasr, in der Umgebung der Rabaa Moschee gibt es zunehmend auch mehr Graffiti. „CC qatl", steht da. „Al-Sisi, Mörder", ein Beispiel unter den vielen Beschimpfungen des neuen starken Mannes am Nil. „No Coup", kein Militärputsch, lautet eine andere Botschaft auf Englisch. Auch zur Auswahl: „Mursi Rayesi", Mursi ist mein Präsident. Es ist ein ziemliches Bündel an Sprüchen, teils auf Englisch, einer sogar auf Deutsch. Auf einer Mauer in der großen Hauptverkehrsachse Tariq an-Nasr steht in großen Lettern: „Nein zu die blutige Militärputsch." Hier in Nasr City ist es eine andere Graffiti-Welt als in Wust el-Balad.

Über Nacht

Völlig überrascht bremse ich vor einer Bank in Dokki. Auf dem Häuschen des Sicherheitspersonals steht in großen, blauen Lettern gesprüht: „CC qatl cha'n". Zu Deutsch: „CC Mörder Verräter". Gemeint ist General Al-Sisi. In Nasr City gibt es so etwas überall, hier am anderen Ende von Kairo ist es eine Premiere. Aber jetzt ist es da, über Nacht.

Gewohnheitstier

Da stehen sie wieder, die Panzer an den Zugangsstraßen zum Tahrir. Zur Sicherheit, damit keiner das dortige Zeltlager angreift - sagt man in der Nachbarschaft. Immer donnerstags kommen sie aus dem temporären Stützpunkt am Ägyptischen Museum hierher und je nach politischer Lage sind sie samstags oder eben später wieder weg. Jeden Tag sitzen die Soldaten dort hinter dem Maschinengewehr. Jeden Tag fotografieren sich Ägypter mit Panzern. Jeden Abend bekommt der wachhabende Soldat sein Essenspaket heraufgereicht. Hin und wieder Wachwechsel.

Sie sind da, aber sie haben keine Auswirkung auf das Leben drum herum. Sie stören nicht, sie tun nichts, sie sind einfach da. Ich nehme sie kaum noch wahr, der Mensch ist ein Gewohnheitstier. Doch eigentlich zeigen sie, dass die Sicherheitslage prekär ist. „Man stelle sich mal vor, in Berlin führen Unter den Linden Panzer auf", kommentiert die Familie in der Heimat, „bist du noch bei Sinnen? Das ist doch beängstigend!“ Normal ist wohl tatsächlich anders – aber nur für eine gewisse Zeit. Ich habe mich an die Panzer längst gewöhnt.

Volk und Armee

In der Sheria Meret stehen rechts und links Panzer. Hier neben dem Ägyptischen Museum bewachen sie den Eingang zum Tahrir. Der Verkehr fließt vorbei, Fußgänger passieren. In ziemlicher Regelmäßigkeit hupt ein Autofahrer und winkt den Soldaten zu. Wie aus dem Nichts fangen Passanten im Vorbeigehen an zu rufen: „El-Geisch, we asch-Schaab, ied wah-da!“ Einfach so eine spontane Äußerung: Die Armee und das Volk sind eine Hand. Den ganzen Tag über geht es so, immer wieder. Zu jeder Tages- und Nachtzeit.

Überraschungsbesuch

Susy im Stadtteil Abdin geht schnell einkaufen um die Ecke. Plötzlich eine Demonstration. „Ich dachte, ich sehe nicht richtig, Ikhwan!“, erzählt sie am nächsten Tag. Die Moslembrüder plötzlich so nah in der Innenstadt. „Ich bin sofort nach drinnen, das war mir nicht geheuer.“

An-Nahda

Im Taxi geht es schnell voran, die Straßen sind frei. Rüber über die Nilbrücke. „Huch, hier stehen aber eine ganze Menge Soldaten", denke ich noch. Und da ist der Grund: Vor dem Wagen liegt der Eingang zum kleineren Sit-in der Moslembrüder an der Universität Kairo. Große Mursi-Plakate hängen quer über die Straße. Befestigungen wie in Rabaa sind von hier auf die Schnelle nicht zu sehen. Aber es soll sie geben - vielleicht nehmen die Plakate die Sicht? Der Taxifahrer fährt vorbei. Und er flucht: „Diese Verrückten!" Noch mehr Central Security. Das Sit-in auf dem „An-Nahda" Platz ist noch da. Aber die Präsenz der Sicherheitskräfte ist stark. Wie ein Damoklesschwert hängt die Auflösungsankündigung der Regierung in der Luft.

Mörder und Verräter

In Dokki aussteigen aus der Metro. Überraschung: Alle Wände des Bahnsteigs sind mit Graffiti vollgeschmiert. „Mursi Rayesi, CC qatl, chain ya CC!", steht da. „Mursi ist mein Präsident, Al-Sisi ist ein Mörder, Verräter oh Sisi". Gestern am späten Abend zog eine kleine Gruppe Mursi-Anhänger durch die Metro und besprühte Stationen, steht im Internet zu lesen. Sie geben nicht auf. Im Gegenteil, ihre Präsenz ist stärker spürbar als in den Wochen zuvor.

Meret-Straße am Ägyptischen Museum.

Typische Straßenszene im zentralen Kairo.

Am 25. Januar 2013 auf dem Tahrir-Platz.

Zeltlager gegen Mohamed Mursi.

Tamarod: Demonstrationsaufruf zum 30. Juni.

Fanartikel mit General Al-Sisi, Juli 2013.

Unübersehbare Werbung: „Ja zur Verfassung!“

Der Coffee Shop, eine ägyptische Institution.

XII Ramadan

Schwerstarbeit

Ramadan, der muslimische Fastenmonat. Kein Essen, kein Trinken von Sonnenauf- bis Sonnenuntergang. So sagt es der Koran. Das Restaurant „El-Domyati" ist dann auch vormittags geschlossen. Klar, wer isst schon tagsüber, wer soll die leckeren Sandwiches um diese Uhrzeit kaufen? Mittags dann die Überraschung: Offen! Es ist gähnend leer, Abdu steht hinter der Theke. Ich bestelle Sandwiches zum Mitnehmen, werde sie zu Hause gleich verputzen. Auf der Straße geht das nicht, das wäre schon ein Affront. Ringsherum das leckere Essen: Fuul, Taameya, Pommes, Musaqa, Kartoffelbrei, Eier, Shakshuka. Und es duftet. „Die Arbeit hier ist tagsüber im Ramadan sicher schwierig mit all dem Essen ringsherum, oder?", frage ich Abdu. „Einen Tag mehr, einen Tag weniger", antwortet er. Und heute? „Heute ist es schwer."

Die falsche Zeit

Irgendwie blöd: Es ist Ramadan, gleich ist Sonnenuntergang und ich will noch schnell von Nasr City nach Downtown. Was für eine schlechte Zeit, alles wartet ungeduldig auf das Signal zum Fastenbrechen. Vorhin war die Zeit, als alle schnell noch nach Hause eilten. Im Dunkeln will man ja lieber derzeit nicht unterwegs sein. Jetzt ist der Verkehr fast zum Erliegen gekommen. Wer nicht zu Hause ist, sucht sich ein Plätzchen an Ort und Stelle. Es ist Sommer, 35 Grad und der erste Schluck Wasser, das erste Essen nach diesem langen Tag wird sehnlichst erwartet. Kein Minibus kommt. Warten. Ein Jugendlicher gesellt sich hinzu. Es dauert. Wir setzen uns auf den Bordstein. Gleich ist die Sonne hinter dem Horizont.

Unverhofft taucht ein Minibus auf. Tatsächlich, er fährt zum Tahrir. Wir steigen ein. Und dabei bleibt es: Zwei plus Fahrer rasen Richtung Downtown - in einem Fahrzeug für 15 Personen. Die Straße ist ziemlich frei. Der Minibus ist leer, der Fahrer mäßig begeistert, denn so eine Fahrt kostet ihn Bares. Es ist die falsche Zeit, um in Kairo Menschen zu transportieren. Beim Aussteigen drücke ich ihm 10 Pfund in die Hand: „Danke, es sind ja keine Leute da." Er freut sich, nickt mir dankbar zu. Damit hat er nicht gerechnet.

Fastenbrechen

Ramadan, tagsüber fastet das muslimische Ägypten. Ausnahmslos? Weit gefehlt! Die Coffee Shops haben geschlossen, die Restaurants auch. Aber ein Coffee Shop leistet Widerstand. Der „Club Teeblüte" hat seine Fenster verhangen, drinnen wird fleißig Shisha - Wasserpfeife - geraucht. Und natürlich wird Tee getrunken.

Auch im höherpreisigen „Café Bean" auf Zamalek herrscht fast Normalbetrieb. Viele junge Ägypter sind da, für die Zigarette und den Kaffee am Nachmittag. Mohamed fährt fast täglich zu einem nicht fastenden Freund, um sich bei diesem zwischendurch mit dem Lebensnotwendigen zu versorgen: „Kaffee und Zigaretten, zu Hause bei den Eltern geht das nicht. Völlig ausgeschlossen." Amir beschwert sich, dass bei ihm auf der Arbeit in einer europäischen Firma viele ägyptische Kollegen ihren Kaffee trinken: „Das durftet immer so gut!" Im großen Einkaufcenter „Citystars" in Heliopolis ist bei McDonalds und Burger King zwar weniger los, aber hier wird auch kräftig gegessen und getrunken - am Mittag. Mitten am Tag. Im Fastenmonat Ramadan. Kein Problem. Aber einfach auf der Straße rauchen oder essen oder trinken? „Das ist sehr provokativ", erläutert Medo, „viele nehmen das Fasten nicht so genau, aber die wenigsten würden es öffentlich sagen. Sie kritisieren sogar andere, die öffentlich erkennbar nicht fasten."

Eid el-Fitr

Der Ramadan ist vorbei, gestern war der letzte Tag. Heute startet das Eid el-Fitr, das Zuckerfest. „Bloß nicht rausgehen, es ist die Hölle", warnen Freunde. Jetzt ist es Mittag. Draußen ist es leer, anders kann man den Zustand für ägyptische Verhältnisse nicht bezeichnen. Kein nennenswerter Verkehr, die Geschäfte geschlossen - und das, obwohl die Sonne hoch am Himmel steht. Es ist wie am Morgen des 25. Januar oder des 30. Juni, den Tagen, an denen alle auf den revolutionären Sturm warteten. Aber anders als an diesen Tagen ist es heute nicht ruhig, im Gegenteil. Horden von jungen Männern, ungefähr sechs bis sechzehn Jahre alt, ziehen umher. Mit Vuvuzelas tröten sie eine erstaunliche Geräuschkulisse zusammen. Sie sind außer Rand und Band. Flaschen fliegen durch die Gegend, sie laufen mitten über die Straße. Der Tag ist dafür bekannt, dass die Belästigung von Frauen besonders schlimm ist – man sieht fast keine draußen, kein Wunder. Aber erstaunlicherweise doch eine ganze Menge kleiner Mädchen. Heute lässt die männliche Jugend die Sau raus, endlich nach dem langen Ramadan. Verzweifelt versucht der Soldat auf dem Panzer nebenan die Horden vom Heraufklettern abzuhalten. „Weg, weg", ruft er. Kaum hat er die Jungs vorn verscheucht, ist schon auf der Rückseite jemand auf dem Weg nach oben. Eine seltsame Atmosphäre, mehr unangenehm als feierlich. Ich bleibe drinnen. So wie meine Mitbewohner. Und Freunde. Und der Rest der Nation.

Taharosh

Der zweite Tag des Eid el-Fitr, der zweite Abend. Seit gestern Morgen hält der nervtötende Vuvuzela-Lärmpegel unter meinem Fenster an, gnadenlos, pausenlos. Woher nur diese Massen an Kindern und Jugendlichen kommen, die Wust el-Balad fest im Griff haben und hier trötend durch die Gegend ziehen? Plötzlich kreischt ein junges Mädchen laut auf, viele Jungen eilen herbei. Offenbar wurde ein Junge „ganz zufällig" von einem Freund gegen sie geschubst und es kam zum Körperkontakt. Sie findet das gar nicht gut, er hingegen sichtlich schon. Gelächter, Grinsen.

Nur wenige Minuten später biegen sie um die Ecke auf den Midan Abdel Moneim Riad: rund 50 Menschen in gelben Warnwesten. Sie positionieren sich an strategischer Stelle und dann geht alles ganz schnell. Entdecken sie einen Fall von „Taharosh", sexueller Belästigung, rennen sie blitzschnell hin, um das Opfer zu schützen und den oder die Täter zur Rede zu stellen. Und dafür brauchen sie jeden Einzelnen. Denn greifen sie einen Täter, bildet sich sofort eine riesige Menschentraube und es geht hoch her. Die große Gruppe in Warnwesten ist auch Selbstschutz. Nach rund einer Viertelstunde und vier Blitzeinsätzen ziehen die Aktiven mit ihren Warnwesten weiter. Aufklären und eingreifen, das ist ihr Programm.

XIII Die Arbeit der Anderen

Plastiktüten

Zwei Kilo Mandarinen kaufe ich beim fliegenden Händler mit seinem Eselskarren, der hier jeden Tag an der Straßenecke steht. Es ist Saison, die Mandarinen sind reif und so richtig groß und saftig. Köstlich! Unruhig sucht der Händler in seinen Sachen. Dann eilt er zum Nachbarstand und bittet um eine Plastiktüte. Ich glaube erst, ich sehe nicht recht. Ihm sind die Plastiktüten ausgegangen - in einem Land, das alles in Plastiktüten verpackt. Ob notwendig oder nicht, ob bereits verpackt oder quasi das nackte Produkt. Eine Plastiktüte muss sein. Und er hat keine mehr. Jetzt hat er nebenan eine Tüte aufgetrieben - fetttriefend vom Schnellimbiss. Wenig appetitlich, aber es hilft ja nichts.

Zu Hause angekommen packe ich das Obst schnell in eine andere Tüte. Da fällt der Blick auf den riesigen Plastikhaufen in der Ecke. „Man könnte doch..." 30 Plastiktüten aus meinem Vorrat verschwinden in einer einunddreißigsten und ich gehe noch mal raus. Draußen weiß jemand gar nicht, wie ihm geschieht. Das ist ihm wohl noch nie passiert, er versteht gar nicht, was los ist. Als der Händler begreift, dass ich ihm wirklich alle Tüten schenken will, weicht das ungläubige Staunen großer Freude. „Shukran, shukran gazilan." Danke, vielen Dank. Fast mein ganzer Plastiktütenvorrat ist einer sinnvollen Bestimmung zugeführt. Mohameds restlicher Geschäftstag ist gerettet.

Auch das noch!

Die arabische Welt, der Orient, der Basar. Kaum ein Wort ist damit so verbunden wie „feilschen“. So kennen wir das, so haben wir es gelernt. Verhandeln über den Preis. Und dann das: „Ay haga bi 2.5. All price 2.5“ sagt das Schild an diesem Shop. Vom Kugelschreiber über das Kloputztuch zu Schminkaccessoires. Alles Fixpreis, alles zweieinhalb Pfund. Was für ein Schund - größtenteils. Auch das noch, das hat gerade noch gefehlt, der 1-Euro-Shop auf ägyptisch. Ein zivilisatorischer Durchbruch. „Da muss ich unbedingt mal hin“, freut sich Amina.

Mandarinen

Yustafendi, saftig, lecker. Sie haben gerade Saison, diese köstlichen ägyptischen Mandarinen, reif geerntet in Mittelägypten. Was ist das für ein Unterschied zur geschmacklosen, viel zu früh gepflückten Supermarktware in der deutschen Heimat! Eine Gaumenfreude, die zum Glück an jeder Straßenecke angeboten wird. Zwei Pfund fünfzig das Kilo, umgerechnet rund 30 Cent. Große, aromatische Früchte, herrlich!

Ich kaufe zwei Kilo, der fliegende Händler macht ein unglaubliches Angebot: „4 Kilo für 10 LE." Sie sind so herrlich schmackhaft, man kann große Mengen davon essen. Aber gleich vier Kilo? „Zwei reichen", sage ich. „4 für 10", das ist sein Angebot. „Wer soll die alle essen?" Er packt einen Beutel, wiegt, füllt nach. Vier Kilo sagt die Waage. Ich protestiere, zwei sind genug. „Einverstanden", er packt wieder aus. Es sieht immer noch nach sehr viel aus. „Ok, drei Kilo", sagt er und grinst. Ich muss lachen. „Mashi", einverstanden.

Hier entlang

Ein sonniger Vormittag, ich gehe aus nördlicher Richtung zum Tahrir. Die Lage ist ruhig, schnell mal ein paar Fotos machen. Auf Höhe des Ägyptischen Museums spricht mich ein älterer Herr an: „Zum Museum geht es hier rüber." Er hat wohl meine Kamera entdeckt. „Danke", entgegne ich und erzähle ihm, dass ich zum Tahrir laufe. Enttäuscht sieht er zu, wie ich weitergehe. Auf dem Rückweg dann an gleicher Stelle: „Zum Museum geht es hier entlang." Wieder muss ich den Mann enttäuschen. Es sind harte Zeiten für Tour Guides, der Tourismus liegt seit der Revolution am Boden. Ayman versucht es jedes Mal, vielleicht hat er ja einmal Glück.

McDonalds

McDonalds in der Sheria Mohamed Mahmoud. Die Fenster sind mit Stahlplatten verrammelt, die Hauswand ist mit zahlreichen Graffiti-Schmierereien verziert. Der bekannte Schriftzug und das charakteristische „M“ lassen sich nur erahnen, die Leuchtreklame ist ein Schatten ihrer selbst. Das Glas zertrümmert, die Leuchtstoffröhren liegen bloß – soweit sie noch vorhanden und nicht zerbrochen sind. Ein gespenstisches Bild. Hier tobte eine Straßenschlacht, McDonalds wirkt zerstört, verriegelt und verrammelt. Aber unter einem zu einem Drittel heruntergelassenen Metall-Rollo ist eine Gittertür: offen. Tatsächlich, McDonalds hat geöffnet. Innen sieht es so aus wie überall, als wäre nichts gewesen. „Das ist echt die absolut unwirklichste Erfahrung, ever!“ Ahmed bringt es auf den Punkt.

Herrgott noch mal

Eine Kirche in Kairo. Ich betrete sie und lasse mich in einer Bank nieder. Für einen kurzen Moment die Augen schließen, tief durchatmen und entspannen. Draußen ist Hektik und Lärm, hier ist es still und ruhig. Schritte nähern sich. Ein zaghaftes Klopfen auf der Holzbank. Direkt vor mir. Es wird lauter und schneller. Ich öffne die Augen. „Schluss“, bedeutet der Mann mit Handzeichen, „wir schließen.“ Es ist fünf vor sechs. Ich werde rausgeschmissen. Nicht etwa freundlich hinauskomplimentiert, sondern einfach rausgeschmissen. Ohne Umschweife, ohne lange Reden „Morgen ist ab sieben Uhr dreißig geöffnet.“ Feierabend ist schließlich Feierabend. Und jetzt raus!

Des Tages Lohn

Hauptstraße, morgens früh. Eine Moschee. Davor drei Männer mit Presslufthämmern. Es sieht aus wie auf einer Baustelle. Ein paar Meter weiter eine Maurerkelle auf einer Schüssel. Daneben sitzt ein älterer Handwerker. Dann wieder Männer, jeweils mehrere Werkzeuge stehen gebündelt vor ihnen. Sie wirken wie auf dem Präsentierteller. Hier bieten sich Arbeitskraft und Werkzeug an. Tagelöhner warten auf ihren heutigen Job.

Gerüstbau

Zehn Stockwerke Rohbau, ein neues Hochhaus entsteht. Zehn Stockwerke, sorgsam eingerüstet. Mit Holzbalken, die von Naturfaserseilen zusammengehalten werden. Keine Bodenplatten pro Stockwerk, keine Leitern, keine Fangnetze. Der Maler bringt sein Brett mit, legt es je nach Bedarf an die richtige Stelle und balanciert darauf. Ein Mann, ein Brett, erster oder zehnter Stock. Jeder deutsche Gerüstbauer würde die Hände über dem Kopf zusammenschlagen. Aber: Es geht – fast wie zu Pharaos Zeiten!

Müllstadt

Medinet Zabbalin, die Müllstadt. Hier leben am Rande der Metropole die meist koptischen Menschen, die Kairos Müll entsorgen. Mit Kleinlastern oder Pferdekarren fahren sie durch die Stadt und sammeln. Hier landet dann der Müll, wird sortiert und soweit es geht verwertet. Recycling inklusive. Dementsprechend sieht es aus: Müllberge säumen die Straßen und Wege. „Wohin?", fragt der Taxifahrer, als ich ihm das Ziel nenne. Das kennt er nicht, aber zum Glück kenne ich den Weg. Am Beginn der Müllstadt fragt er verunsichert nach, das kann doch nicht stimmen. „Hier war ich noch nie", meint er stirnrunzelnd - und macht die Fenster zu. Es stinkt nicht, aber es riecht. An uns vorbei mühen sich meterhoch beladene Laster, rechts und links wird Müll sortiert. Plastikflaschen sortenrein. Pappkartons, fünf Meter hoch zu Bündeln zusammengeschnürt. Wir steigen aus.

„Hier kann man nicht fotografieren oder?", fragt Angie vorsichtig. „Doch sicher", antworte ich, „warte ab!" Wir packen unsere Kameras aus und gehen los. Keine fünf Meter weit kommen wir, dann wollen die ersten Kinder fotografiert werden. Das sieht der Metzger nebenan und wetzt seine Messer. Damit kommt er aus seinem Geschäft geschritten, wedelt wild herum - und will auch aufs Bild. Gern sollen wir sein Fleisch probieren. Dankend lehne ich ab, die Müllberge rechts und links im Auge. Aber wenigstens ein Tee soll es sein. Wir geben vor, weitergehen zu müssen. „In Südamerika würde ich nicht so durch die Slums gehen", zweifelt Angie, etwas nervös. Aber: Wir sind in Kairo.

Niemand will unser Geld, alle sind ausnahmslos freundlich. „Danke, dass ihr uns besucht!" Die Freude ist groß, vorurteilsfrei wahr genommen zu werden - von uns, wo die meisten Ägypter wohl niemals freiwillig in dieses Viertel zu den Untersten der unteren gehen würden. Der Türknauf-Schmied erklärt geduldig, dass er keine Christbaumkugeln herstellt. Und natürlich lässt er sich gern fotografieren. „Bin ich jetzt in Deutschland berühmt?", will er augenzwinkernd wissen. „Das hätte ich nicht gedacht", meint Angie, „zwischen all dem Müll und Dreck hier leben die freundlichsten Menschen, die mir bislang in Ägypten begegnet sind."

Wirtschaftskrise

Khan el-Khalili, der berühmte Basar in Kairos islamischem Viertel. Dicht an dicht drängen sich die Menschen durch die engen Gassen, vorbei an unzähligen kleinen Geschäften mit allerlei normalen und ausgefallenen Waren. Kleidung, Silberschmuck, Souvenirs, Parfum, kunstvolle Lampen; es wird feilgeboten, was das Herz begehrt. Wir wandern durch ein überwältigendes Meer an bunten Farben, es glitzert und funkelt allenthalben. Exotische Düfte dringen in die Nase, Menschen unterhalten sich über die dargebotene Pracht.

Händler laden uns ein, ihr Angebot in Augenschein zu nehmen. „Sicher ist auch für euch etwas dabei", meint Walid und bedeutet, wir mögen uns setzen.

„Was sucht ihr?", möchte er sogleich wissen und serviert uns erst einmal einen Tee. Sophie hat sich in ein Schmuckkästchen aus vermeintlichem Elfenbein und Perlmutt verguckt. Schick sieht es aus, sie möchte es auf jeden Fall mit nach Hause nehmen – und fängt an zu feilschen, denn der genannte Preis ist astronomisch. Auch das ist der Khan el-Khalili, an kaum einem anderen Ort wird Touristen das Geld derart gekonnt und in großen Mengen aus der Tasche gezogen. Eindringlich hatte der Reiseführer gewarnt, unerbittliches Feilschen sei zwingend nötig. Tatsächlich, nach und nach sind Fortschritte zu verzeichnen. Nach langem Hin und Her bricht Sophie die Verhandlungen dennoch ab, die Einigung auf einen für beide Seiten akzeptablen Preis wird nicht gelingen.

Wir setzen unseren Rundgang fort und kommen am Ende des Tages doch noch einmal zurück. Sophies Wunsch, dieses Schmuckkästchen ihr Eigen zu nennen, ist zu groß. Sie möchte noch einen neuen Anlauf unternehmen. „Willkommen zurück!", begrüßt uns schon Walid – und das Feilschen beginnt aufs Neue. Der Rest von uns geht einen Tee trinken und Sophie handelt und handelt. Allmählich wird das Kästchen billiger. Jetzt stöhnt der Verkäufer, noch weiter will er den Preis für diese kleine Truhe nicht senken. Der so eloquente

Mann, der vorher keinerlei Sprachfehler hatte, fängt heftig an zu stottern. „Selbst wenn ich mit dem Preis weiter runter gehen wollte, ich kann nicht“, beklagt er sich, „ich bezahle hier 7000 LE Miete im Monat, es ist ja eine Top-Lage. Vor der Revolution habe ich am Tag locker 3000 Pfund gemacht, jetzt schieße ich jeden Monat zu. Es sind ja keine Touristen da, die Geschäfte laufen schlecht.“ Ob das die typische Masche ist, Kaufinteressierten einen tieferen Griff ins Portemonnaie schmackhaft zu machen? Beim sicherlich noch immer etwas hohen Betrag ist jedenfalls nichts mehr zu machen. Walid bleibt da hart. „Ich muss das Geschäft halten, um jeden Preis“, sagt er, „in besseren Zeiten ist es eine Goldgrube.“ Als er das Kästchen schließlich für Sophie einpackt, sagt er gar nichts mehr.

Träume

„Hi Ali“, sage ich. „Hi my brother“, sagt Ali. Wir kennen uns seit fast zehn Jahren. „I work in this shop now“, er arbeitet jetzt in diesem Geschäft. Als ich ihn das erste Mal traf, war er Küchenchef in einem Restaurant. „Do you like the shop?“ „Ja“, entgegne ich, „das Geschäft gefällt mir.“ Das ist glatt gelogen. „Yes, it's a nice shop. They pay me a salary.“ Sie zahlen ihm sogar ein Gehalt. Früher zogen wir zusammen umher, auf die ägyptische Kirmes, Hochzeitspartys und andere Festivitäten. Wie es der Tochter geht, frage ich höflich. „She is a nice girl, I send her to school.“ Sie ist ein tolles Mädchen und er schickt sie gar in die Schule. „But I divorced." Aber jetzt ist er geschieden. Heiraten wollte er nie so früh, lieber das Leben genießen. Damals, in den unbeschwerten Tagen. Dann verlangte es die Familie. „You like the shop, eh?" „Ja, ich mag das Geschäft und es gibt so viele verschiedene Dinge", antworte ich und betrachte den kitschigen Ramsch aus Plastik in den Regalen. „So you are in Cairo now?" Ich bin in Kairo und erkläre, dass ich endlich die Chance habe, diese wunderbare Sprache zu lernen. Das wollte ich schon so lange. Ich verwirkliche gerade einen Traum. Wir schweigen uns betreten an. Es ist mir richtig peinlich. „It is a nice shop, I can work well here." Schon klar, ein tolles Geschäft, er kann da gut arbeiten. Ali bricht das Schweigen. Die Träume von einst zerbrachen schon vor langer Zeit.

Heimarbeit

Szusanna hat einen neuen Job, ihren ersten in Ägypten. Sie berichtet im Freundeskreis über ihren ersten Arbeitstag:

>> Nachdem ich in der Firma herumgeführt worden war, kam ich mittags zum Chef. Nach einem kurzen Gespräch gab er mir die erste Aufgabe. So nach dem Motto: „Schreib doch mal bitte ein paar Seiten zur dem und dem Thema zusammen." Ich ging also an meinen Schreibtisch, googelte den Begriff und kopierte drei, vier Seiten mit copy &

paste zusammen. Das brachte ich ihm dann zehn Minuten später, und der Chef fiel aus allen Wolken. „Hast du das von zu Hause mitgebracht?“, wollte er doch allen Ernstes wissen. Natürlich fragte ich ihn daraufhin, wie das denn hätte gehen sollen. Zu Hause hätte ich doch noch gar nicht gewusst, welche Aufgaben er für mich haben würde. „Wie geht das denn dann so schnell?“, wollte der dann wissen. Könnt ihr euch das vorstellen? Natürlich sagte ich ihm, dass das nicht alles von mir geschrieben worden sei, sondern mit copy & paste etc. bewerkstelligt wurde. Dafür, meinte er, würden seine Angestellten normalerweise ein bis zwei Tage brauchen. Ich sollte den Laden ruhig einmal ein wenig in Schwung bringen, aber vielleicht doch einen Gang zurückschalten. Sonst gäbe es bestimmt Ärger mit den Kollegen. Krass, oder? <<

Tony und Mohamed lachen. „Welcome to Egypt“, amüsiert sich Mahmoud.

Alles nicht gut

Ich komme ins Frühstücksrestaurant, bestelle und erkundige mich, wie es Abu Islam denn heute so geht. Er guckt griesgrämig. Scherzt er? „Alles gut?“, frage ich. Die Antwort ist klar: „Alles ist nicht gut. Ohne Geld ist alles nicht gut, richtig?“ Vielleicht ist es so. „Richtig“, antworte ich, nicht besonders überzeugend. Das findet er lustig und muss lachen. „Bis morgen!“

Alles neu macht der...

Der Laptop braucht dringend ein neues Betriebssystem. Aber das allerneuste kann der Rechner nicht verkraften. In der Bustan Mall in Downtown finde ich schließlich einen Shop, der ein neues, aber etwas älteres System aufspielen will. „Yes, we can do it“, verspricht Wael, sie machen es. Für 150 ägyptische Pfund, aber einen Datenträger gibt es dafür nicht. Kollege Mohamed stöpselt einen USB-Stick ein, klickt auf „Festplatte formatieren“ und der Laptop ist leer. Nach einer Stunde ist ein neues Betriebssystem installiert. Dann kommt die Geheimwaffe des Shops zum Einsatz: eine externe Festplatte. „Was die wohl tut?“, frage ich mich, aber da installiert sie schon Updates – und jede Menge Programme. Vom „Adobe Reader“, über „Angry Birds“ bis „Ya Allah“. Dann blinkt ein Totenkopf auf, es wird spannend. Oh, das ist das komplette Office-Paket von Microsoft – dieses Problem wäre damit auch gelöst. In diesem Sinne geht es weiter. Mit dem Betriebssystem kommt gleich ein Software-All-Inclusive-Paket, von Haus aus quasi. Gratis dazu gibt es noch eine Laptop-Reinigung. „Allah!“, wow, er war mal weiß! Drei Stunden, eine Gebetsunterbrechung und einen Tee später ist das Werk vollbracht. Alles neu macht der ... Mohamed. Ich zahle begeistert und verabschiede mich.

Vier Stunden Schlaf

Salah sieht heute Morgen aber gar nicht gut aus. Dicke Augenringe, das Gesicht aufgequollen. „Was gibt's Neues?“, frage ich, „Wie geht's?“ Er hat wohl bemerkt, dass ich sein Gesicht aufmerksam mustere. „Den ganzen Tag arbeite ich hier im Restaurant, danach nachts noch an der Uni Kairo. Danach komme ich nach Hause und stehe um fünf Uhr morgens wieder auf. Ich schlafe vier Stunden jede Nacht.“

Mahalli

Frisches Obst gibt's bei Amm Mahmoud auf dem Markt. Pfirsiche seien jetzt besonders günstig, preist er an und nennt den Preis: „Das Kilo fünf Pfund.“ Ob sie aus Ägypten stammen, möchte ich wissen und erhalte als Antwort: „Natürlich!“ Ich nehme ein Kilo und frage nach den herrlichen hellen Trauben. „Die sind ganz frisch, das schwöre ich“, überzeugt Mahmoud. „Die sind aber nicht aus Ägypten, richtig?“ Die Frage erntet einen entrüsteten Blick: „Aber sicher! Die kommen aus Alexandria und Qalyubia im Delta.“ Fast alles ist hier „mahalli“, aus lokaler Produktion, klärt der alte Herr auf. Das ist sehr sinnvoll: schmackhaft, gut für den Geldbeutel und gut für die Umwelt. Aber Wassermelonen? Gibt es gerade nicht! „Nächsten Monat.“ Alles hat seine Saison. Man kann sich das ganze Jahr darauf freuen.

Chicken Wings

In Dokkis Soliman Gohar Straße gibt es frisches „ferach", Hühnchen zu kaufen. Jeden Morgen kommen die Wagen mit den gelben Plastikkäfigen und den erkennbar aus Massentierhaltung stammenden, ungesund aussehenden weißen Hühnchen. Teils fehlen den Vögeln an größeren Stellen die Federn komplett, teils liegen sie einfach nur apathisch und gestresst in ihrem Gefängnis. Auf die Hühnchengeschäfte aufgeteilt stehen die Boxen dann teils im Schatten, teils in der Sonne, und leeren sich langsam. Kommt ein Kunde - meist eine Kundin - geht das Personal an einen Käfig, greift ein oder mehrere Hühner heraus. Mit dem langen Messer ein gezielter Schnitt durch den Hals und das sterbende Huhn wird in eine Plastiktonne geworfen. Dort hüpft es - und manchmal gackert es auch noch - mit dem halb abgetrennten Kopf umher, bis es sein Leben ausgehaucht hat. Sobald es gerupft, ausgenommen und ohne Kopf und Beine ist, kann die zufriedene Kundin nach kurzem Warten ihr frisches Abendessen mit nach Hause nehmen.

Nur 100 Meter weiter sitzt die alte Umm Mohamed und preist ihre Ware an. Stolz sehen sie aus, ihre drei Hühner. Braun, der Hahn sogar mit bunten Federn. Sie hatten es besser im Leben, sehen aus wie die Hühner vom Bauernhof aus der Werbung. Jetzt liegen sie da auf dem Boden, mehr tot als lebendig und mit den Füßen eng zusammengebunden. Aber tot sind sie nicht, nur lebendig bleiben sie frisch. Damit sie keinen Aufruhr machen, hat ihnen Umm Mohamed die Flügel gebrochen.

Man kennt sich

Der Kiosk nebenan. Salah freut sich schon, als er mich erblickt. „Isaset Pepsi we kis Chipsy?“, fragt er mit breitem Grinsen. Er ahnt, dass dieser Einkauf auf eine Flasche Pepsi und eine große Tüte Chips hinausläuft. Ich grinse zurück: „Klar, wie immer.“ Als Kioskbesitzer kennt Salah seine Stammkunden. „Was macht die Sprachschule?“, möchte er heute wissen. Für einen kleinen Plausch ist immer Zeit - natürlich auch heute.

Saubere Arbeit

In der Pause sitzen wir auf einer kleinen Mauer vor dem Gebäude am Bürgersteig und plaudern. Plötzlich, ein paar Meter nebenan, Tropfen von oben. Dann macht es SCHWAPP. Ein wahrer Wasserfall ergießt sich über meine Sitznachbarin. Die Hausfrau im dritten Stock putzt ihren Balkon. „Eh da? Fi nas taht!“, das sollte sie hören. Geht's noch? Hier unten sind Leute. WUUUUSCH, der nächste Eimer Wasser. Sie lässt sich nicht beirren, da oben. Saubere Arbeit.

XIV Kairo im Ausnahmezustand

14. August 2013

In Dokki steige ich aus der Metro. Am ersten Coffee Shop eine Traube aus Menschen, der Fernseher läuft. Sofort hin! Intuitiv ist klar, was zu tun ist. Wir müssen alle informiert bleiben, man weiß nie dieser Tage. Der Ramadan ist vorbei, die Räumung der Islamisten-Protestlager ist längst angedroht. „Oh, etwas Wichtiges!", denke ich noch, als ich schon sehe, wie die Polizei die Sit-ins in Rabaa und am Midan Nahda räumt. Feuer und Rauch und Polizisten flimmern über die Bildröhre. In diesem Moment donnert der Militärhubschrauber über unsere Köpfe. Es ist 7:40 Uhr. Vor dem Coffee Shop keine Diskussion, kein hitziges Wortgefecht, nichts. Es ist unwirklich still. Alle schauen auf den Bildschirm. Gebannt. Passanten werden auf das Geschehen hingewiesen. Bleiben stehen, schauen. Keine Regung, kein Wort. Das ist völlig untypisch für Ägypten, wo normal über alles und jenes heftig diskutiert wird. Alle wissen, jetzt ist ein entscheidender Moment.

Ich informiere sofort per SMS meine Freunde in Nasr City, jetzt auf keinen Fall rausgehen! „OMG", simst Ahmed zurück, „danke!" Wenige Minuten später gibt es ein besseres Sichtfeld, in nicht allzu weiter Ferne steigt Rauch auf. Dort befindet sich das Nahda-Protestlager. Darüber kreist der Hubschrauber, vielleicht einen Kilometer Luftlinie entfernt. Überall sitzen und stehen die Leute vor den Fernsehern. An jedem Café, an jedem Geschäft. An jedem Fernseher. Ägypten hält den Atem an. Was passiert jetzt? Es ist der Morgen des 14. August 2013. Der Moment, der sich seit Wochen anbahnte. Es hat begonnen.

Am Abgrund

Die Metro fährt mich noch nach Hause, dann stellt sie den Betrieb ein. Die großen Brücken sind gesperrt, die Armee blockiert wichtige Straßen. In Downtown ist der Verkehr fast zum Erliegen gekommen, die meisten Geschäfte haben geschlossen. Angespannte Stille draußen, wer nicht muss, ist nicht unter freiem Himmel. Unternehmen schließen frühzeitig, schicken ihre Angestellten nach Hause - berichtet Ehab, der nicht im Büro sitzt, sondern plötzlich in der Tür steht. Drinnen sitzen alle vor dem Computer oder Fernseher, Freunde rufen an oder texten am laufenden Band. Jeder vergewissert sich, dass die Bekannten und die Familie in Sicherheit sind. Wir sehen und lesen, dass in Nasr City und Dokki und Mohandessin schwere Auseinandersetzungen zwischen Demonstranten und Sicherheitskräften toben. Auch in anderen Städten bricht die Hölle los. Dann am Nachmittag die Nachricht: Der Ausnahmezustand ist ausgerufen, Ausgangssperre von 19 Uhr bis sechs Uhr morgens. Der Tag war schon sehr blutig, in der Nacht könnten sich die Tore zur Hölle öffnen. Wie werden die Islamisten jetzt reagieren? Derzeit laufen sie Amok. „Wie viel Schaden können sie anrichten?" Ali spricht aus, was sich alle fragen.

Ausgangssperre

Ausgangssperre in Kairo, es ist kurz nach 19 Uhr am Tag der Tage. Draußen ist es leer, ausgestorben, totenstill. Dann das Rattern von Panzerketten auf Asphalt. Die Panzer beim Ägyptischen Museum setzen sich in Bewegung. In der Meret-Straße wird eine Straßensperre errichtet. Vier Panzer, eine ganze Truppe Soldaten und eine Menge Stacheldraht machen hier alles dicht. Nach und nach treffen Autos, Motorräder und Fußgänger ein. Lautstarke Diskussionen. Kein Durchkommen. „Versucht es woanders", sagen die Soldaten. Wer zu nah kommt oder zu sehr nervt, wird auf der Stelle einer Personen- oder Fahrzeugkontrolle unterworfen und anschließend weggeschickt. Wer mit dem Personalausweis beweisen kann, dass er im abgesperrten Bereich wohnt, kommt nach der Kontrolle ausnahmsweise durch. Aber sonst gibt es kein Verhandeln, die Armee führt eine harte Hand. „Seit heute stehen wir wieder unter Militärherrschaft", sagt Yosri.

Einmal durchatmen

Tag eins nach der Räumung von Rabaa. Morgens sind die Panzer samt Straßensperre verschwunden. „Ist es sicher draußen?“ Das fragen wir uns und entscheiden dann gegen Mittag, es auf der Straße zu versuchen. Die ist fast leer, aber die Stimmung ist recht entspannt. „Schnell einkaufen, bevor wieder die Ausgangssperre kommt“, meint Sophie, „und morgen ist ja auch noch Freitag.“ Wir kaufen alles, was wir für die nächsten Tage brauchen. Das Restaurant Kazaaz am Midan Talaat Harb hat sogar geöffnet, wir bekommen Sandwiches und Burger. „Lass uns noch in Bursa einen Kaffee trinken“, meint Heitam. Wir finden das gut, denn wer weiß, wie viel wir in den nächsten Tagen vor die Tür kommen. So angenehm, diese leichte Brise um die Nase! Es ist leer, aber wir sind nicht die einzigen.

Abends dann kehrt die Ausgangssperre zurück. In anderen Stadtteilen war es ein blutiger Tag, in Downtown herrscht jedoch Ruhe. Bis gegen Mitternacht Schüsse über den Midan Abdel Moneim Riad hallen.

Abgeriegelt

Tag zwei nach der Räumung von Rabaa. Um sieben Uhr morgens wache ich auf, weil erneut Panzerketten über Asphalt rattern. Der Blick aus dem Fenster lässt mich erschrecken: Über 20 Panzer stehen vor der Haustür, das ist doch nochmal etwas anderes. Schließlich verteilen sie sich, es bleiben sechs zurück und riegeln die Straße vor der Tür ab. Rund 100 Soldaten und viel Stacheldraht unterstützen sie. Der Tahrir wird dichtgemacht. Die Stimmung ist unheimlich, mich schaudert. Es ist jetzt totenstill, nur in der Luft zwitschern die Schwalben. Das ist eine Premiere, zum ersten Mal in einem halben Jahr sind sie zu hören. Schöne Tierchen. Plötzlich quietschende Reifen: Ein Auto kommt in hohem Tempo um die Ecke gebogen und kann gerade noch rechtzeitig bremsen. Wenig später braust ein Motorrad mit drei Mann heran. Als sie die Blockade sehen, reißen die beiden hinteren Mitfahrer sofort die Arme hoch: „Nicht schießen, wir sind unbewaffnet", signalisieren sie. Der Fahrer dreht ab. Ich sondiere draußen die Lage. Es ist absolute Ruhe, aber noch entspannt. Dann beginnt in der Moschee das Freitagsgebet. Eine Stimme aus dem Lautsprecher in der absoluten Stille. „Keiner kommt heute auf den Tahrir", sagte der General vor der Haustür heute Morgen, „hier wird nicht demonstriert." Die Moslembrüder sollen auf keinen Fall an den symbolträchtigen Ort gelangen. Für den heutigen Freitag haben sie zum „Tag der Wut" aufgerufen.

Die Wächter

Große Gefahr für die Museen und antiken Stätten in diesen turbulenten Tagen! Eine Gruppe Freiwilliger sammelt Berichte über Plünderungen und Zerstörungen. Sie nennt sich „Egypt's Heritage Task Force“ und veröffentlicht ihre Erkenntnisse auf Facebook. Gerade eine Hiobsbotschaft: Das Museum in der mittelägyptischen Stadt Mallawi bei El-Minia wurde leergeplündert, der Rest der Artefakte zerstört. Die Task Force bittet, Fotos aus dem Museum zu senden, um so eine Fahndungsliste der gestohlenen Objekte erstellen zu können. Einen offiziellen, bebilderten Katalog aller Ausstellungsstücke, wie er in europäischen Museen Gang und Gäbe ist, gibt es nicht. Niemand weiß genau, was eigentlich im Museum ausgestellt war - das Antikenministerium will sich erst mühsam durch seine Akten kämpfen. In kürzester Zeit kommen nach dem Aufruf der Task Force aus aller Welt fast eintausend Bilder zusammen. Aber dabei bleibt es nicht: Die Aktivisten rufen über Facebook dazu auf, antike Stätten in der Nachbarschaft zu schützen sowie etwaige Übergriffe und auftretende Probleme umgehend zu melden. Viele Einzelne leisten ihren Beitrag, sei er groß oder klein. Unser Auftrag: den „Nachbarn“ gut im Auge behalten - das Ägyptische Museum. Bei der Revolution 2011 wurde im entstandenen Sicherheitsvakuum dort eingebrochen. Das soll sich auf keinen Fall wiederholen.

Vorboten des Unheils

Stille. Es ist totenstill. Die Soldaten draußen bekommen Anweisungen. Alle warten, was der Nachmittag am heutigen „Freitag der Wut“ bringen mag. Da, plötzlich tauchen erste Stimmen auf.

Die dazugehörigen Menschen sind von hier aus nicht zu sehen, aber es werden ganz offenkundig mehr. In der Ferne sind Parolen zu hören. Sie sind nicht genau zu orten und nicht zu verstehen. Schüsse. Ein Hubschrauber trifft ein, dreht Kreise. Auf der 6. Oktober-Brücke oder dem Midan Abdel Moneim Riad sind Demonstranten. Mehr Schüsse, Salven aus Richtung Zamalek. Weitere Parolen: „Die Armee und das Volk sind eine Hand!" Schüsse. „Weg vom Fenster, die Demonstranten schießen auf Gebäude!" Susan kommt ins Zimmer gelaufen. Sie hat es online gelesen. Wir rücken den Schreibtisch weg vom Fenster in eine Ecke, die schusssicher abgeschirmt ist. Dann schaut Susan selbst aus dem Fenster. Es ist wieder ruhig. Die Hubschrauber, jetzt sind es zwei, kreisen etwas entfernt. Hören sie sich so an, die Vorboten des Unheils? Plötzlich Geschrei: Ein verletzter Polizist wird von Kollegen eiligst über die Stacheldraht-Barrikade unten auf der Straße in Sicherheit getragen. Blut tropft auf den Asphalt.

Die Frau mit dem gelben Kopftuch

Panzer, Soldaten, Stacheldraht. Die Armee hat den Zugang zum Tahrir vom Midan Abdel Moneim abgeriegelt. In anderen Stadtteilen toben schwere Auseinandersetzungen an diesem Freitag. Besonders schlimm ist es am Midan Ramsis, direkt vor dem Hauptbahnhof. Dort und an vielen Stellen demonstrieren Menschen gegen das blutige Vorgehen der Sicherheitskräfte gegen die Moslembrüder und ihre Anhänger. Zu viele sind vorgestern in Rabaa und anderswo gestorben, meist wurden sie erschossen. Es heißt, es seien Hunderte. Hier am Tahrir bleibt es weitgehend ruhig. Nur vereinzelt hallen Schüsse durch die Stille. Erschöpft vom Einsatz kommen Polizisten der Central Security Forces an „unserer“ Straßensperre an, bringen sich dahinter in Sicherheit. Völlige Erschöpfung ist aus den Gesichtern zu lesen. „Seit heute morgen haben wir nichts zu essen bekommen“, klagen die Soldaten. Auch Personen in Zivil mit schusssicherer Weste und Kalaschnikow sind dabei. Eine beängstigende Atmosphäre herrscht da draußen auf der Straße. Dann taucht eine einzelne Frau auf, vielleicht mittleren Alters. Sie trägt ein gelbes Kopftuch und lässt sich von den Soldaten nicht beirren, die ihr entgegen brüllen, sie habe von der Absperrung fernzubleiben. Am Stacheldraht angekommen bleibt sie stehen und schreit sich ihrerseits die Seele aus dem Leib. Üble Beschimpfungen prasseln auf die Soldaten ein. Allein steht die Frau dort, mit ihrem gelben Kopftuch. Allein vor der geballten Staatsmacht. Scheinbar furchtlos. Die Soldaten machen ihr unmissverständlich klar, sie habe sich jetzt sofort zu entfernen. Sofort. Zum Glück geht sie...

Eingesperrt

Nachts Ausgangssperre, tagsüber Vollblockade. Wir Anwohner am Tahrir sitzen in der Wohnung fest an diesem „Freitag der Wut“, wie ihn die Moslembrüder getauft haben. Wir sehen Nachrichtensendungen, checken twitter, lauschen aus dem Fenster. Anspannung, furchtbare Anspannung. Eigentlich könnten wir in aller Ruhe Fernsehfilme ansehen, die Hausarbeit erledigen. Es geht nicht, Hochspannung, Stress. Das Hirn kennt keinen anderen Gedanken als die Lage draußen vor der Haustür. Ein sehr anstrengender Tag, die Nerven liegen blank. Kurz vor 18 Uhr beschließt Abdelkarim, Pizza zu kaufen, zumindest aber den Versuch zu wagen. „Du kommst ja doch nicht raus und es ist gefährlich!", appellieren wir an seinen Verstand. Er antwortet. „Ich weiß, aber ich will es trotzdem versuchen. Ich brauche Ablenkung, sonst drehe ich durch." Schon nach fünf Minuten ist er wieder zurück, die Armee hat ihn nicht durchgelassen. Wieder die Nachrichten im Fernsehen verfolgen...

Lieferservice

Samstag, Tag 3. „Die armen Kerle haben heute noch nichts gegessen", berichtet Khaled über die Soldaten an „unserer" Straßensperre. Durchlassen wollen sie uns zwar, aber zurück auf den Tahrir dürften wir nicht. „Seit drei Tagen können wir nicht mehr raus", versucht Khaled zu überzeugen, „wir brauchen endlich einmal frische Luft." Der Offizier hat ein Einsehen und versichert, wir würden wieder hereingelassen. Also gehen wir frühstücken, Tee trinken, einkaufen. Khaled hat Mitleid. „25 Sandwiches mit Fuul und 25 Sandwiches mit Taameya für meine Armee", bestellt er beim Imbiss. Mit drei vollen Plastiktüten kommen wir wieder zur Straßensperre zurück. Man lässt uns auch durch. Khaled geht zum Offizier, will ihm die Tüten geben. Dieser lehnt ab. „Der Befehl lautet: Nichts annehmen, es könnte vergiftet sein." So berichtet Khaled tief enttäuscht. Er hat jetzt 50 Sandwiches.

Zurück zur Normalität

Sonntag, der Sonntag nach dem „Freitag der Wut". So etwas wie Normalität kommt auf. Es ist wieder etwas Verkehr auf den Straßen, die Menschen sind draußen. Ich setze mich in den Minibus, will es wagen, nach Nasr City zu fahren. Auf der Oktoberbrücke passieren wir das Gebäude der staatlichen Blutbank, dem Lager für Blutkonserven – die oberen Stockwerke sind ausgebrannt. Am Midan Ramsis die Fath-Moschee, das Minarett übersät mit Einschusslöchern. Hier tobte gestern noch ein Feuergefecht zwischen Sicherheitskräften und Bewaffneten, die oben vom Minarett herabschossen. In der Moschee hatten sich Unterstützer von Mohamed Mursi verbarrikadiert, um nicht dem Zorn der Anwohner und der Gewalt der Polizei zum Opfer zu fallen. Jetzt sind die Straßenhändler auf den Platz zurückgekehrt, er ist aber doch noch ziemlich leer. Kurz hinter dem Ramsis-Bahnhof der Blick aus dem Minibusfenster. Links der Straße liegt auf dem Dach eines Lagerhauses ein Auto, offensichtlich von der Brücke hinuntergeworfen. Auf eben dieser Oktoberbrücke geht die Fahrt weiter. In Abbasseya plötzlich ein Halt. Nur ein Fahrstreifen ist frei, ein Baum blockiert die restlichen. Schnell steigen zwei Autofahrer aus und wuchten ihn von der Brücke. Offenbar lag er noch von den Protesten da. Die Bahn ist wieder frei, und schon bald kommt das Finanzministerium in Sicht. Überdeutlich die Brandspuren auf der weißen Fassade, es war von wütenden Mursi-Anhängern angezündet worden. Jetzt sind alle Fenster geöffnet zum Lüften. Am Ende der Oktoberbrücke geht es hinunter zu dem Platz, auf dem die heftigsten Kämpfe der letzten Tage tobten. Am Grab des unbekannten Soldaten an der Hauptstraße Tariq an-Nasr liegen noch jede Menge Trümmer herum. Reinigungskräfte räumen und fegen, Bauarbeiter gießen aus Beton einen neuen Bürgersteig – die Pflastersteine des alten liegen noch zertrümmert in handlicher Wurfgeschossgröße oder als ehemaliges Stück Blockademauer herum. Eine Asphaltfräse frisst sich durch die Fahrbahndecke, die scheinbar vom Einsatz schweren Geräts bei der Räumung des nahen Rabaa-Sit-ins völlig zerstört ist. Schon bald wird es hier aussehen, als sei nichts gewesen. Nur in Rabaa ist die Straße noch gesperrt, hier ist wohl noch etwas mehr zu tun. Mehrere Lastwagen warten auf ihren Einsatz zum Abtransport der Trümmer. So verrückt es sich anhört: Das Stück Normalität tut gut. So fühlt es sich an nach diesen schwierigen Tagen, das Drumherum ist gar nicht so entscheidend. Die Hauptsache ist: Endlich mal wieder unterwegs!

Wettrennen

Um 19 Uhr beginnt die Ausgangssperre. Vorher müssen alle zu Hause sein, sonst heißt es woanders übernachten. Also lieber um halb fünf starten, sicher ist sicher. Am Minibusbahnhof Awel Makram in Nasr City stelle ich fest, dass ich nicht der Einzige mit dem Gedanken „schnell nach Hause" bin. 300 Leute warten schon auf einen Minibus zum Tahrir. Am Halt der Minibusse nach Ramsis sind es noch ein paar hundert mehr. Dumm nur: Auch die Minibusfahrer müssen nach Hause. Das bedeutet: Weniger Minibusse und mehr Menschen, die schnell zum Ziel wollen. „Ich muss nur noch den Minibus nehmen", scherzt ein Jugendlicher am Handy, „bin gleich da." Gelächter, der ägyptische Humor geht immer. Die Konsequenz des Massenandrangs ist absehbar: Kommt ein Minibus in Sichtweite, stürmt die Menge auf ihn zu. Jeder versucht, schon hundert Meter vor der Haltestelle in den Bus zu steigen, die Menge drängt hinein. Das Gedränge ist so schlimm, dass Menschen durch die Fenster aussteigen, weil die Tür durch die hineinpressenden Menschen blockiert ist. Verhindert es der Fahrer nicht, wird auch das Dach restlos besetzt.

Über eine Stunde lang versuche ich, einen Minibusplatz zu ergattern. Oder wenigstens ein Taxi, aber auch die sind natürlich alle besetzt. Schließlich mache ich mich zu Fuß auf den Weg in der Hoffnung, irgendwann ein freies Taxi zu finden. Plötzlich dann ein Glückstreffer. Wie aus dem

Nichts taucht aus einer Seitenstraße ein leerer Bus auf. „Ramsieeeees", ruft der Fahrer. Ich renne hin, ergattere einen Platz. Ein paar Sekunden später fürchterliches Gedränge und Geschiebe an der Tür, jeder will noch schnell mit rein. Jetzt nur noch vor der Ausgangssperre durch den Armeecheckpoint vor dem Haus, das ist die größte Sorge. Sonst wird es womöglich eine Nacht auf der Straße vor der Absperrung, denn im Moment ist die Armee wirklich strikt. Es wird knapp, sehr knapp!

Nachbarn

Der Midan Tahrir ist abgeriegelt, die Straßensperre gut bewacht. Es gibt kein Durchkommen und wieder einmal sind wir Anwohner tagsüber eingesperrt. Wenigstens die Beine etwas vertreten, das muss doch möglich sein? Ist es tatsächlich, innerhalb des abgesperrten Bereichs können wir uns frei bewegen. Vor dem Haus ist es ruhig und still, ich spaziere los. Ein paar Gebäude weiter sitzt Bawab Mahmoud Ali gelangweilt auf seinem Stuhl. Sonst eile ich hier immer vorbei auf dem Weg zur Sprachschule. „Heute trinken wir Tee", begrüßt er mich mit einem Augenzwinkern, „es ist ja Zeit." So plaudern wir über dieses und jenes, lernen uns etwas kennen. Schließlich mache ich mich auf den Weg zurück nach Hause und laufe geradewegs in Mostafa, der aus unserem Nachbarhaus heraus tritt. „Auch mal nach draußen?", fragt er mit breitem Grinsen und weiß die Antwort schon selbst. Ohne den typischen Durchgangsverkehr sind wir Nachbarn unter uns.

In der Wohnung angekommen, treffe ich auf aufgeregte Mitbewohner. Der Motor der Wasserpumpe ist durchgebrannt - ausgerechnet jetzt, wo kein Installateur kommen kann, um ihn zu reparieren. Ich habe eine Idee, laufe noch einmal nach draußen und erwische Mostafa, kurz bevor er wieder in seinem Haus verschwindet. Als er von unserem Drama hört, muss er herzlich lachen: „Nehmt euch Wasserflaschen oder Töpfe, ihr könnt sie bei mir auffüllen!" Dankbar nehmen wir sein Angebot an. Es sind kleine Gesten wie diese, die Hoffnung machen trotz aller Schwierigkeiten. Hier mitten im Herz der anonymen Großstadt stehen wir Anwohner einander bei, helfen uns gegenseitig, rücken näher zusammen. Gerade derzeit.

Menschen wie wir

Da sitzen sie und albern herum. Andere rauchen, schauen Passanten hinterher, machen flapsige Kommentare. Oder sie spielen mit dem Handy herum. Typisch Jugendliche. Als sie mich am Fenster entdecken, pfeifen sie, machen Faxen. „Heeeeeeeee", grölt es herauf. Schon gut, ich sehe sie ja schon! Sie leisten ihren Wehrdienst nicht bei der Armee, sondern bei der „Amn Markasi", Central Security. Sie sind die Einsatztruppen der Polizei, zum Beispiel bei Großeinsätzen.

Nur ein paar Meter weiter ein anderes Bild. Es sieht aus wie in einem Pfadfinderlager ohne Zelte, überall liegen auf Decken schlafende Jugendliche auf der Erde – in Reih und Glied. Streng geordnet auf den dazugehörigen Panzern sitzen ihre Kollegen. Rumgealbert wird hier nicht, es herrscht strenge Ordnung. Die Uniform sitzt, der Checkpoint ist bewacht. Was nebenan bei der Amn Markasi locker-chaotisch aussieht und oftmals im Vorbeigehen unangenehm ist, ist hier das Gegenteil in Perfektion. Nichts dem Zufall überlassen, ein gutes Bild abgeben. Höflich, aber sehr bestimmt. Passanten begegnen der Armee mit Respekt, andersherum ist es genauso. „Die Armee ist die Armee des Volkes", erläutert Mohamed, „jede Familie hat dort gerade jemanden." Menschen wie wir.

Die Rose

Die Armee hat unsere Straße wieder gesperrt, unerwartet. Wir müssen Essen kaufen, aber es gibt kein Durchkommen. Tanja geht in die Vollen: Wir verhungern, und erst die arme Hauskatze, „das kann doch nicht sein!" Der junge Soldat muss grinsen, er lässt uns raus. „Und gleich wieder rein?", fragen wir skeptisch. Tut er. Damit wir wissen, wer es gesagt hat, fragt Tanja nach dem Namen. „Ahmed", sagt er. „Ach, davon gibt's nur einen, das hilft", kontert sie trocken und die Soldaten lachen. Gefühlt jeder dritte männliche Ägypter heißt so.

Als wir vom Einkauf wiederkommen, hat Tanja ihm eine rote Rose mitgebracht. Er kann sie nicht annehmen, die Situation ist ihm peinlich und überhaupt, die Pflicht verhindert es. Aber der ältere Kollege nimmt sie an sich, als wir sie dort gegen jeden Widerstand platzieren. Wenig später schmückt sie stolz den Checkpoint.

Bruchteile einer Sekunde

Straßensperre der Armee, Stacheldraht, Panzer. Plötzlich rasen zwei Autos und ein Motorrad heran. Die Soldaten sind sofort alarmiert. Höchste Anspannung, erkennbar, unübersehbar. Sekunden werden zur gefühlten Ewigkeit. Noch zwanzig Meter. Die Motorradbesatzung reißt hastig die Arme hoch, unbewaffnet. Die Autos bremsen scharf. „Wegfahren!", brüllen die Soldaten. Mehr Autos kommen angebraust, halten. Unruhe auf den Panzern, die Spannung ist mit Händen greifbar. Eine Autotür öffnet sich. Bruchteile einer Sekunde, jetzt geht's um alles. „Abwarten, nicht schießen", brüllt der Offizier die Anweisung. Mit erhobenen Händen steigt eine Frau aus dem Auto, in weißem Kleid. Die Braut. Durchatmen. Der Bräutigam folgt, dann der Kameramann. Jubeltriller, Klatschen. Die Szene vor Panzern ist im Kasten, der Hochzeitsfilm ist gerettet. Die Gesellschaft braust wieder los. Von den Soldaten fällt die Anspannung sichtlich ab. Hätte ja auch schiefgehen können.

XV Ganz schön gerissen

Wegweiser

Auf der Suche nach der Sheria Brazil irre ich durch den Stadtteil Zamalek. Ein junger Mann im Anzug beschreibt mir die Richtung, aber nach ein paar Minuten muss ich erneut fragen. Der Jugendliche, der gerade in sein Auto steigen möchte, schaut mich überrascht an. „In diese Richtung", deutet er genau dorthin, woher ich kam. Etwas verwirrt bedanke ich mich und gehe zurück. Zum Glück begegne ich einer alten Dame, die gerade aus einem Hauseingang tritt und schildere ihr mein Dilemma. Sie kennt den Weg, es ist gar nicht weit. Vor allem aber weiß sie Rat: „Die Menschen in Ägypten sind so freundlich, sie wollen unbedingt helfen - auch, wenn sie den Weg selbst gar nicht so genau wissen. Du musst immer mindestens drei Leute fragen und nur, wenn die Angaben übereinstimmen, dann gehst du dorthin."

Vor seinen Augen

Da steht er wenige Meter von diesem Häuschen entfernt. Gerade vom Motorrad abgestiegen kauft er am Kiosk ein paar Zigaretten. Eine stattliche Erscheinung, der Oberkörper muskelbepackt, Werbung für jedes Fitnessstudio. Ein Bodybuilder wie aus dem Hochglanzmagazin. Plötzlich springen zwei junge, schlaksige Burschen auf sein Motorrad und brausen los. Er rennt hinterher und muss nach ein paar Metern aufgeben. Keine Chance. Eiskalt abgezogen, vor seinen Augen. Rundherum haltende Autofahrer schauen herüber, zur Hilfe kommt ihm niemand.

Camel ride, cheap price

Giza, Pyramiden. Das Weltwunder, gigantisch. „Ich bin begeistert", bricht es aus Timo heraus. Ehrfürchtig steht er da und blickt staunend nach oben. Rund 140 Meter stapeln sich die schier endlosen Steinlagen der Cheops-Pyramide in den Himmel und das seit Jahrtausenden. „Dieses Gefühl ist unbeschreiblich, so riesig habe ich mir das gar nicht vorgestellt!" Die Pyramiden von Giza strahlen eine ganz eigene Faszination aus, ziehen uns alle in ihren Bann. Wir wollen etwas hinaus in die Wüste, da gibt es eine schöne Fotoposition. „Man könnte ja mal Kamel reiten", meint Simmel, „frag doch mal, was es kostet." Gesagt getan. „Cheap price", kostet es. Nach einiger Diskussion ist das „billige" Angebot auf immer noch völlig überteuerte 50 Pfund reduziert. Simmel reitet trotzdem.

Nach zehn Minuten sind wir am Ziel. „Es gibt jetzt zwei Möglichkeiten", erklärt der Kameltreiber. Zurück auf Start oder runter zum Sphinx. „Sphinx ist toll", meint Simmel. „Das wäre dann etwas extra", stellt Salah fest. „Etwas" sind 50

Pfund mehr. Sein Kamel brüllt zustimmend. Ich finde das unverschämt. Simmel reitet: „Rechne das doch mal um, was sind schon 50 Pfund?“

Das Kamel hängt mich auf dem Weg zum Sphinx um eine knappe Minute ab. Unten hat Simmel schon bezahlt: „Alles ging glatt. 100 Pfund. Und dem Jungen habe ich noch was gegeben, damit der auch was für sich hat.“ „Wie viel?“, frage ich in einer Mischung aus ungläubigem Staunen und Fassungslosigkeit. „Einen 20er.“ 120 Pfund - für vielleicht 20 Minuten Kamelreiten! Der junge Tempelwächter nebenan verdient 1000 Pfund - im Monat versteht sich.

Alles Betrüger

„Das sind alles Betrüger!“ Ahmed, der Hauptmieter unserer Wohnung, ist selbst Ägypter, aber über seine Landsleute kann er sich trotzdem furchtbar aufregen. „Jeder versucht dich abzuziehen, auf kein gegebenes Wort ist Verlass.“ Ahmed hat die Nase gestrichen voll: „Der Vermieter verlangt mehr Miete und sagt mir, ich soll doch einfach von meinen ausländischen WG-Mitbewohnern mehr nehmen.“ Die würden ja nicht wissen, dass er selbst weniger bezahle. „Aber so etwas mache ich nicht, bei mir bezahlen alle dasselbe.“

Zwei Monate später, Ahmeds Mitbewohner Tom ist sauer: „Durch Zufall fand ich gestern heraus, dass ich für mein Zimmer 500 Pfund mehr

Miete bezahle als Ahmed für seins. Das ist ein Drittel Unterschied und die Zimmer sind gleich groß." Wie Ahmed das denn erklären würde, möchte ich wissen. „Ahmed sagt, er hat den Vertrag unterschrieben und trägt daher am Ende das Risiko, wenn ein Zimmer mal einen Monat leer bleibt." Tom meint: „Sobald es um Geld geht, sind alle Ägypter gleich. Alles Betrüger!"

Die Tasche

Was ist da los? Ich sitze im Café und trinke Tee, als fünf Meter vor mir viele Leute Fotos von einem Mann machen. Also die Kamera gegriffen und nichts wie hin. Mein Rucksack lehnt am Stuhl. Schnell ein Foto gemacht von dem Poster, welches der Mann, der Ahmed heißt, hochhält. Ich drehe mich um und der Rucksack ist weg. Das gibt's doch nicht, fünf Sekunden nicht hingeschaut. Fünf. Der Teeverkäufer schaut mich an und gestikuliert. Er hat die Tasche in Sicherheit gebracht. „Es ist nicht sicher hier", sagt er vorwurfsvoll. Ich nehme sie wieder in Besitz. „200 Pfund Lösegeld", scherzt der Verkäufer. Die anderen Kunden im Coffee Shop finden das sehr witzig, klatschen sich auf die Schenkel, grölen vor Lachen.

XVI Sommerfrische

Wüstenschiff

Immer geradeaus, schnurgerade. Minuten verstreichen, Stunden. Immer geradeaus, die Landschaft absolut flach. Ab und an ein kleiner Felsbrocken, ab und an ein vertrockneter Busch. Mit konstant 100 km/h brummt der Bus dahin. Die Ägypter aus unserer kleinen Reisegruppe freunden sich mit dem Fahrer an. Mahmoud heißt er und freut sich über frisch gemachte Sandwiches, ein gekochtes Ei - und natürlich eine Zigarette. Diese Schlitzohren schaffen es tatsächlich, ihm rauchend Gesellschaft leisten zu dürfen. Der Bus ist auf dem Weg nach Siwa, wie ein Schiff durchkreuzen wir die Leere der Einöde. Und dann taucht plötzlich und völlig aus dem Nichts das Sinnbild der Wüste in der Ebene neben der Straße auf: drei Kamele, für den Moment wild und frei. Majestätisch stehen sie in der Einöde und knabbern an trockenen Sträuchern. Nur ein paar Sekunden sind sie zu sehen, dann sind wir schon vorbeigerauscht.

Sieh mal, die Pyramiden!

Pharaonische Stätte, Ticketschalter. Jetzt ist Samir dran. „Ein Ägypter", bittet er. Der Ticketverkäufer guckt ungläubig. Bei dem Mann mit kurzen

Hosen, T-Shirt, Sonnenbrille und vor allem Rucksack hat er so seine Zweifel. Er will den Ausweis sehen. Samir reicht ihm seinen Pass. Skeptisch guckt der Verkäufer: „Das ist kein ägyptischer Pass." Samir stutzt. „Natürlich", antwortet er, „da steht doch >>Arabische Republik Ägypten<< drauf." Der Verkäufer blättert, aber bleibt bei seinem Ergebnis: „Kein ägyptischer Pass." Touristenpreis. „Sieh mal, da sind doch die Pyramiden abgedruckt", versucht es Samir noch einmal. Offenbar ein überzeugendes Argument. „Aber das ist ein veralteter Pass", sagt der Verkäufer. Mein Begleiter kann sich das Lachen kaum verkneifen: „Nein, der ist vom letzten Jahr, ganz neu." Diskussion. Wer wie ein Tourist aussieht, muss doch ein Tourist sein! Der Verkäufer ist ratlos. Nach fünf Minuten hat Samir dann die Eintrittskarte - zum Preis für Ägypter.

Tourist come back

Luxor im September 2013. Die Corniche ist verwaist, Kreuzfahrtschiffe liegen leer und vertäut am Ufer. Keine Touristen, schon seit Monaten. Für die Familien, deren Einkommen vom Tourismus abhängt, sind es schwierige Zeiten. Und in Luxor betrifft das fast alle, die Auswahl an anderen Einnahmequellen ist in diesem Tourismuszentrum sehr begrenzt. Kommen keine Besucher, kommt auch kein Geld herein. Da heißt es, den Gürtel enger schnallen, aber das können viele schon nicht mehr. Besonders zeigt sich das bei den Pferden der

Kutscher, die kaum noch mehr als Haut und Knochen sind. Krank und ausgezehrt warten sie auf ihr Ende – oder die so dringend benötigte Kundschaft, deren Geld die Mäuler von Mensch und Tier füllt.

„What's your name?", der kleine Ahmed trainiert sein Englisch und fragt nach meinem Namen. Vor dem Tempel von Karnak ist heute großer Event. Der Cheforganisator ist sein Papa. „Du sollst nicht auf Arabisch antworten, ich muss Englisch lernen", beschwert er sich. Dann beginnt das Programm. Folkloretänze, Kinder führen Karate vor, Feuerwerk. Breakdance und Akrobatik. Die Tourismusvereinigung hat eingeladen – und der Gouverneur. Der schüttelt viele Hände. Ein bekannter Sänger ist auch da, ruft einen Slogan für Al-Sisi. Donnernder Applaus. Der Gouverneur fasst kurz zusammen, worum es heute geht: „Luxor, die Stadt der Zivilisation ist sicher. Wir senden die Botschaft des Friedens in die Welt. Touristen, willkommen zurück in Luxor." Auch das deutsche Fernsehen filmt.

Mehr von euch

„Für drei Pfund fahre ich euch überall hin", bettelt der Kaleschenkutscher, „das Pferd braucht Futter für drei Pfund am Tag." Fast beschwörend klingt es, und verzweifelt. Im Restaurant am Nil bestellen wir Limonensaft. Der einzige anwesende Angestellte greift zum Telefon – fünf Minuten später treffen die Limonen ein. Noch eine Flasche

Wasser bestellen wir nach. Schnell wird der Sohn losgeschickt, um sie zu kaufen. Taxifahrer sitzen an der Corniche gelangweilt herum, die meisten Kaleschen sind gar nicht erst da. Viele Geschäfte sind geschlossen. Es ist sehr still in Luxor, fast totenstill. Von den in normalen Jahren üblichen Touristenhorden ist weit und breit nichts zu sehen. „Taxi?", ruft eine Gruppe Männer, die unter einem Baum sitzt. Dankend lehnen wir „Touristen" ab. Den ganzen Tag nur Kutsche oder Taxi fahren und die Welt retten, das geht ja auch nicht. „Gott segne euch und mache mehr von euch und verfluche die Moslembrüder", ruft ein Fahrer. Gelächter.

Ägypter laufen nicht

„Kalesch?", fragt der Kutscher. „Nein", sagt Mohamed. Es sind noch 300 Meter zum Hotel. „Drei Pfund, egal wohin", antwortet der Kutscher. „Ich bin Ägypter. Wenn ich nein sage, dann meine ich das", sagt Mohamed. Das interessiert den Mann auf der Kutsche herzlich wenig. „Warum?", fragt er. „Ich will laufen", sagt Mohamed. „Du bist Ägypter", setzt der Kutscher verwirrt nach, „warum willst du laufen?"

XVII Der ägyptische Herbst

Der Sommer geht zu Ende

Es ist so grau am Himmel, verwundert reibe ich mir die verschlafenen Augen. Angenehme Kühle. Die Sonne kämpft mit Wolkenschleiern und Dunst. Gestern schon kühlte es abends etwas ab. Eine leichte Brise. Der einfach-immer-warm Sommer neigt sich dem Ende zu. „Ist das angenehm!", jubelt Nahid. Im Büro bleibt die Klimaanlage aus, zum ersten Mal seit Monaten. Bald beginnt der Herbst.

Der süße Duft der Freiheit

Gestern verkündete die Regierung, dass die nächtliche Ausgangssperre erst ab 21 Uhr, statt wie bisher 19 Uhr, beginnt. Und auf den Straßen explodiert das Leben. Wo die letzten Tage Geisterstadtatmosphäre war, herrscht jetzt das gewohnte Treiben. Menschen, Autos, Gedränge. Im Minibus spielt fröhliche Musik, das erste Mal seit Wochen. Endlich ist der Nachmittag wieder nutzbar, es heißt bei Abstechern in andere Stadtteile nicht um 17 Uhr die Heimreise antreten. Alle atmen auf. Die Menschen ringsherum, in der Straße, überall. Eine Last fällt ab, ein Stück Lebensqualität kehrt zurück. Nicht mehr so früh in der Wohnung eingesperrt sein. „So ist es besser", sagt der Bawab, als ich nach Hause komme. Erleichtert ist er, fast euphorisch. Was doch zwei Stunden ausmachen können! Wir atmen den süßen Duft der Freiheit.

Die Regierung

Woher wir kommen, wollen die älteren Herren im Straßencafé wissen. „Deutschland" und „Amerika" antworten wir. „Die deutsche Regierung ist schlecht, wir mögen sie nicht", sagt der Herr, „und Obama auch nicht." Hier sitzt also die pro-Armee Fraktion, die unsere Regierungen als zu sehr auf Seiten der Moslembrüder stehend empfindet. „Aber wir mögen die Deutschen und die Amerikaner. Es ist ja nicht das Gleiche, die Regierung und das Volk. Man muss das trennen."

Einschätzungen

Bleibt es ruhig oder nicht? Die alles entscheidende Frage an diesem Freitag. Es ist der 30. August, vor genau zwei Monaten sorgten Massenproteste für das Ende von Mohamed Mursi als ägyptischem Präsidenten. Seit Tagen erklärt Asmaa, heute würde es große Proteste der Moslembrüder geben, wir müssten alle drinnen bleiben. Sie würden jetzt nochmal alles aufbieten zu diesem wichtigen Datum.

Nesma sieht es entspannter: „Mal abwarten, was sie unter dem eisernen Griff der Sicherheitsbehörden noch auf die Beine stellen können." Fast alle wichtigen Köpfe der Brüder sind inzwischen verhaftet. Im Fernsehen laufen ihre Bilder, wie sie glatt rasiert und mit gefärbten Haaren hofften, unentdeckt zu bleiben. Vergeblich natürlich.

Morgens ist Kairo dann fast eine Geisterstadt, gespannte Erwartung liegt in der Luft. Ganz klar, viele Menschen erwarten heute Probleme. Mit einem der wenigen Minibusse fahre ich ans andere Ende der Stadt. Es ist ruhig, viele Sicherheitskräfte sind unterwegs.

Hisham ist beruhigt, als ich bei ihm ankomme – und besonders darüber, dass ich frühmorgens gefahren bin: „Wer weiß, was nachher ist." Im Fernsehen melden sie, in Heliopolis sei heute Morgen ein Polizist erschossen worden. Die Demonstrationen gegen „das Militär und den Coup" am Nachmittag sehen dann klein aus, zumindest was wir im Fernsehen zu sehen bekommen.

Um vier Uhr muss ich wieder nach Hause aufbrechen. „Auf keinen Fall im Dunkeln fahren, wer weiß, was nachher los ist", meint Hisham und hat Recht. „Nachher", die große Unbekannte. Wenn Kairo heute Morgen eine Geisterstadt war, dann ist jetzt auch der Letzte der Geister ausgeflogen. Ich bin mit einem äußerst mulmigen Gefühl auf der Straße, in dieser angespannten, unwirklichen Atmosphäre. Hisham sorgt sich um meine Sicherheit. Alle fünf Minuten will er ein Lebenszeichen gesendet bekommen.

Es dauert etwas, bis endlich eins der wenigen Taxis anhält. Natürlich fahre er mich nach Downtown, es sei ja alles ruhig. Der betagte Chauffeur zieht ganz entspannt an seiner Zigarette. „Keine großen Demonstrationen heute", meint er, „keine Probleme. Ich verstehe sowieso nicht, wie die Leute ständig demonstrieren können." Er behält Recht, auf dem langen Weg nach Wust el-Balad sehen wir nichts Ungewöhnliches – außer der Tatsache, dass wir quasi allein auf weiter Flur sind. „Die Ausgangssperre verdirbt mir das Geschäft", meint der alte Abdu, „wenn es heute ruhig bleibt, wird sie in den nächsten Tagen hoffentlich verschoben auf später nachts." Er scheint optimistisch.

Nach nur drei Lebenszeichen an Hisham erreiche ich Downtown. Die Polizisten dort stehen und liegen gelangweilt herum. Sie rechnen wohl nicht mehr mit einem baldigen Einsatz.

Ernstfall

3:22 Uhr in der Nacht. Peng, peng, peng, peng, peng, peng, peng, peng, peng. Ich bin sofort wach. Peng, peng. Das ist scharfe Munition. Heftiges Gewehrfeuer. Peng, peng, peng, peng, peng, peng. Vom Midan Abdel Moneim Riad. Weitere Schüsse. Dann Totenstille. Einen Moment, zwei. Hundegebell. Vereinzelt, verstärkt. Es kommt näher, Richtung Talaat Harb. Geifernd. „So hören sich Hunde bei der Jagd auf etwas an", meldet das Hirn. Stimmen unten auf der Straße. Stimmengewirr.

Und die Hunde. Jetzt entfernt sich das Geschehen. Werden die Angreifer gejagt? Von der Polizei? Von der Armee? Hundegebell, in der Ferne. Andere Stimmen unten, offenbar Anwohner. „Nein, am Midan“, dringt ein Wortfetzen herauf. Die Hunde hören und hören nicht auf. Straßenhunde? Irgendwas geschieht da draußen. Ist das der Ernstfall? Die Angriffe auf die Sicherheitskräfte häufen sich ja bereits. Es ist unheimlich im Dunkel der Nacht. Und diese Hunde, sie drehen durch.

Das Verbot

Das Staatsfernsehen verkündet: Die Ausgangssperre beginnt ab sofort erst um 23 Uhr statt wie bisher schon um 21 Uhr. Am nächsten Nachmittag Konfusion: „Ich bin in Nasr City“, sagt der Jugendliche im Minibus, das Handy am Ohr. „Ja, das ist weit. ... Kein Problem, es gibt keine Sperrstunde. ... Kein Verbot! ... La, mafish hasr!“ Mit Nachdruck: „Nein, kein Verbot! ... Oh, um zwölf?“ Verwirrung darüber, ob es denn jetzt noch eine Ausgangssperre gibt oder nicht – und wann. Er meint: „Mafish hasr! Kein Verbot!“ Unsicher: „Han schuf“, schauen wir mal. Um halb zehn Uhr abends dann überschaubar bevölkerte Straßen. Die Abendgestaltung, sie ist noch nicht wieder auf die Freiheit eingestellt. Viele sind, wie mittlerweile gewohnt, bereits um neun Uhr zu Hause.

Der falsche Weg

„Was hältst du von der Revolution des 30. Juni?“ Die Frage ist Mostafa sichtlich unangenehm. Er überlegt. Schließlich: „Mursi war ein schlechter Präsident. Er musste weg. Aber über 1000 Tote und so viele Verletzte! Er musste weg, allein was seit dem 30. Juni passiert... Der Weg war falsch.“ Fast etwas ängstlich blickt er in die Runde. Mit seiner Meinung ist er in der allgemeinen Wahrnehmung derzeit beinahe schon ein Unterstützer der Terroristen. „Egypt fights Terror“, verkündet das Fernsehen jeden Tag.

Familienpolitik

Nach der Revolution gegen Mubarak legte die Frau den Schleier an und kleidete sich fortan „anständig“. Die Moslembrüder gewannen die Parlamentswahl, die Präsidentenwahl, verloren jedoch anschließend das Land. Seit ein paar Tagen wohnt Umm Abdu bei der Familie ihres Bruders. „Mein Mann hat verlangt, dass ich den Schleier ablege. Jetzt nach dem 30. Juni wehe ein neuer Wind“, berichtet sie. Sie sei fett geworden, lasse sich gehen, pflege sich nicht, würde sich gar nicht rasieren. Jetzt sei es genug, er befehle ihr, sich wieder herzurichten. So in etwa fasst sie seine Kritik zusammen. Anti-islamistische Aversionen im ägyptischen Aufwind. Bärte und Niqabs schlagartig viel seltener im Straßenbild. Opfer- und Täterrolle vertauscht. Wer sich zu religiös gibt, mit Salafistenbart oder verschleiert, steht plötzlich unter Druck. Umm Abdu hat den Schleier nicht abgelegt - und ist von zu Hause ausgezogen.

Gruppenfoto

Breit grinsend steht er, da der Sterne-Polizeigeneral. Um ihn herum seine Untergebenen. Mit schusssicheren Westen und Kalaschnikow, in normaler Uniform, mit Mütze oder ohne. Davor turnt ein Fotograf durch den Verkehr auf der Suche nach der perfekten Perspektive. Gruppenfoto der Polizei auf dem Tahrir. Da stehen sie und strahlen. In einigem Abstand die Bewohner der letzten Protestzelte. Sie wirken unschlüssig, was sie von dem Ganzen halten sollen.

Keine Freiheit

Was ich von den Geschehnissen den 30. Juni halte, will mein Nachbar im Minibus wissen. Diplomatisch antworte ich, Mursi sei ein schlechter Präsident gewesen, es habe viele Probleme gegeben. Aber die Art und Weise, ihn loszuwerden und deren Folgen hielte ich ebenfalls für problematisch. Der Mann holt Luft: „Ja, viele Probleme. Aber wenn ich jetzt eine andere Meinung äußere..." Er macht mit der rechten Hand den Reißverschluss am Mund. „Jetzt gibt es keine Freiheit."

Völliges Unverständnis

„Du bist Präsident von Ägypten, was würdest du tun?“ Liz bekundet, sie würde das Budget und die wirtschaftlichen Tätigkeiten der Armee unter die Kontrolle der Regierung bringen. Nahid ist entsetzt: „Aber wer verteidigt uns, wer schützt die Grenzen? Die Regierung? Nein, die Armee! Die wissen, was sie tun.“ Liz argumentiert mit demokratischen Prinzipien. Nahid setzt nach: „Man kann doch nicht offenlegen, was die Armee tut, sonst wüsste Israel ja, was sie zum Beispiel für Panzer kauft. Ich muss das doch nicht wissen. Wichtig ist, dass die Armee uns verteidigt.“ Völliges Unverständnis über diese weltfremden Vorstellungen – Nahid und Liz schütteln nur den Kopf. Abwegig, diese Position der jeweils anderen.

Zug nach nirgendwo

Ramsis Bahnhof, geschlossen. Sperren stehen im Eingang. Hier geht nichts mehr. Seit einem Monat kein Zugverkehr in Ägypten. „Regierungsanweisung“, sagt der Mann am Bahnhofseingang. Wann es wieder losgeht? „Han schuf“, wir werden sehen. Vor dem Bahnhof Minibusfahrer. „Iskandereya“, sie rufen das Fahrtziel. Bus und Minibus müssen den Zugausfall ausgleichen. Ein gutes Geschäft, die Preise sind explodiert. Es fährt kein Zug nach nirgendwo.

Geisterstadt

Nachmittags von Downtown nach Heliopolis in 15 Minuten? Am frühen Abend das Gleiche in umgekehrter Richtung. Der Midan Ramsis leer, Boden und Asphalt sind zu sehen. „Es ist so leer, gibt es irgendwo Proteste oder Probleme heute?“, fragt Mido den Taxifahrer. „Nein, es ist alles normal.“ Nur eben leer. Abdu wundert sich auch: „So leer könnte es immer sein, angenehm. Aber es ist schon seltsam.“ Hamada versucht sich an einer Erklärung: „Die Leute sind beschäftigt, die Schule fängt bald wieder an.“ Aber sind sie das nicht immer – beschäftigt? Er ist selbst nicht überzeugt. „Vielleicht liegt es daran, dass die Züge nicht fahren. Es kommen nicht so viele Leute nach Kairo.“ Aber machen die paar Tausend wirklich einen Unterschied? „Wer nichts zu tun hat, bleibt zu Hause“, meint Karim, „die Leute wollen, dass es besser wird. Alle helfen mit.“ Aber nicht mal abends in den Coffee Shop? Für ägyptische Verhältnisse ist es eine Geisterstadt. Plötzlich, seit ein paar Tagen. Und alle rätseln, warum...

Das freundliche Gesicht

„Fällt dir irgendetwas an den Leuten auf?“ Die Frage geht an Mahmoud. „Ja, irgendwie sind sie freundlicher, entspannter. Ich werde gar nicht angepöbelt auf der Straße. Sie wollen alle, dass es mit Ägypten vorwärts geht.“ An den Brücken werden die Geländer gestrichen, die Regierung will die

Wirtschaft ankurbeln und Zeichen setzen. Sie kann dabei auf eine erhebliche finanzielle Unterstützung aus den Golfstaaten und Saudi-Arabien zurückgreifen, deren Herrscher seit dem Sturz der Moslembrüder beträchtliche Geldsummen in das Land pumpen. Es bleibt nicht unbemerkt, die wirtschaftliche Lage entspannt sich etwas. Die langen Warteschlangen an Tankstellen sind aus dem Stadtbild verschwunden, die Regierung versucht durch verschiedene Maßnahmen, die Preise für die wichtigen Güter des täglichen Bedarfs zu stabilisieren. „Im Land herrscht Aufbruchsstimmung", davon ist Hisham überzeugt. Ägypten zeigt sein freundliches Gesicht.

Das Ausland

„Als die Revolution des 25. Januar begann, hielt das Ausland der Polizei vor, das Regime zu stützen und sich gegen das Volk zu stellen", empört sich Wafaa. „Bei der Revolution des 30. Juni stellte sich die Polizei von Anfang an auf die Seite des Volkes und das Ausland spricht von Putsch." Sie schaut grimmig drein. „Man kann es denen nie recht machen."

Wunschdenken

„2010, wir sind zurück im Jahr 2010." Omar ist sich sicher. „Die Medien, die Polizei, die Regierung. Alles wie vor der Revolution von 2011.

Abweichende Meinungen werden nicht toleriert." „Es ist noch nicht vorbei, da kommt noch was", kommentiert Ann die aktuelle Lage. „Es fällt wieder dauernd der Strom aus", stellt Mohamed fest. „Es kommt wieder eine Revolution", fasst Susan die Meinung ihrer ägyptischen Freunde zusammen. Wunschdenken? „Ich will Ruhe und Sicherheit und es muss vorwärts gehen. Alle kritisieren die Regierung, sind gegen alles", so kontert Hatem. „Die Leute müssen Verantwortung übernehmen, endlich einmal arbeiten und die Regierung die Politik machen lassen." Said hofft: „Al-Sisi must go on, we trust you do it right." Wir vertrauen, dass es Al-Sisi richtig macht. Ägypten ist tief gespalten, tiefer denn je.

XVIII Unterwegs mit Bus und Bahn

Ticketschalter

Ramsis Bahnhof, es fahren Züge. Ich möchte zwei Tickets kaufen, für den Zug von Kairo nach Aswan. Zweite Klasse soll es sein – und bloß nicht der sündhaft teure Schlafwagen. Warum gibt es hier keine Schilder? Welcher Schalter ist denn jetzt der richtige? Schwerwiegende Fragen. Ich stelle mich an, warte. Jeder drängelt, und als ich schließlich dran komme: „Falsches Fenster, hier gibt es nur Tickets ins Delta." Der Fahrkartenverkäufer fällt mit der Tür ins Haus. „Ok." Wo bekommt man also die Tickets nach Oberägypten? Ich irre umher und stelle fest: Nicht in der Haupthalle, sondern im kleinen Gebäude auf der anderen Seite der Gleise. Dort angekommen, sehe ich Fahrkartenschalter und stelle mich da an, wo die Schlange kurz ist. Nach 20 Minuten heißt es: „Ein Fenster weiter!" Wieder warten, drängeln. Und wieder ein Fenster weiter. Wieder warten, drängeln. Und wieder ein Fenster weiter. „Das kann ja wohl nicht wahr sein", denke ich mir – nur, um am Fenster nebenan festzustellen, dass es auch hier nicht stimmt und ich zum Fenster ganz rechts außen muss. Dort gibt es tatsächlich Tickets, „aber nicht heute", wie der unmotivierte Mann mittleren Alters klarstellt. Ich bestehe darauf – und habe Erfolg. Erste Klasse Touristentickets für 190 LE. Fast das Vierfache des Preises der zweiten Klasse ist dann doch ein bisschen teuer. Ich bestehe auf der zweiten Klasse - nur um einen ganzen Raum weitergeschickt zu werden. Wieder anstellen. Hier sind die Schlangen doppelt so lang und natürlich: Es ist wieder das falsche Fenster. Beim zweiten Versuch immerhin richtig, es gibt hier Tickets für die zweite Klasse. Aber nicht für die nächste Woche. „Vielleicht morgen."

Preisrätsel

Ramsis Bahnhof. Neuer Versuch, Tickets kaufen. Aber erst einmal zur Touristeninfo und nach Zügen fragen. Eine Dame nennt die Möglichkeiten und weiß zu berichten, dass das Ticket für die erste Klasse 165 LE kostet. Und die zweite Klasse? „Es gibt keine zweite Klasse mehr nach Oberägypten, nur noch kurze Strecken", klärt sie auf. „Das kann doch gar nicht sein", entgegne ich, „es fahren doch nicht alle Ägypter 1. Klasse." „Im Tageszug gibt es 2. Klasse, wenn du arabisch sprichst und am Ticketschalter als Ägypter durchgehst", meint sie. Und ergänzt: „aber nicht im Nachtzug." Ich verabschiede mich und gehe zum Ticketschalter für die zweite Klasse.

Schnell bin ich dran und bestelle auf Arabisch die Tickets. „Nö", sagt der Mann, „keine zweite Klasse." Bitte zur 1. Klasse in den nächsten Raum gehen, es hilft nichts. Ich bin dran, bestelle. „Grumpflgktsbrfg", murmelt der Mann hinter dem Glas - unverständliches Zeug. Ich verstehe nichts und frage nach. „Erstes Fenster“, sagt er nur. Oh nein, das ist die Einstufung als Tourist. Fensterwechsel - keiner da. Warten. Nach fünf Minuten taucht der verdutzte Verkäufer auf. Das Bestellen auf Arabisch, es klappt. Tickets für den normalen Nachtzug, mit dem Touristen nicht fahren dürfen. „165 LE pro Ticket“, sagt der Mann. Ich bezahle notgedrungen und der Mann füllt einen komischen Zettel aus, auf dem unter anderem „112 LE“ steht. Es gibt zwei Tickets zu je 109 LE und ein paar Marken mit rotem Halbmond im Wert von 10 LE. 340 ägyptische Pfund kostet der Spaß, 170 LE pro Ticket. „Wie kommt denn dieser Preis zustande?“, möchte ich wissen, „Wieso sind die Tickets jetzt billiger als ein paar Tage zuvor?“ Keine Antwort. „Und warum steht auf den Tickets 109 LE, wo sie doch 170 LE kosten?“ Keine Antwort. „Und was hat es mit diesem Wisch auf sich, den ich extra bekommen habe?“ Keine Antwort.

Schnell zurück zur Touristeninformation und der Sache auf den Grund gehen. Der Extrazettel sei die Rechnung, erläutert die Dame fachmännisch. Wie das sein könne, da doch 112 LE darauf stünde und schon ein Ticket 170 LE koste, möchte ich wissen. Sie rätselt. Und wofür die Extramarken mit dem roten Halbmond sind, das interessiere ja auch. „Vielleicht ist es die Steuer?“ Ob sie es nicht einfach vorlesen könne, das wäre doch das Beste. Angestrengte Blicke: „Vielleicht sind die Tickets für Touristen teurer und der Extrazettel bestätigt die Differenz?“ „Das würde hinkommen“, es leuchtet ein. Und ich berichte, dass es vor ein paar Tagen noch 190 Pfund kosten sollte. Warum das so sei, tja... „Eine gute Frage. Ja, warum?“, fragt die Touristeninfo den Fahrgast.

Gleis 9

Ramsis Bahnhof Kairo. Warten auf den Zug. Da hängt die schöne, neue Anzeigetafel, aber sie zeigt kein Gleis an. Zum Glück kommen nur vier Gleise in Frage. „Fragen, einfach fragen.“ Der Herr im Anzug weiß es nicht. Der Zeitungsverkäufer hat keine Ahnung. „Das Gleis steht noch nicht fest“, erklärt die Bahnhofsauskunft. Also wieder zurück an die in Frage kommenden Gleise - und warten. In 15 Minuten ist Abfahrt, Nervosität. Ein Zug trifft ein, es ist ein anderer. „Gleis 11“, sagt der Mann im Jogginganzug, „da fährt der Zug nach Aswan.“ Dort stehen schon viele Leute und der Zug kommt. Ich frage nochmals nach Abfahrtzeit und Ziel - er ist es. Nur gibt es keinen Wagen mit der Nummer 11. Stress. Da, ein Schaffner. Er schaut auf mein Ticket: „Nein, das ist der falsche Zug.“ Schnell wieder aussteigen.

Der Teeverkäufer, den der Schaffner als Auskunftgeber empfahl: „Anderes Gleis!“ Also wieder zu Gleis 8, zurück auf los. Und tatsächlich, es kommt ein Zug nach Aswan. Aber es gibt nur 1. Klasse-Wagen. „Rein oder nicht?“ Ein Schaffner bestätigt: „Es ist der falsche Zug.“ Also warten. Ein nervöser Anzugträger fragt den älteren Herrn mit

Rollkoffer, wo denn der Zug Nr. 886 nach Aswan sei. Das wollen jetzt viele wissen. Vom Zug aber keine Spur. Auf Gleis 8 drängen sich Leute, alle wollen nach Aswan. Auf Gleis 11 auch. Und dann bleibt ein anderer Zug auf Gleis 8 liegen, eine Reservelok muss her. Sie kommt irgendwann, unter dem Applaus der Anwesenden. Vor eineinhalb Stunden hätte Zug 886 fahren sollen. Ich habe mich beruhigt, keiner hat eine Ahnung, wann und wo der Zug abfährt. Also frage ich eine Reihe Leute, irgendwer wird bei Zeiten schon Bescheid geben. Jeder hilft jedem.

Plötzlich knattern Lautsprecher: „Achtung, Zug Nr. 886 fährt von Gleis 9." Überall stehen Zugreisende, nur dort nicht. Und von allen Seiten strömen die Menschen zu Gleis 9. Durch den Fußgängertunnel, quer über die Gleise, irgendwie. Dann kommt der Zug, zwei Stunden verspätet. „Jetzt nur noch den Wagen finden." An den Wagen sind keine Nummern, also irgendwo weit hinten rein. Es ist Wagen 7. Das heißt durchkämpfen zum Zugende. Überall sind Menschen in den falschen Wagen eingestiegen. Klettern über plärrende Kinder, über Gepäck, es geht drunter und drüber. Schließlich komme ich im letzten Wagen an. Es ist der Wagen mit der Nummer 11. Ganz hinten, der letzte Sitz ist meiner. Er ist noch frei. Es geht doch. Immer. Irgendwie.

Insha'allah

Ein langes Wochenende in Aswan. Aus Kairo ausbrechen. Sonne, Wärme, Nil, Palmen, Wüste. Großartig! Wir reisen bequem mit dem Nachtzug. Schlafen, aufwachen, schon fast da. 22 Uhr Abfahrt, Ankunft 11 Uhr morgens. Und ein Wunder, der Zug ist eine halbe Stunde vor der Abfahrtszeit da. Alles steigt ein, sucht seine Plätze. 22 Uhr, nichts rührt sich. Naja, ok. 22:30 Uhr, es geht los. Eine halbe Stunde, was soll's. Mafish muschkela, kein Problem. Der Zug fährt an, zuckelt los, hält nach 200 Metern wieder. Warten. Stopp, Stopp, ein Stückchen fahren - und Stopp. Um 23:30 Uhr sind wir im Bahnhof Giza. Eineinhalb Stunden statt der fahrplanmäßigen 25 Minuten. „Hier ist ein Waggon eines anderen Zuges umgefallen", kursiert als Gerücht unter den Fahrgästen im Abteil. Ist die Engstelle jetzt passiert? Weiterfahrt. „Wir sind ja bald aus Kairo raus, dann geht es hoffentlich schneller", meint der junge Mann in Sitz 37 noch, als der Zug wieder stoppt. Warten. Das schwere Gefährt ächzt und knackt und ruckelt und quietscht. Dann folgt endlich die Weiterfahrt. Ist das Schritttempo? Oder doch 30 km/h? „Wenn das so weiter geht..." Karim beschleicht ein ungutes Gefühl. Fünf Stunden nach der planmäßigen Abfahrt, um drei Uhr in der Nacht, haben wir Beni Suef erreicht. Wir sollten jetzt überall sein, aber nicht hier. Beni Suef liegt ungefähr 120 Kilometer südlich von Kairo.

Es geht weiter und endlich erreicht der Zug eine normale Reisegeschwindigkeit. Ich gehe auf die Toilette. Hier sterben Träume. Ein faseriger Mix aus undefinierbarem weißem und gelbem Flüssigbrei wabert in der Schüssel. An der Wand ein Hinweis: Bitte spülen. Nur der Knopf ist nicht zu finden - nicht mehr vorhanden. Nur schnell raus. Es ist surreal, das Hirn kann das Gesehene nicht verarbeiten. Die arme Seele, die das sauber machen muss! Karim findet alles furchtbar: „Können wir nicht mal vernünftige Züge haben? Das ist ja ekelig."

Das gleichmäßige Ruckeln des Zuges und das klassische Geräusch einer Bahnfahrt wiegen uns in den Schlaf. Um sieben Uhr morgens dann aufwachen - und der Zug steht in einem Bahnhof. „Luxor?", fragt Stefan und stellt fest: Es ist Asyut. „Neun Stunden Fahrt und Asyut? Mir fehlen die Worte", sage ich zu meinem Reisebegleiter. Von Kairo nach Asyut sind es rund 350 Kilometer. Sprachlosigkeit, als die Sonne über Asyut aufgeht. Wir hören von Leidensgenossen, dass der Sleeping Train vor uns ein Problem habe und wir deshalb dauernd halten müssten. Aber es geht weiter. Irgendwie. Richtung Sohag. Karim bestellt Nescafé. Er bekommt eine seltsame, braun-gelbe Brühe, kippt das Tütchen Zucker hinein. Genau in diesem Moment bremst der Zug, ruckelt, hüpft. Gutes Timing, das Unausweichliche geschieht. Es macht Schwapp. Das finden die drum herum Sitzenden extrem komisch und der Wagen lacht. Sechs Stunden Verspätung, aber die Stimmung ist gut. Angeregte Unterhaltungen im gesamten Waggon, als die Mitfahrer aus dem Schlaf erwachen. Menschen spielen mit ihren Handys, telefonieren, diskutieren - oder halten einfach noch ein Nickerchen. Kommen wir heute noch an? Insha'allah.

Takiif

Der Zug von Aswan nach Kairo. Schnuckelige 32 Grad sind es draußen und wir müssen in die Blechkonserve. 2. Klasse mit Airconditioning. Klimaanlage, zum Glück. Pünktlich rollen wir los, lassen Aswan hinter uns. Irgendwie ist es warm. Erste Anflüge von Schweiß. „Kannst du das Rollo runter lassen? Dann wird es nicht so warm", fragt der Europäer. Und so geschieht es. Nach dem Bahnhof Daraw kommt es zum Eklat: Lautes Geschrei im Zwischenraum zwischen unserem und dem nächsten Wagen. Menschen strömen hinzu. Da herrscht Unruhe, heftige Diskussion! Zwei aufgebrachte Männer stürmen in unseren Wagen: „Takiif", AC, Klimaanlage, rufen sie. „Wir haben dafür bezahlt und jetzt wollen wir sie auch haben. Das Zugpersonal sagt uns ‚kaputt'. Einfach so!" Die Klimaanlagen in ägyptischen Zügen sind immer für einen Streit gut: Entweder sind sie so eiskalt, dass die Fahrt ohne Jacke und Decke nicht auszuhalten ist. Oder sie sind abgeschaltet, kaputt, funktionieren nicht. Dann wird es furchtbar warm - besonders, wenn sich die Fenster nicht öffnen lassen.

Nächster Halt Kom Ombo, nichts wie raus auf den Bahnsteig. Eine Gruppe Fahrgäste will das Gleis blockieren, Handlungsdruck schaffen. Jetzt geht's zur Polizei, es reicht ihnen! Da, ist das ein Luftzug? Ein kühler Hauch? „At-Takiif schaghal.“ Die Klimaanlage arbeitet. Plötzlich, wie von Geisterhand. „Sie behandeln uns wie den letzten Dreck“, sagt Sitznachbar Mohamed, „und verkaufen den gesparten Diesel heimlich auf dem Schwarzmarkt.“ Ein Verwandter hat es ihm so berichtet; er arbeitet bei der Bahn.

Die Panne

Die Türen öffnen sich, der Upper Egypt-Bus steht bereit zur Abfahrt. Richtig komfortabel sind die neuen Busse, modern und mit funktionierender Klimaanlage. Ein ausgezeichnetes Fortbewegungsmittel für lange Strecken! Einsteigen, Platzsuche. Dann passiert es: Es gibt zwei Tickets mit der Nummer 13. Fragende Blicke, die Fahrkarten werden geprüft. „Deine Karte ist für gestern“, stellt der ältere Herr fest. Sein Sitzplatzkonkurrent staunt nicht schlecht: „Ich habe doch extra für Samstag gekauft.“ Also schnell ins Büro der Busgesellschaft. Fünf Minuten später ist er wieder da. „Ich soll ein neues Ticket kaufen“, sagt er vorsichtig empört – und denkt gar nicht daran.

Schon schließen sich die Türen, Ticketkontrolle. Der Kontrolleur sieht es wie das Büro: bezahlen oder aussteigen. Es wird laut. „Halbe halbe“, schlägt der Sitzplatzlose vor, er ist bereit, sich den Preis für das neue Ticket mit Upper Egypt zu teilen. Schließlich hätten beide nicht aufgepasst. „Nix!", brüllt der Busfahrer, „Raus!" Sitzstreik. „Dann fahr ich nicht", kontert der Fahrer. „Ya rab", oh Gott, stöhnt der gut gekleidete ältere Herr in Sitz 9. Er zückt sein Portemonnaie und steuert einen 20er bei. Ich gebe 10, ein Zementarbeiter wirft 5 in den Hut. „Raus!", brüllt der Busfahrer. „Wir kaufen das Ticket!", brüllt der Mann von Sitz 9. Auch der Sitzplatzlose steuert jetzt seine Hälfte bei. Es geht los.

Ein feiner Zug

Während der langen Überlandfahrt knurrt Ibrahim der Magen. Gut, dass er genug Verpflegung mitgenommen hat! Aus einer Plastiktüte kramt er Brot, Streichkäse und eine Gurke hervor, beginnt, sich einen Snack zuzubereiten. Ein Trinkpäckchen mit Fruchtnektar, eine kleine Tüte Chips und ein paar Kekse als Snack für hinterher legt er schon bereit. „Bitte, greift zu!", bietet er uns Kekse an. Dankend lehnen wir ab. „Möchtet ihr ein Brot?", fragt er freundlich. „Danke, wir haben selbst Proviant dabei", entgegnen wir. Ibrahim lässt nicht locker, gern sollen wir etwas nehmen. Schließlich führt an einem Keks kein Weg vorbei. Er freut sich – und greift bei der Schokolade, die wir ihm im Gegenzug anbieten, gern zu. Wer Lebensmittel dabei hat, bietet seinen Sitznachbarn etwas an, bevor er selbst zugreift. Ein feiner Zug.

Zwischengedanken

I.

Alltag und Ausnahmezustand. Ausnahmezustand. Panzer. Stacheldraht. Ausgangssperre. Gewalt. Tote und Verletzte. Doch das Leben geht weiter, nur ist all das Schöne derzeit leicht aus den Augen zu verlieren. Dabei gibt es so viele wunderbare, ägyptisch-alltägliche Momente. Aber bleiben sie im Gedächtnis, prägen sie die Erinnerung, finden sie genügend Widerhall? „Nur schlechte Nachrichten sind gute Nachrichten", heißt es so oft über die Arbeitsweise der Medien – Ausnahmesituationen und großes Drama sind viel packender zu berichten als das Normale, das Positive. Geprägt wird ein verzerrtes Bild, die Situation erscheint viel düsterer, als sie wirklich ist.

Oft habe ich diese Art der Berichterstattung kritisiert, jetzt stelle ich fest: Genau nach diesem Muster funktioniert auch die eigene Wahrnehmung! Zumindest ein wenig sind viele von uns gerade gefangen in diesem selbst geschaffenen Zerrbild. Schon eine kurze, unangenehme Situation kann den erholsamen Ausflug mit Freunden in einen Park und den anschließendem Café-Besuch in geselliger Runde völlig in den Hintergrund drängen. Zwei unangenehme Minuten und der Tag ist ruiniert! Sofort ist die Erholung verschwunden, die Nerven liegen wieder blank. Es ist ein Teufelskreis, in den wir uns leicht hineinsteigern können. „Mir ist das vollkommen bewusst“, meinte gerade eben meine Mitbewohnerin Kristin bei einer Diskussion zu genau diesem Thema, „aber es ist so schwer auszubrechen.“ Trotz Ausnahmezustand: So furchtbar, wie es manchmal klingen mag, ist der Alltag nicht. Ich bin gern in Kairo, jeden Tag!

II.

Warum tue ich mir das eigentlich an? Diese Frage stellt sich aus der Außenperspektive. Hier vor Ort ist es genau genommen eine andere: Gibt es eigentlich einen Zeitpunkt, an dem ich meine sieben Sachen packe und vorzeitig nach Deutschland fliege? Sollte ich nicht abreisen, wie es so viele andere Ausländer in den letzten Monaten getan haben? Die politische Lage hat Kairo fest im Griff: Panzer und Ausgangssperre, Moslembrüder gegen Militäranhänger. Bedeutend weniger Ausländer sind auf Kairos Straßen unterwegs, viele haben entnervt vom ewigen Ausnahmezustand das Handtuch geworfen und das Land verlassen. Die politischen Turbulenzen zehren an den Nerven, der Alltag kostet mitunter viel Kraft.

„Wenn es Anschläge mit Schusswaffen gibt, dann reise ich aus“, hatte ich zum Jahresanfang der besorgten Verwandtschaft zugesichert. Als sich ein Anschlag ereignete, stellte ich erstaunt fest: Eigentlich ist nichts anders als am Tag zuvor, es tangiert mein Leben überhaupt nicht. Bei Diskussionen mit anderen Ausländern sind wir uns alle einig: Die Grenzen verschieben sich! Hätte man uns vor Monaten gefragt, wir hätten es nie für möglich gehalten, in der aktuellen Situation das Land noch nicht verlassen zu haben. Aber wir sind noch hier. Ist es zu gefährlich, müssen wir tatsächlich flüchten? Unerwartete Loyalität: Wir hätten das Gefühl, wir würden kneifen! Die Ägypter können ja auch nicht ausreisen und halten durch.

„Wenn eine Bombe hochgeht, dann ist aber Schluss!“, hatte ich schnell eine neue rote Linie formuliert. Doch dann fuhr ich irgendwann ahnungslos am Ort des Geschehens vorbei, zwei Stunden, nachdem ein Sprengstoffanschlag auf den Innenminister fehlgeschlagen war - und reiste im Folgenden nicht ab. Genau genommen ist längst klar: Wer Ägypten bisher nicht verlassen hat, wird bis auf weiteres bleiben. Hier wird in diesem Jahr Geschichte geschrieben und wir sind mitten drin - ein gewisser Reiz ist nicht zu verhehlen.

XIX Im tiefsten Winter

Bassem Youssef abgeschaltet

„Ich mag Bassem Youssef, ich habe die Sendung gern gesehen." Adam ist ein großer Fan. „Natürlich schalte ich heute Abend ein!" Nach mehrmonatiger Pause ist Ägyptens Chefsatiriker im Fernsehen zurück - seit der Absetzung von Mohamed Mursi war er vom Bildschirm verschwunden. Lange erwartet ist sein Comeback, wie würde er sich nach dem Sturz der Moslembrüder verhalten? Würde er es wagen, das Militär zu kritisieren? Bassem teilt kräftig aus, noch einmal gegen die Moslembrüder - und indirekt auch gegen das Militär mit seinem Personenkult, denn er macht sich über die fanatischen Anhänger von Militärchef Al-Sisi lustig. Sogar Gebäck mit Al-Sisis Konterfei wird präsentiert, Bassem serviert es als Realsatire. Das Gebäck gibt es wirklich, es ist käuflich bei Konditoren zu erwerben. Mona jubelt: „Eine gelungene Sendung! Willkommen zurück, Bassem!" Adam ist enttäuscht: „Das war nicht ok, was Bassem da veranstaltet hat. Über die Armee macht man sich nicht lustig, das tut man nicht." Er lässt klar erkennen, dass es mit seiner Begeisterung für „das Programm" vorbei ist. Eine Woche später, wenige Minuten vor der Ausstrahlung der schon produzierten nächsten Sendung, erklärt der Sender CBC: „'El-Bernameg', das Programm von Bassem, ist abgesetzt."

Das neue Gesetz

Die Regierung hat ein neues Versammlungsrecht beschlossen. Es legt Demonstrationen und Protesten viele Steine in den Weg, erschwert sie erheblich. Als ein „Versammlungsverhinderungsgesetz“ bezeichnen es Aktivisten und Menschenrechtler und auch viele politische Gruppen sind verärgert. Sogar Tamarod, die in letzter Zeit zunehmend auf der Seite der Armee standen, wollen das Gesetz geändert sehen. Und gerade jetzt soll die Kommission zur Überarbeitung der Verfassung ihre Arbeit abschließen. Wie es aussieht, wird der Verfassungsentwurf Militärprozesse für Zivilisten zulassen. Vor den Tagungsräumen demonstrieren deshalb Aktivisten – natürlich ohne vorherige Anmeldung, wie sie das Gesetz seit kurzem verlangt. Die Demonstranten sind die Ersten, die jetzt die neue Härte des Gesetzes zu spüren bekommen. Es dauert nicht lange, und der Protest ist aufgelöst. Dabei, und bei den im Laufe des Tages kurzfristig ausgerufenen Protesten gegen das Vorgehen der Polizei, werden viele Aktivisten festgenommen. Später heißt es in der Zeitung und im Internet, man habe über 20 festgenommene Frauen mitten in der Nacht an einer Wüstenstraße ausgesetzt. Nesma ist zum Glück nichts passiert: „Ich wurde kräftig mit Tränengas beschossen, habe aber schnell das Weite gesucht.“ Sie will gar nicht über das Geschehene reden, sondern blickt schon voller Sorge nach vorn. „Was machen wir denn jetzt? Wenn wir das Gesetz weiter missachten, dann werden wir alle verhaftet und es demonstriert keiner mehr. Aber daran halten können wir uns auch nicht, denn man will die Revolution zurückdrehen. Wir können uns doch nicht das Recht nehmen lassen, das wir mit so viel Blut erkämpft haben." Im Sommer noch hatte Nesma laut der Regierung zugejubelt. Genau das ist nach wie vor die Position von Said. Er vertritt eine gänzlich andere Auffassung als unsere gemeinsame Freundin: „Jetzt muss Schluss sein mit den ewigen Protesten. Es ist nicht die Zeit für politischen Dissens. Wir stehen alle mit der Regierung gegen die Moslembrüder." Viele sehen es so.

Zurück auf dem Tahrir

Es ist der Jahrestag der Straßenschlachten in der Mohamed Mahmoud Straße und er wird mit Spannung erwartet. Mohsen ist er egal: „Die sollen einfach Ruhe geben!" Er meint die Revolutionäre. Als „Kinder ohne politische Ziele, die außer protestieren nichts zu tun haben", bezeichnet er sie. Und doch ziehen Hunderte umher, die Revolution meldet sich zurück. Zumindest ihr harter Kern ist unterwegs und demonstriert, aber Anwohner und Umstehende sind von den Protesten wenig begeistert. Blutige Auseinandersetzungen gab es in den letzten beiden Jahren, bei denen bekannte Märtyrer wie der junge Gaber „Gika" Salah oder der ältere Sheikh Emad Effat zu beklagen waren. Heute wird ihrer gedacht und gleichzeitig gegen die aktuelle Regierung und die beiden großen Lager des Landes demonstriert: gegen das Militär und gegen die Moslembrüder. Drei Finger recken einige in die Höhe. Nicht vier Finger für Rabaa, drei Finger für eine neue, dritte Strömung.

Noch kurz vor den Demonstrationen hatte die vom Sicherheitsapparat gestützte Regierung eilig ein Mahnmal für die Getöteten auf dem Tahrir errichten lassen. „Eine Schande“, wettert Zeinab, „die Mörder gedenken ihrer Opfer. Und bestraft wird keiner für seine Taten.“ Sie meint die zahlreichen Sicherheitskräfte des bis heute nicht reformierten Innenministeriums, denen der Tod von Demonstranten bei der Revolution 2011 zur Last gelegt. Fast allesamt wurden sie von den Gerichten freigesprochen – einer nach dem anderen. Online kursiert eine Abbildung von Hitler: „Ruhm und Ehre den Märtyrern des Holocaust. Adolf Hitler“, steht darüber geschrieben. Ein Bild, aggressiv in jedem Fall, sicherlich geschmacklos, aber die Stimmung vieler Aktivisten trifft es ziemlich präzise. Es herrscht blankes Entsetzen, ohnmächtige Wut ob der Geschichtsumschreibung.

Und dann geschieht das Undenkbare: Einer Menschenmenge gelingt es, auf den Tahrir vorzudringen. Seit Monaten hatte das keine Demonstration mehr geschafft, zumindest keine regierungskritische. In Windeseile ist das Mahnmal der Regierung mit Graffiti übersät und beschädigt.

Lange währt das Intermezzo nicht, bald ist das Tränengas zurück auf dem Tahrir. Aber ein Zeichen ist gesetzt: „Wir sind wieder da“, so könnte man es interpretieren. „Ja, ich war gestern dabei", bestätigt Nahid später, „aber ich bin frustriert. Alles ist wieder wie 2010. Die Polizei prügelt, viele Menschen schauen zu, beschimpfen uns oder greifen uns gar an, und das Militär ist zurück an der Macht. Die Mubarak-Anhänger kommen wieder aus ihren Löchern gekrochen."

Schnee in der Wüste

Schnee in Kairo, das hat es lange nicht gegeben. In einigen Vororten liegt die weiße Pracht, bedeckt den Boden. Fotos davon sind der Renner im Internet. In Zamalek regnet und hagelt es nur. Die Pyramiden kursieren online in Weiß, aber leider ist das Bild dann doch nur ein Internet-Fake. In Giseh bleibt es gewohnt grau-braun. Trotzdem, der erste Schnee seit angeblich über 100 Jahren ist eine große Nachricht. „Na klar, ich habe den Schnee gesehen", beteuert Tarek, während er sein Taxi durch die Straßen steuert. Der Ehrlichkeit halber fügt er dann doch hinzu: „Aber nur im Fernsehen, ich war woanders mit dem Wagen unterwegs." Reem sammelt warme Kleidung für die Obdachlosen und die Armen. „Bitte helft", twittert sie auf die Computer und Smartphones der etwas Bessergestellten. „Ich friere fürchterlich", klagt Mohamed, „meine Klimaanlage hat keine Heizfunktion." Aber viele andere haben sie und heizen mit Strom – das Unausweichliche passiert: Stromausfall, stundenlang. „Ich muss dir etwas schicken, das hat eben jemand getwittert", kündigt Karim mit dem letzten Rest seines Smartphone-Akkus an. Ein paar Sekunden später flimmert das angekündigte Zitat auf dem Bildschirm: „Es schneit in der Wüste. Ich denke Gott gibt uns den Hinweis, dass der arabische Frühling vorbei ist."

Der Nachbar

Er ist völlig verdreckt, trägt zerrissene und verschlissene Kleidung. Und irgendwie macht er den Eindruck, geistig völlig abwesend zu sein. „Zugedröhnt mit allerlei Mittelchen", heißt es hinter vorgehaltener Hand. Oder ist es nur der harte Alltag auf der Straße, der unseren Nachbarn so zugerichtet hat? Ein Mann, vielleicht 40 Jahre alt, Körper und Gesicht völlig aufgedunsen. Sein Markenzeichen: dicke schwarze Rasta-Zöpfe auf dem Kopf. Obdachlos, ohne Schuhe, ein Bild des Jammers. Jeder hier kennt ihn, schließlich ist er unser Nachbar hier in Downtown, meist in der Sheria Mahmoud Bassyouni.

Heute dann findet sich sein Bild plötzlich in den Nachrichten auf der Webseite einer großen Zeitung. Fröhlich schaut er da in die Kamera, mit buntem Hemd. Und die Überraschung ist noch größer: Er ist ein bekannter Autor aus dem Sudan, Künstler, im Sudan weithin bekannt, und sogar in Frankreich hat er eine Ausstellung gemacht - weiß das Nachrichtenportal zu berichten. „Wahnsinn, das hätte ich nie gedacht", ist Hamdi beinahe sprachlos, „klar kenne ich den Typen!" Nach einer

Ausstellung in Kairo kam er vor zwei Jahren irgendwie in finanzielle Schwierigkeiten und wurde obdachlos. „Bitte sag mir, es ist bloß ein Gerücht!", fleht Nayrooz auf Facebook, gerade eben hat sie es gepostet. Aber das Gerücht ist leider wahr, online steht es schwarz auf weiß: Bahnas, der sudanesische Künstler, ist heute Nacht auf dem Bürgersteig in Kairos Winterwetter erfroren. „Die arme Seele", meint Hamdi. Recht ungerührt nimmt er die Nachricht zur Kenntnis: „Menschen sterben hier jeden Tag." Auch Nayrooz findet schnell die Fassung wieder: „Das Leben abgehakt hatte er sowieso schon lange." Ägypten in diesem Winter, die vielen Toten der letzten Monate und Jahre haben tiefe Spuren bei den Menschen hinterlassen. Sind Freunde und Familie nicht direkt betroffen, sind Tote nur noch bloße Nummern – wenn sie überhaupt wahrgenommen werden.

Die dritte Gewalt

Polizisten werden vom Vorwurf des Mordes an Demonstranten während der Revolution freigesprochen, auch Mubaraks Söhnen geht es in einem Korruptionsverfahren so: Freispruch. Drei bekannte Aktivisten, Ikonen der Revolution des 25. Januar 2011, verurteilt ein Gericht am gleichen Tag zu drei Jahren Haft – weil sie zu einer unangemeldeten Demonstration aufgerufen haben. Aus heiterem Himmel wird ihnen dann vor Gericht auch noch vorgehalten, Polizisten attackiert zu haben. Sie weisen diese Anschuldigung empört zurück – ohne Erfolg. Das Büro einer Menschenrechtsorganisation wird von der Polizei gestürmt und sieht auf nachher kursierenden Fotos recht lädiert aus. In Suez wird ein bekannter Aktivist von den Sicherheitskräften mit Schrotmunition beschossen, er stirbt wenig später im Krankenhaus. „Auch dafür wird wieder niemand zur Rechenschaft gezogen“, ist sich Ali sicher. „Das sind doch alles politische Urteile. Äußere ich mich gegen die Regierung, dann sperrt mich die Justiz weg. Aber die können sich alles erlauben!“ Er meint die Sicherheitskräfte, die Regierung, ihre Unterstützer. „Es ist wie unter Mubarak“, Naama ist völlig verzweifelt. Viele sehen das anders: „Die Sicherheit muss wieder hergestellt werden, jetzt ist nicht die Zeit für Protest gegen die Regierung. Diese Nörgler und Protestler unterstützen mit ihrem Handeln nur die Terroristen.“ Mohamed sagt es und Mahmoud sagt es auch und Karim und Wafaa und der Mann vom Kiosk und sogar Hatem, der alte Straßenkehrer.

Bombenstimmung

In Nasr City explodiert eine Bombe an einer Schule. „Ich hab den Knall bis zu mir gehört“, erzählt Hossam am Telefon. Warum es eine Schule trifft, da hat er eine Theorie: „Ich glaube, jemand hatte Angst, dass die Polizei ihm auf die Schliche gekommen ist, und dann hat er die Bombe schnell irgendwo entsorgt.“ Bisher trafen Anschläge eigentlich nur Polizei oder Armee oder Regierungsstellen und dort zufällig passierende Bürger.

„Warum sollte jemand eine Schule sprengen wollen, dann hat er die ganze Bevölkerung gegen sich.“ Hossam spricht einen wichtigen Punkt an. Aber wenige Tage später explodiert eine Bombe an einem öffentlichen Bus, gar nicht weit entfernt. „Ich hab's schon wieder gehört“, meldet sich seine Stimme und sie klingt beunruhigt und wütend. „Man sollte sie alle eliminieren, diese kranken Typen.“

Wesentlich schlimmer trifft es die Stadt Mansura, dort tötet eine Bombe am Sicherheitsdirektorat über zehn Menschen und verletzt mehr als einhundert. Die Regierung erklärt die Moslembrüder zur Terrororganisation, obwohl eine Gruppierung vom Sinai die Verantwortung übernimmt. „Die Moslembrüder sind wie eine Influenza“, ereifert sich Hamdi in seinem Taxi, „mit einer Krankheit verhandelt man nicht, man bekämpft sie!“ Fast lenkt er seinen Wagen an den Bordstein, so erbost ist er. „Masr teharib el-Irhab“, sendet das Fernsehen aus aktuellem Anlass als Dauereinblendung, „Ägypten bekämpft den Terror.“ Ägypten tut das nach Aussagen der Regierung und fast ausnahmslos aller Medien schon seit Monaten, wie der Fernsehbildschirm in ab und an verändertem Design immer wieder aufs Neue verkündet. Die Anschläge dagegen nehmen eher zu.

Jetzt melden die Nachrichten auch noch, dass in einem öffentlichen Bus in Heliopolis eine Bombe rechtzeitig entdeckt worden sei. Zum Glück kam niemand zu Schaden, aber Hossam wird es trotzdem etwas mulmig. „Um Gottes Willen!“, kommentiert er äußerst besorgt. Drei Bomben in nächster Nähe, das ist ihm dann doch zu viel. „Okay okay, ich fahre morgen nicht mit dem Bus“, willigt er spontan auf die besorgte Nachfrage der Mutter ein.

In Zeiten des Terrors

Neben einer Botschaft in Zamalek befindet sich ein wunderbares altes Haus, sicher vom Anfang des 20. Jahrhunderts. Architektonisch ist es beeindruckend, mit Säulen und Verzierungen. Irgendwann im Laufe der Jahrzehnte wurden dann auf seine paar Stockwerke noch drei weitere in Kastenbauweise aufgestockt. Es ist eine architektonische Sünde, da sind wir uns alle einig. „Du kannst hier doch kein Foto machen!“, reagiert Mohamed entsetzt, als der Europäer sein Handy zückt. „Hier bei den Botschaften hält man dich nachher noch für einen Spion oder jemanden, der Terrorziele auskundschaftet.“ Der wachhabende Polizist ist schon aufgeschreckt. „No photo!“, ruft er. Nach kurzer Erklärung ist es ok, das Haus zu fotografieren - aber nur den oberen Teil, von der Botschaft nebenan und der Polizei darf man nichts sehen. Er schaut sich das gemachte Foto an, gibt es frei. Und dann bekommt er die Leviten gelesen von einer älteren Dame in traditionellem, schwarzem Gewand. „Hier darf nicht fotografiert werden, wie kannst du das erlauben?“, ruft sie aufgebracht, „Das ist doch gefährlich!“ Um die Lage zu entschärfen, zeige ich ihr das Foto. Sie beruhigt sich etwas, aber einverstanden ist sie trotzdem nicht. „Wir haben nur Angst vor dem Terror und du weißt, dies ist unser Land“, sagt die Dame entschuldigend, aber mit Nachdruck. Mit missbilligendem Blick geht sie weiter.

Unruhe an der Universität

An Kairos Universitäten herrscht Unruhe. Seit Wochen kommt es zu Auseinandersetzungen zwischen Studierenden und Sicherheitskräften. Zunächst waren es Proteste gegen das Versammlungsgesetz, natürlich mischten auch die den Moslembrüdern nahestehenden Studierenden kräftig mit und nutzen die Gelegenheit für ihre politischen Ziele. Kommilitonen kamen zu Tode, die Sicherheitskräfte gingen rigoros vor. Seither ist keine Ruhe eingekehrt, immer wieder kommt es vor allem an der Al-Azhar Universität in Nasr City zu Konfrontationen. Heute dann brennt ein Verwaltungsgebäude, das Fernsehen zeigt Auseinandersetzungen an einem Zugang zum Campus. „Nicht schon wieder, es reicht langsam“, reagiert Hamada sichtlich genervt. „Fahr dort heute Abend nicht vorbei, nimm vorsichtshalber eine andere Strecke!“, bittet er mich übers Telefon. Der Minibusfahrer aber hat andere Pläne, biegt genau in die entsprechende Straße ein. Die Auseinandersetzungen sind abgeflaut, die Straße gleicht einem Meer von handlichen Steinen. Diese Wurfgeschosse liegen überall, das Trümmerfeld erstreckt sich quer über die Fahrbahn. Unter den wachsamen Augen einer starken Polizeipräsenz sind zwei Straßenkehrer damit beschäftigt, die Spuren des Tages zu beseitigen. Schon bald wird von den heutigen Straßenschlachten nichts mehr zu sehen sein.

Ägypten ist großartig

Es sind lauter schlechte Nachrichten, die in letzter Zeit auf Maha, die junge Revolutionärin, einprasseln. „Ich könnte durchdrehen, alles entwickelt sich in die falsche Richtung!" Wie ihr geht es vielen jungen Idealisten, die seit 2011 auf die Straße gegangen sind. Mit Generälen auf dem Weg zur Macht und Jubel für Armee und Polizei haben sie sich die Zukunft Ägyptens nicht vorgestellt, schließlich hatten sie auf einen echten demokratischen Neuanfang gehofft. „Wir sind alle deprimiert und äußerst frustriert", bringt Maha die Stimmung auf den Punkt. „Ich muss hier raus!", verkündet sie am nächsten Tag und flüchtet in den Badeort Dahab auf dem Sinai. Raus aus Kairo, weg von der Politik, alles vergessen. „Die Politik kann mir gestohlen bleiben, ich gehe noch daran zugrunde." Auch Samira hält es in Kairo nicht mehr aus. „Ich fahre ein paar Tage in die Oase Siwa und erhole mich. Sonst werde ich verrückt", bekennt sie am Telefon, als ich sie abends anrufe. Sie steht schon an der Haltestelle und wartet auf den Nachtbus.

Ein paar Tage später sind beide Revolutionärinnen wieder in Kairo. „Es war toll in Dahab, ich habe mich blendend erholt", berichtet Maha, „Der Strand, die Palmen und das wunderbare Meer – ich konnte die Seele richtig baumeln lassen. Es war so ganz anders als in Kairo, wo sich die politischen Ereignisse fokussieren." Wie vorher weitermachen will sie nicht: „Immer nur Politik und Drama, das macht mich krank. Ich werde wieder öfter auf Partys gehen und feiern. Auch in der Hauptstadt gibt es so viel Leben neben der Politik, nur ist es schwieriger, den nötigen Abstand von den ganzen Hiobsbotschaften zu gewinnen. Es bleibt uns ja nichts anderes übrig, als weiterzumachen. Aber es gibt auch viel Schönes im Leben, das darf nie aus dem Blickfeld geraten." Auch Samira hat Kraft geschöpft. „Als ich die endlose Wüste, die saftig grünen Palmen und diese atemberaubenden Sonnenuntergänge gesehen habe, da wurde mir wieder bewusst: Ägypten ist ein wunderbares Land. Dort draußen sind die Menschen so entspannt, die Politik ist weit weg. Auch wenn es viele Probleme gibt: Ägypten ist großartig!"

Zurück in die Kaserne

Die nach der blutigen Auflösung der Sit-ins von Rabaa und Nahda allgegenwärtigen Soldaten und Panzer sind fast vollständig aus dem Stadtbild verschwunden, zurück in ihren Kasernen. Kairo macht jetzt zum Jahresende 2013 einen sehr normalen Eindruck. Ahmed bestätigt das: „Ja, es ist alles ganz normal. Es geht voran mit Ägypten." Die Verkehrspolizei tut ihre Arbeit auf den Straßen, der Verkehr ist normal, die Gehwege und Fahrbahnen sind dicht bevölkert mit vielen Menschen. Die Mauern, die alle Straßen in der Gegend des Midan Tahrir in Richtung Süden absperren, gibt es nach wie vor; aber der Midan Simon Bolivar ist wieder für den Verkehr geöffnet, Autos befahren die Kasr el-Aini Straße bis unmittelbar an die dortige, die Straße versperrende Mauer und umfahren diese dann an der Statue des südamerikanischen Unabhängigkeitskämpfers vorbei zum Tahrir. Das lange Monate abgesperrte Quartier rund um Parlament und Innenministerium ist wieder zugänglich - zumindest für Fußgänger und vereinzelte Fahrzeuge. Hier gibt es sie noch, die massive Präsenz der Sicherheitskräfte in den Straßen. Unzählige Polizeifahrzeuge, Einsatztruppen der Central Security, sogar einige Panzer sind am Parlament hinter den Absperrungen stationiert. Ein Mann gerät mit einem Polizeioffizier aneinander, der Uniformierte schlägt ihm die Brille aus dem Gesicht. Sofort wird es laut, aufgebracht flucht der Geschlagene über die Willkür der Polizei. Schnell gehen andere Polizisten und Passanten dazwischen, bevor der Streit ausartet. Der Mann verlässt den Ort des Geschehens.

Auch am Ägyptischen Museum stehen sie noch, die Panzer. Aber die Eingänge zu dieser kleinen Straße werden nur von Polizisten bewacht, die Armee hält sich im Hintergrund. Allein in Rabaa, am ehemaligen Brennpunkt der Proteste von Mursis Anhängern, sind die Panzer und Soldaten noch unmittelbar selbst im Einsatz und bewachen die Hauptstraße.

Immer wieder freitags

Morgens ist sie wieder da, die Straßensperre. Es ist Freitag und der Tahrir ist abgeriegelt. Panzer blockieren die Meret-Straße, hoch ist Stacheldraht aufgetürmt. „Spanischer Reiter", nennt der Militärfachmann diese Konstruktion - hier kommt keiner durch. Hinter Stacheldraht und Panzern steht auch noch Polizei, jederzeit bereit, falls Tränengas eingesetzt werden soll. Der Tahrir bleibt für Demonstrationen tabu, noch immer ist die Metrostation Sadat sogar die ganze Woche über geschlossen. „Was, der Tahrir wird immer noch abgesperrt?", wundert sich Mohamed. Er wohnt in einem äußeren Stadtteil, bekommt nichts davon mit. Das Fernsehen berichtet nicht mehr darüber.

Kurzer Prozess

Heute ist ein Prozesstag gegen Mohamed Mursi. Es ist kaum zu übersehen in Downtown. Der immer freitags abgeriegelte Tahrir ist heute außer der Reihe gesperrt. Panzer und Stacheldraht, das Übliche. Aber einige Zugänge sind zu Fuß passierbar, über die Talaat Harb-Straße und die Sheria Champollion kommt man hinein und heraus. Nur der motorisierte Verkehr bleibt ausgesperrt. Die Sperrung des wichtigen Knotenpunktes hat - wie jedes Mal - das obligatorische Verkehrschaos in Downtown zur Folge. Nichts geht mehr in Talaat Harb und Umgebung, denn die einzige „Ausfahrt“ von dort ist eine einspurige Straße. Der Rückstau durch ganz Downtown ist gewaltig, er reicht bis auf die Ramsis-Straße. Das Fortbewegungsmittel der Wahl sind die eigenen zwei Füße. „Nicht schon wieder“, flucht Medhat und ergibt sich in sein Schicksal. Er geht zu Fuß zur Arbeit: „Was soll ich anderes tun?“

Das Schicksal der Nation entscheidet heute das Wetter: „wegen Nebels“ kann Mohamed Mursi nicht zum Prozess geflogen werden, verkünden die Nachrichten. Das Gericht vertagt sich deshalb kurzerhand. Aber im Gegensatz zum unübersehbaren, gewaltigen Stau in Downtown wird der angebliche Nebel von kaum jemandem gesichtet. „Das ist eine Ausrede, um den Prozess aus politischen Gründen verschieben zu können.“ Said ist nicht der einzige mit dieser Vermutung, aber die Mehrheitsmeinung vertritt er damit sicher nicht. „Ja wenn Nebel ist, ist Nebel.“ So in etwa formuliert es Mohamed, der nicht an eine politische Entscheidung glaubt. „Warum sollte die Regierung den Prozess nicht schnell abschließen wollen? Das ist absurd!“ Und Nour gibt zu bedenken: „Nachher heißt es noch, man hätte den Hubschrauber von Mursi absichtlich zum Absturz gebracht, um ihn zu eliminieren.“

XX Ein ereignisreiches Jahr endet

Ägypten feiert ins neue Jahr

Es ist der 31. Dezember 2013 und die große Frage steht im Raum: Was tun? „Ich weiß doch auch nicht", beschwert sich Mohamed über die vielen Nachfragen, was er dieses Jahr zum Jahreswechsel tun wird. Vielerorts werden Partys veranstaltet, bei denen oft schon der Eintritt eine finanzielle Zumutung ist. In einem Resort am Roten Meer feiert man zum Beispiel eine „Great Gatsby"-Party, benannt nach dem gleichnamigen Roman und Kinofilm. Die passende Aufmachung ist verpflichtend. „Das wäre sicher cool", jubelt Mahmoud. Beim Eintrittspreis jubelt er nicht: knapp 100 Dollar, völlig illusorisch. Wer soll das bezahlen? In Kairo gibt es günstigere Angebote, für 200 Pfund ist man schon dabei. Und natürlich gibt es Restaurants ohne Eintrittspreis, ohne Mindestverzehr – und ohne Silvester-Programm. „Ach so, Programm, weil heute Weihnachten ist?", fragt der Kellner, als Yasmin nachmittags in der Bar auf dem Dach eines Hochhauses nach dem Abendprogramm fragt. Silvester, der Jahreswechsel, damit verbindet er nichts. Raketen, Feuerwerk und Silvesterparty haben hier keine Tradition. Es ist am ehesten die bessergestellte Jugend, die diesen Anlass zum Feiern gern nutzt. Nicht wenige blicken etwas verwirrt bei der Frage, wie sie denn den besonderen Abend verbringen wollen. Im Fernsehen dudelt die Melodie von „We wish you a merry Christmas“, dazu verkündet der Sender „Happy New Year 2014“. „Gibt es eigentlich an den Pyramiden eine Silvesterfeier?“, will Tamer wissen. Es ist nicht herauszufinden. Aber natürlich werden viele private Partys zu Hause veranstaltet. „Was machst du eigentlich heute Abend?“, fragt Karim in seinem Bekanntenkreis herum. Es ist schon 19 Uhr, höchste Zeit endlich aufzubrechen - wohin auch immer. Endlich meldet sich Zeinab: „Wollt ihr zu mir kommen? Ich hab sturmfrei!“ Der Jahreswechsel ist gerettet!

Silvester im Kabarett

Auf dem Weg zur kleinen, privaten Silvesterfeier passieren wir einen Eingang mit Türstehern, der zu einem Club im Untergeschoss eines Hauses führt. Die Neugier bei Sonia ist groß und sie fragt die stämmigen Männer, was denn dort stattfinde. „Das ist ein Kabarett und es ist auch noch Platz“, antwortet einer der starken, muskulösen Typen. Es gibt einen Eintrittspreis, aber Sonja überzeugt die Türsteher, dass wir einen Blick hineinwerfen dürfen und uns erst dann entscheiden müssen.

Die Eisentür ist fest verschlossen. Durch Klopfzeichen signalisiert ein Türsteher nach drinnen, dass geöffnet werden kann. Geräuschlos geht die Tür auf, wir drei Männer und Sonja treten ein. Buntes, gedämpftes Licht erfüllt den Raum, der Zigarettenqualm vernebelt die Sicht. Die Luft ist zum Schneiden. Eine Sängerin mit Mikrophon steht auf einer Art Bühne, an Tischen sitzen Menschen. Es ist voll, aber noch gibt es einige freie Plätze. Sofort fordern uns die herbeigeeilten Kellner auf, uns gern zu setzen. Sonja interessiert sie nicht, aber uns bearbeiten sie dafür umso fleißiger: „Bitte Platz nehmen“ sollen wir und es sei „ganz hervorragend hier“. Sonia will einen Kaffee trinken, aber der Mindestverzehr beträgt 300 Pfund. Sie wundert sich, dabei liegt es irgendwie auf der Hand: Auf den zweiten Blick fällt auf, dass nur Männer mittleren Alters an den Tischen sitzen. Um sie herum schwirren aufgetakelte Damen, sitzen neben ihnen, lehnen gegen die Schultern der männlichen Gesellschaft. Irgendwie ist die Kleidung der Damen bemerkenswert: Sie ist nicht übermäßig freizügig und aufreizend, aber auch nicht so, wie die Frau Gemahlin ausgeht. Alle schauen uns etwas überrascht und fragend an. Plötzlich dämmert es auch Sonja, in welchem besonderen Dienstleistungsverhältnis die anwesenden Herren und ihre weibliche Gesellschaft stehen. Wir sind in eine gänzlich versteckte Subkultur der ägyptischen Hauptstadt gestolpert - wer hätte gedacht, dass es so etwas hier überhaupt gibt? Vermutlich wissen noch nicht einmal die Nachbarn, was sich hinter der Stahltür tatsächlich verbirgt. Sie gingen wohl sofort auf die Barrikaden.

Frohes neues Jahr!

Noch wenige Minuten, dann ist es Mitternacht und Kairo verabschiedet das überaus ereignisreiche Jahr 2013 und macht sich auf den Weg in eine ungewisse Zukunft. Das Handy klingelt, die Schwester von Zeinab ruft an. Sie wohnt mit ihrem Mann zwei Straßen weiter und hat beunruhigende Nachrichten: „Geh nicht nach draußen, hier in der Nachbarschaft wird geschossen." Plötzlich hören wir es auch: Es ist zwei Minuten vor Mitternacht, als draußen Schüsse durch die Straße hallen. Dann knistert es in der Luft - und es ist ein verräterisches Knistern. „Das ist doch nur Feuerwerk", redet unsere Gastgeberin auf die besorgte Verwandtschaft ein. Und tatsächlich, um Mitternacht sind beim Blick aus dem Fenster ein paar Raketen am Nachthimmel zu erspähen. Sie verkünden den Beginn des Jahres 2014.

Abla Fahita

In der Fußballpartie zwischen El-Gouna und El-Entag el-Harby gibt es vier Minuten Nachspielzeit. Vier Minuten, die der Schiedsrichter mit zwei Händen je zwei Finger anzeigt. Vier Finger an einer Hand, das könnte nachher noch jemand als Rabaa-Zeichen interpretieren. Mit den Moslembrüdern möchte man dieser Tage lieber nicht assoziiert werden. „Ich wollte nur nicht missverstanden werden", erläutert er nach dem Spiel seine ungewöhnliche Aktion gegenüber einer Sportwebseite.

Vier Arme hat der Kaktus, der Abla Fahita zum Verhängnis wird. Vier Arme und zwei Christbaumkugeln, welche die beliebte Puppe aus der Vodafone-Werbung ins Visier der Staatsanwaltschaft bringen. Ein Verschwörungstheoretiker hat Anzeige erstattet: die vier Kaktusarme seien ein Zeichen für Rabaa und die Christbaumkugeln wären Bomben, geheime Zeichen für Terroristen. Die Puppe unter Terrorverdacht! „Wie bitte?", bricht es aus Khaled hervor, als er von den Nachrichten hört. Einen Link zu den Presseberichten will er nicht, „Ich glaube das mittlerweile sofort." Online geht es heftig zur Sache: Armee-Unterstützer basteln an ihrer Theorie, wie Vodafone und die Moslembrüder unter einer Decke stecken. Andere schlagen die Hände über dem Kopf zusammen, #FreeAblaFahita macht als Hashtag beim Kurznachrichtendienst twitter die Runde. Scherzbilder sehen die Puppe schon vor einem ägyptischen Gericht.

Am Neujahrstag kommt es zu einem Stück ägyptischer Fernsehgeschichte: In der Sendung „Mumkin" ist per Telefon „Ahmed Spider", der Erstatter der Strafanzeige, zugeschaltet. Er will die Puppe hinter Gittern sehen und die Verantwortlichen bei Vodafone bestraft. Das lässt die beschuldigte Dame Abla Fahita nicht auf sich sitzen. Via Skype zugeschaltet, weist sie – sehr zur Belustigung des Moderators – alle Anschuldigungen von sich und liest dem Verschwörungstheoretiker die Leviten: „Spider yani Spy yani Gasus. We Ahmed gasus..." Ahmed Spider habe das „Spy", das „Spion" schon im Namen. Eine halbe Stunde tobt der erste Schlagabtausch zwischen einer Handpuppe und einem bierernsten Anrufer live im ägyptischen Fernsehen.

Ist es völlige Paranoia, welche die Angst davor verdeutlicht, dass die Lage im Land außer Kontrolle geraten könnte? Fühlt sich der Durchschnittsägypter schon so unsicher, dass eine Puppe mit einem vier-armigen Kaktus und einer Christbaumkugel zur Terrorgefahr wird? Handelt Ahmed Spider gar mit Unterstützung der Regierung? In den sozialen Netzwerken wird dies heiß diskutiert. Betreibt Ahmed Spider womöglich gar die Aufdeckung eines Komplotts gegen den Staat und die hinterlistig-clevere alte Lady aus Plüsch will Ägypten zu Fall bringen? „Es ist das Ende der Zivilisation", kommentiert die Bloggerin Zeinobia entsetzt und fragt: „Ist das Ganze ein Ablenkungsmanöver, um die Medien mit etwas Trivialem zu beschäftigen?" Viele finden das Ganze einfach nur lustig. Das Land am Nil hat jedenfalls ein erstes Highlight des Jahres 2014, auch wenn die Geschichte vielen völlig gleichgültig ist. Besonders ausdauernd ist der Skandal sowieso nicht, er verglüht wie eine Sternschnuppe am Nachthimmel. Schon ein paar Tage später spricht niemand mehr davon.

XXI Das Volk hat gesprochen

Ja zur Verfassung

„Ja zur Verfassung", überall hängen die großen Plakate, die für eine Zustimmung zum Verfassungsentwurf werben. Eine 50-köpfige Kommission hatte ihn nach dem Sturz Mohamed Mursis ausgearbeitet. Die größte Werbekampagne transportiert eine einfache Botschaft: „Ägypter lieben ihr Land. Ja zur Verfassung!", steht in großen Lettern auf den unzähligen Plakaten. An fast jeder zweiten Laterne der Oktoberbrücke hängen sie, Kilometer um Kilometer. Auch Parteien und Einzelpersonen werben für die Verfassung. „Ja zur Verfassung", vor dieser Botschaft gibt es kein Entkommen.

„Ja zur Verfassung", steht auch in der linken oberen Ecke des Fernsehers, sobald der Sender *Al Kahera Wal Nas* eingeschaltet ist. „Naam lil dostur", mit grün ist der Schriftzug hinterlegt. „Das ist jetzt aber schon etwas einseitig", findet Hamada und runzelt die Stirn. Seine Mutter hat keine Bedenken: „Die meisten Leute verstehen von der ganzen Sache doch nichts. Die brauchen etwas Hilfestellung, wie sie abstimmen sollten."

Ora et labora

Über Gott und die Welt redet er, Mahmoud der Taxifahrer. Aber auf die Abstimmung zur neuen Verfassung angesprochen, wird er plötzlich sehr schweigsam. Nach einer langen Minute, fast fühlt sie sich an wie eine kleine Ewigkeit, setzt er schließlich zu einer Antwort an. „Was soll das? Hat er sie etwa gelesen?“ Er deutet aus dem Fenster auf den Straßenkehrer, der am Bordstein den Dreck zusammenfegt. „Oder hat er die Verfassung gelesen?“ Mahmoud zeigt energisch auf den Jugendlichen, der mit seinem aufgebauten Verkaufstisch an der Kreuzung mit der Talaat Harb Straße Pullover verkauft. „Wer weiß denn wirklich, was in der Verfassung drin steht?“ Der Taxifahrer antwortet sich gleich selbst: „Niemand. Es hat doch keiner Zeit, die Verfassung zu lesen. Wir brauchen Brot und Geld, das kommt nicht von allein.“ Jetzt redet er sich fast in Rage. „Ich zum Beispiel arbeite den ganzen Tag und die halbe Nacht. Dann komme ich nach Hause, esse, sehe meine vier Kinder zehn Minuten oder eine Viertelstunde und dann schlafe ich. Wann soll ich die Verfassung lesen?“ Das Argument ist nicht von der Hand zu weisen. Und Mahmoud legt nochmal nach: „Am 14. und 15. Januar ist das Referendum. Da stehe ich dann vier Stunden an, bis ich abstimmen kann. Wer verdient in dieser Zeit mein Geld? Oder soll ich an dem Tag nichts essen wegen der Verfassung?“ Wieder schaut er angestrengt und nachdenklich aus dem Fenster. „Die Leute“, er zeigt nach draußen, „denen ist die Verfassung egal. Sie wollen alle menschenwürdig leben. Sie wollen Brot und Geld." Noch einmal setzt er nach kurzer Pause nach: „Ich gehe nicht zu der Abstimmung. Ich fahre in meinem Taxi und verdiene Geld wie jeden Tag." Damit ist das Thema für ihn beendet. Er betet und arbeitet, aber über die Verfassung wird er nicht abstimmen. Mahmoud, der Taxifahrer hat gesprochen.

Streitgespräch im Minibus

In nicht einmal einer Woche wird über den neuen Verfassungsentwurf abgestimmt. Die Verfassung ist ein Thema auf der Straße. Allenthalben Plakate, die zur Zustimmung auffordern. Wer für ein „Nein" plakatiert, wird festgenommen. So ergeht es mehreren Mitgliedern der „Strong Egypt"-Partei des ehemaligen Präsidentschaftskandidaten Aboul Fotouh. Es ist ein aufgeheiztes, angespanntes Klima. Als im Minibus ein Mann um die 40, mit Sonnenbrille und reichlich Gel im Haar, eine Broschüre mit dem Entwurfstext zückt, beginnt die unausweichliche Diskussion. Er ist für die Verfassung, denn sie sei gut. „Das ist die Verfassung der Revolution des 25. Januar und des 30. Juni", erklärt er aus vollster Überzeugung. „Sie ist für alle Menschen, für Junge und Alte und Frauen und Kinder und Moslems und Christen und Angestellte und Arbeitslose." Ein leger gekleideter, älterer Herr, dem Friedensnobelpreisträger Mohamed el-Baradei äußerlich gar nicht unähnlich, sieht das ganz anders: „Der Verfassung kann ich nicht zustimmen. Sie ist fast so wie die Verfassung von Mursi, ganz viele Inhalte sind gleich. Und die Armee steht über der Regierung, denn die kann das Budget des Militärs nicht einsehen. Und es gibt Militärprozesse für Zivilisten." Er unterstützt eindeutig eine Position, die auf Menschenrechte und demokratische Argumentationen besonderen Wert legt - ungefähr so, wie es Menschenrechtsgruppen, Aktivisten aus dem revolutionären Lager und einige in der Presse als „liberal" bezeichnete Intellektuelle und Politiker tun. Den Unterstützer der Armee lässt das vehement an die Verdienste von General Al-Sisi erinnern. „Für Al-Sisi und das Land", erklärt er, „stimmen wir mit ‚Ja'." Er überzeugt damit seinen Gesprächspartner nicht. Aber der eine Reihe weiter hinten sitzende Fallschirmjäger in gestriegelter Uniform nickt, so heftig er es sich in seiner Rolle öffentlich erlauben darf. Der Sitznachbar meldet sich schließlich zu Wort. Er trägt einen gepflegten Bart, ist in einen feinen Anzug gekleidet. Das mit der Verfassung, das gehe so nicht. „Das ist die dritte Verfassung in drei Jahren, kein Land hat so etwas", erklärt er. Ohne die Moslembrüder beim Namen zu nennen, lässt er doch deutlich durchblicken, dass Mursi so schlecht nicht gewesen sei. Der Herr mit Sonnenbrille entgegnet, es gäbe auch kein Land der Welt, welches einen Übergangspräsidenten auf Dauer habe. „Adli Mansur kann nicht bleiben", gibt er zu bedenken. Da können die anderen beiden zustimmen. Der Soldat lässt keine Regung oder gar Meinung erkennen. Dann macht die Broschüre zur Verfassung im Minibus die Runde. „Sie kostet fünf Pfund“, erklärt der Sonnenbrillenträger auf Nachfrage. Die nächste Stunde diskutiert der halbe Minibus, während der Fahrer das Gefährt langsam durch die verstopften Straßen seinem Ziel entgegensteuert. So aufgeheizt die Stimmung im Land auch sein mag, in diesem Minibus geht es hart, aber freundlich um die Sache.

Das ist keine Demokratie

Wie hältst du es mit der Verfassung? Es ist die große Frage dieser Tage. Hamada, der Angestellte eines kleinen Hotels, hat eine klare Meinung: „Mursi war ein gewählter Präsident. Ich kann nicht sagen, jetzt mag ich ihn nicht mehr und dann kommt er weg. Ich kann nicht einfach eine neue Verfassung machen. Das ist alles keine Demokratie. So geht es nicht.“ Was wird Hamada also tun? „Ich weiß noch nicht, ob ich überhaupt abstimmen gehe.“

Boykottaufruf

Der einflussreiche islamistische Prediger Yusuf al-Qaradawi ruft zum Boykott des Verfassungsreferendums auf. Die Teilnahme am Referendum sei eine „Anerkennung der Legitimität des Militärputsches“, verkündet die graue Eminenz. Auch die Moslembrüder rufen zum Boykott auf. Mohamed lacht herzlich, als er die Nachrichten hört: „Bei der Abstimmung über Mursis Verfassung im letzten Jahr sagte Al-Qaradawi, wer boykottiere oder dagegen stimme, sei ein Ungläubiger. Jetzt meint er, wer abstimmen gehe, sei gegen den Islam. Mal hüh, mal hott, das ist doch lächerlich."

Al-Sisi im Herzen

Die neue Verfassung? Natürlich wird Ali zustimmen. „Die Ikhwan haben das Land fast zerstört und Al-Sisi hat uns gerettet. Mit der Verfassung wird alles besser." Gelesen hat er sie nicht. „Al-Sisi ist in meinem Herzen. Ich stimme mit ‚Ja'. Du kannst jedes Schulkind fragen, alle lieben Al-Sisi."

Das Referendum

An diesem Morgen ist es auf den Straßen Kairos so leer wie sonst nur am Wochenende. Dabei ist es ein Dienstag. Es ist der 14. Januar 2014, der große Tag. Heute wird über den Verfassungsentwurf abgestimmt. Die Straßenverkäufer, die zu dieser Jahreszeit gewöhnlich mit Papiertaschentuchpackungen an Kreuzungen stehen und diese an den Autofahrer bringen möchten, haben heute umgesattelt: Es gibt nur ägyptische Flaggen im Angebot, Taschentuchpackungen sind weit und breit nicht zu erblicken. Auf dem Weg von Downtown nach Nasr City fällt der Blick zwangsläufig auf die unzähligen Plakate, die ein „Ja zur Verfassung" einfordern. Überall hängen sie: an Straßenlaternen, Häuserfassaden, Plakatwänden - und erinnern noch einmal daran, wie der patriotische Ägypter heute abstimmen sollte. Für ein „Nein" hängt nirgends ein Plakat - weder am heutigen Tag noch in den Wochen zuvor. Kein einziges Plakat, nicht mal ein Graffiti, nichts. Zum Boykott aufgerufen haben die Moslembrüder und andere Gruppierungen, aber auch davon ist im Stadtbild nichts zu sehen.

Auf dem Tariq an-Nasr, der großen Verkehrsachse in Nasr City, staut sich plötzlich der Verkehr. In Awel Abbas ist der Grund dann nicht zu übersehen: Eine über 100 Meter lange Schlange wartet auf dem Bürgersteig vor dem dortigen Wahllokal in der „Workers University". Es ist die Schlange für Frauen. Jung und Alt sind vertreten an diesem Vormittag, viele haben die Nationalflagge dabei. Allerdings sind es nur wenige junge Wählerinnen, die älteren Jahrgänge sind deutlich überrepräsentiert. Das ist anders als bei früheren Abstimmungen, der hohe Anteil Jugendlicher bei Protesten findet zumindest hier an der Wahlurne keinen Widerhall. Auf der angrenzenden Fahrbahn tummeln sich Schaulustige und ein Kamerateam. Kaum läuft die Kamera, fangen die Frauen an zu rufen: „Tahya Masr", lang lebe Ägypten. Die Stimmung ist gut. Auf der anderen Straßenseite wacht die stark präsente Staatsmacht mit Panzerwagen und Mannschaftstransportern darüber, dass es keine Zwischenfälle gibt.

„Ich war gerade an einer Schule in Downtown, da stehen ein paar Soldaten und halten Wache. Aber ich bin überrascht, es kamen nur ein paar Wähler." Mein Zimmernachbar meldet sich enttäuscht am Telefon. Ist sein Erlebnis repräsentativ oder eine Ausnahme? Im Fernsehen laufen die Livebilder aus zahllosen Städten in einer großen Schalte im Sender CBC zusammen. Überall wartende Wählerinnen und Wähler und ägyptische Flaggen. Und das Bild von General Al-Sisi, natürlich hält es ständig jemand in die Kamera an diesem Tag.

Der Ansturm bleibt aus

Der Verkehr ist unauffällig an diesem 15. Januar 2014, dem zweiten Tag des Verfassungsreferendums. Es sind nicht besonders viele Fahrzeuge unterwegs, nicht besonders wenige. Am Wahllokal in der Schule nebenan ist auch heute um halb zehn Uhr morgens nichts los. Die aufpassenden Soldaten stehen gelangweilt herum. Hier unweit der Champollion Straße in Wust el-Balad startet der Tag ziemlich normal.

In Nasr City's Awel Abbas, wo gestern am Wahllokal eine lange Schlange war, ist die Lage ähnlich. Gegen halb elf Uhr ist das Bild nicht viel anders als in Downtown. Abgesehen von den Absperrgittern und der Polizei deutet nicht viel auf eine Abstimmung über die Verfassung hin. Sogar einige Straßenverkäufer verkaufen wieder die gewohnten Taschentuchpäckchen an vorbeikommende Autos; dennoch, auch heute sind ägyptische Flaggen - und Poster von General Al-Sisi - an vielen Kreuzungen käuflich zu erwerben. Sie finden Abnehmer.

Reality-TV

Es ist der zweite Tag des Verfassungsreferendums, der 15. Januar. Seit dem Morgen zeigt das Fernsehen am laufenden Band jubelnde und flaggenschwenkende Menschen. Die Bilder kommen aus zahlreichen Städten. Unverhofft kommt das Wahllokal in Awel Abbas ins Bild, wie vielerorts zelebrieren nun auch dort Menschen das Referendum. „Siehst Du, die Menschen feiern überall!", freut sich Mahmoud. Dennoch: Es fällt auf, dass die Kamera vielerorts nie weiter heraus zoomt. Zu sehen sind kleine Ausschnitte, auf denen es ziemlich voll aussieht - große Übersichtsbilder sind kaum im Programm. „Ägypten wählt die Zukunft", heißt der griffige Slogan, den der Sender CBC unten rechts im Bild einblendet - so wie gestern schon.

Abends - es ist kurz vor acht Uhr - ist der Verkehr in der großen Straße Abbas al-Akkad in Nasr City fast zum Erliegen gekommen. Hunderte Meter Stau - im Feierabendverkehr nichts Besonderes, aber so schlimm ist es selten. Kein Wunder, in Awel Abbas kommen nur einzelne Autos durch eine kleine Menschenmenge vor dem Wahllokal.

Das ist noch geöffnet, aber eine Warteschlange ist auch jetzt nicht zu sehen. Dafür stehen unmittelbar vor dem Eingang rund 150 Menschen und schwenken vor der dortigen Fernsehkamera ägyptische Flaggen und Portraits von General Al-Sisi. In ungeheurer Lautstärke wummert dazu die Armeehymne „Teslam el-Ayadi" aus riesigen Lautsprechern, die auf einem Kleinlaster extra herangeschafft wurden. Passanten machen Fotos oder filmen, aber die Menge mischt sich kaum mit den vorbeikommenden Menschen. Dafür feiert sie enthusiastisch vor der Fernsehkamera - es sind die Bilder, die dann in kleinem Ausschnitt zum Beispiel bei CBC über die Bildröhre flimmern.

Die stark präsenten Sicherheitskräfte haben gegen diese Art von politischer Versammlung direkt am Eingang des Wahllokals offenbar keine Bedenken. „Das sind doch nur Menschen, die sich freuen", erklärt Mamdouh, „die sind mal nicht gegen etwas." Demonstrationen der Moslembrüder werden auch heute aufgelöst, wie die Nachrichten online melden. Auf dem Smartphone ist es zu lesen. Im Fernsehen zu sehen ist davon nichts.

I love Egypt

In diesen Minuten endet das Verfassungsreferendum und es wird gefeiert. Auf dem Midan Abdel Moneim Riad schwenken sie Flaggen, halten ein Banner von Verteidigungsminister Al-Sisi in die Höhe und rufen „Al-Sisi, Al-Sisi, Al-Sisi". Es ist der „Was ist denn da los?“-Blick, mit dem vorbeieilende Passanten die Feier betrachten. Sie steht etwas verloren da auf diesem großen Verkehrsknoten – mit ihren vielleicht 70 bis 80 Personen. Dennoch, wer vorbeikommt, dem möchte man begeistert „I“ auf die Hand schreiben, dann ein Herzchen malen und schließlich eine ägyptische Flagge. „I love Egypt“, übersetzt der Zeichner, um jeden Zweifel auszuräumen. Fünfzig Meter im Hintergrund stehen in der Sheria Meret die Panzer. Der Tahrir ist wieder abgeriegelt. Die Moslembrüder haben früher am Tag versucht, auf den Platz zu gelangen – verbreitet das Fernsehen mit bitterbösen Kommentaren. Diese kleine Menge wurde natürlich sofort aufgelöst.

98,1 Prozent

Nach Tagen des Wartens ist das vorhersehbare Ergebnis offiziell verkündet: 98,1 Prozent Zustimmung zum Verfassungsentwurf, das hatte sich bereits in der Nacht der Stimmauszählung abgezeichnet. Abstimmen und zustimmen oder der Boykott des Referendums, das waren die Alternativen. Zwar war im Internet zu lesen, dass einige revolutionäre Gruppen mit ‚nein‘ stimmen wollten – aber es wurde nicht wahrnehmbar öffentlich thematisiert. Nichts und niemand warb für ein „Nein“, das Ergebnis ist die logische Konsequenz. Regierung und Presse jubeln, „Ägypten sagte Ja“ titelt die staatliche Zeitung Al-Ahram quer über die gesamte Titelseite. Auch Abdel Hakim ist erfreut: „Ägypten trotzt dem Terror, es geht voran!"

Weniger stark in den Vordergrund stellen ägyptische Medien die Wahlbeteiligung. Es sind laut offiziellem Ergebnis 38,6 Prozent. „Ja, so umwerfend ist das nicht", stimmt Mahmoud zu, „ich hatte auf eine bessere Beteiligung gehofft." Folgten rund 60 Prozent dem Aufruf der Moslembrüder und boykottierten das Referendum? „Die Wahlbeteiligung ist höher als bei der Abstimmung über die Verfassung der Moslembrüder im letzten Jahr", ist Khaled erleichtert, „das ist das Wichtigste."

Erklärungen für die geringe Beteiligung gibt es viele. Mohamed zum Beispiel gibt zu bedenken: „Die Universitäten haben gerade Prüfungsphase, da lernen die Studierenden und gehen nicht abstimmen. Dafür hat man doch keine Zeit, wenn gerade Prüfungen sind!" Chehab, der Werbefachmann, war auch nicht abstimmen: „Ich arbeite den ganzen Tag und wenn ich um fünf Uhr nach Hause komme, dann will ich meine Ruhe haben. Der Mensch braucht doch auch Erholung!" Es klingt beinahe entschuldigend. Aber wäre er abstimmen gegangen, Chehab hätte mit ‚Ja' gestimmt. Den Gedanken, dass möglicherweise viele Menschen die Abstimmung boykottiert haben, hält er für abwegig: „Viele Personen hatten einen Grund, warum sie nicht zur Abstimmung gehen konnten. Ich stehe doch nicht nach einem langen Arbeitstag noch in der Warteschlange!"

Im Taxi kommt das Gespräch zwangsläufig auf das Ergebnis des Referendums, als im Radio die Zahlen angesagt werden. Omar, der Taxifahrer, war auch nicht abstimmen – boykottiert haben will er aber auch nicht, das wäre eine völlige Fehlinterpretation. „Ich habe gearbeitet", liefert er die Begründung sofort und fügt sicherheitshalber noch hinzu: „Mit Mursi und den Moslembrüdern habe ich nichts zu tun." Er sympathisiert viel mehr mit seinem vor über einem Jahr verstorbenen Namensvetter Omar Suleiman, dem Geheimdienstchef und späteren Vizepräsidenten des ehemaligen Langzeitherrschers Mubaraks. Ganz anders die Bloggerin Zeinobia, die große Stücke auf den Friedensnobelpreisträger Mohamed el-Baradei hält und damit derzeit zu einer kleinen Minderheit zählt. „Ich musste mich entscheiden zwischen einer Teilnahme und Abstimmung mit ‚Nein' oder einem Boykott", schreibt sie auf ihrem Blog Egyptian Chronicles. Noch nie hat sie an einer Abstimmung nicht teilgenommen, sogar unter Mubarak ging sie immer wählen. Dieses Mal war es anders: „In den letzten 48 Stunden hatte ich furchtbares Fieber und einen grippalen Infekt." Es sei gewesen, als habe Gott bei diesem Referendum einen anderen Plan gehabt: „Ja, ich musste boykottieren. Und ich bin nicht traurig darüber."

XXII In die Lüfte

Faktor 10

„Jetzt noch schnell eine Tüte leckere Chips, bevor es in den Flieger geht“, denke ich und weiß zugleich, dass das hier am Flughafen etwas teurer werden könnte. Aber man kann ja mal schauen, gucken kostet ja (noch) nichts. Da sind sie, die leckeren Kartoffelschnipsel. Und da steht der Preis. Verwundert reibe ich mir die Augen, muss ein zweites Mal hinschauen: 32 Pfund für die Tüte. Draußen, am Straßenkiosk, kostet die gleiche Tüte 3 LE. Faktor 10, ich lache herzlich. Dann eben nicht.

Ihna fi masr

Duty Free Shop, Flughafen Kairo. „22 Dollar“, sagt der Kassierer. Ich sehe ihn an, etwas erstaunt: „Wie viel ist das in ägyptischen Pfund?“ Jetzt schaut er ungläubig und etwas überrumpelt. „Ihna fi masr“, wir sind in Ägypten, setze ich nach, „wie viel kostet das in Gineh?“ Er hat verstanden – und bekommt zwei Hunderter-Scheine. „Haben Sie es nicht etwas kleiner?“, fragt er. „Nein“, bedauere ich. Er rechnet, nimmt Dollarnoten aus seiner Kasse. „Was soll ich mit Dollars?“, frage ich. Seine Reaktion verrät, dass es ein Problem gibt. Hektisch durchwühlt er die Kasse, sucht zwischen Dollars,

Euros, Sonstigem. Er hat keine 70 ägyptischen Pfund Wechselgeld. 50 Pfund. Er greift wieder zu den Dollarnoten. „Nein", rufe ich, „dann Euro!" Vom Regen geht es in die Traufe, jetzt muss er drei Euro finden. Drei. Woher sollen drei Euro kommen? 50, 100, notfalls 20 - alles ok. Aber drei? Schließlich gibt es den Rest in kleinsten Euromünzen. Wir sind in Ägypten.

Europa

Alle verabschiedet. Alles gepackt. Eingecheckt. Warten auf Abflug. Ägypten 2013/14, vom zweiten Jahrestag der Revolution über Tamarod vom 30. Juni durch den ägyptischen Herbst in den tiefsten Winter. Alltag und Ausnahmezustand. Vorbei. So schnell. So lehrreich, voller neuer Erfahrungen. Anstrengend, auch. Geschichte hautnah. Freundliche Menschen. Aber die politische Lage fordert ihren Tribut, belastet, polarisiert. Jetzt: Erst mal Ende. „Du fliegst wirklich?", meinte Hanna vor zwei Wochen bei ihrer eigenen Ausreise, „Ich halte es jedes Mal nach zwei, drei Wochen in der Heimat nicht mehr aus und will dann doch zurück nach Ägypten. Hier bin ich lebendig." Nächste Woche kommt sie schon zurück, wie immer „völlig ungeplant und überraschend" - politische Dramen hin oder her. „Ja, Ägypten stresst mich, aber in den USA halte ich es einfach nicht aus."

Ob ich wirklich fliegen müsse? Es lässt meiner amerikanischen Freundin keine Ruhe, denn das

Geld sei doch nur verschwendet, ich würde sowieso bald zurückkehren. „Wenn ich könnte, würde ich sofort nach Europa ausreisen, raus hier“, höre ich Medos Stimme in meinem Kopf, „kannst du mir helfen?“ Noch auf dem Weg zum Flughafen hatte mich der Taxifahrer endlos bekniet, ihn doch einfach mitzunehmen.

Die Mutter

Mohamed, mein Sitznachbar im Flugzeug, mag es heute philosophisch. Wir unterhalten uns darüber, warum so viele Menschen gern nach Ägypten reisen, obwohl das Land ab und an die Nerven durchaus strapazieren kann. „In meinem Lieblingsfilm gibt es genau dazu eine Szene“, versucht Mohamed eine Erklärung:

Ein Mann fragt einen ägyptischen Touristen, weshalb er seit zehn Jahren wieder und wieder nach Luxor reist, obwohl er sich dort ab und an über aufdringliche Händler ärgern muss. Der Tourist fragt ihn zurück, ob er seine Mutter lieben würde. „Natürlich!“, entgegnet der Mann. „Und ist deine Mutter immer nett zu dir?“, fährt der Tourist fort. „Natürlich nicht“, gibt der Mann unumwunden zu. „Warum liebst du dann deine Mutter?“, fragt der Tourist.

Außer Rand und Band

Flughafen Sharm el-Sheikh, Transit. Wir müssen alle aus dem Flugzeug raus, zum Tanken muss es leer sein. Danach fliegen wir nach Deutschland weiter. Der Bus bringt uns zum Wartebereich – fast. Kein Halteplatz ist frei. Er dreht eine Schleife. Und noch eine. Und hält doch wieder an der gleichen Stelle. Menschen werden nervös. Noch eine Schleife. „Das kann doch nicht wahr sein!", schimpft die ältere Dame. Da, endlich! Der Busfahrer bremst und öffnet die Türen. Wir können aussteigen und gehen die wenigen Meter zum Terminal. Als ich meine Transitkarte erhalte, kommen uns die ersten Rentner schon wieder entgegen. „Unverschämtheit, da gehe ich nicht rein." Der Sicherheitsbeamte guckt erst verdutzt und besteht dann darauf, dass alle reingehen. „Da ist Raucherbereich, es stinkt bestialisch." Die zwei Herren protestieren. Alles Gestikulieren hilft nichts – schließlich kapitulieren die beiden doch und gehen wieder hinein.

Drinnen stehen die Leute schimpfend und fluchend, wedeln sich mit ihren gelben Transitkarten Luft zu. Ein paar Männer rauchen gemütlich und amüsieren sich über ihre Mitreisenden. Die Gruppe ist ziemlich klein. Die Hälfte der Leute steht schon wieder draußen vor der Tür, der Alarm bimmelt unentwegt. Rentner, Eltern mit kleinen Kindern strömen hinaus. „Ich lasse meine Kinder doch nicht in dem Rauch. Frechheit, Unverschämtheit, unglaublich." Urlauber schimpfen wie Rohrspatzen. Draußen versucht der verzweifelte Sicherheitsbeamte, die Horde zumindest in einer Ecke zusammenzuhalten. Wenigstens verhindern, dass sie sich auf dem Rollfeld verteilt! Zwei Kollegen eilen herbei. „Die gehen einfach raus“, ruft er seinen Kollegen entgegen - verzweifelt, hilflos, resigniert. Die Staatsmacht versucht, die Menge wieder hineinzutreiben. Ohne Tränengas, Schlagstock, Schrotmunition - die Mittel hier sind beschränkt. Die Polizei beißt auf Granit. Thawra, Revolution - und das im beschaulichen Sharm el-Sheikh. Deutsche Urlauber außer Rand und Band. „Wegen des Zigarettenrauchs“, erklärt der kleinlaute Polizist dem herbeigeeilten, wütenden General wieder und wieder. Völliges Unverständnis spricht aus seinem Gesicht. Zigarettenrauch ist das Normalste der Welt im Land am Nil.

Epilog

Zwei Monate ist es her, das Referendum über Ägyptens Verfassung, während ich diese letzten Zeilen schreibe. General Al-Sisi wurde zum Feldmarschall befördert, die Regierung trat vor Kurzem geschlossen zurück. Sie war zunehmend unter Druck geraten, als die Unzufriedenheit mit ihrem Management der Sicherheits- und Wirtschaftslage stieg. Schwere Anschläge erschütterten Kairo, beschädigten auch das Islamische Museum. Bei den nahenden Präsidentschaftswahlen wird Al-Sisi antreten, Ende März gab er seine Kandidatur offiziell bekannt. Monatelang war spekuliert worden, sendete der Feldmarschall entsprechende Signale – und bildete die Militärführung um, bereitete seine Kandidatur sorgsam vor. Viele Ägypter unterstützen ihn, die grenzenlose Zustimmung scheint sich jedoch langsam zu relativieren. Kritische Stimmen melden sich vorsichtig zu Wort. Und jeden Freitag schaut Ägypten wieder „El-Bernameg" – seit Februar läuft die zuvor abgesetzte Sendung von Satiriker Bassem Youssef auf einem neuen Kanal. Die Zwangspause hat nicht geschadet, im Gegenteil: Bassem ist weit populärer als im Herbst, wie eine repräsentative Umfrage ergab. Das ärgert bislang nicht identifizierte Kreise scheinbar gewaltig, schon die zweite Woche in Folge wird das Signal des Senders während Bassems Auftritt gestört, fällt minutenlang ganz aus.

Und ich? Ich schalte jeden Freitag über den Internet-Livestream, so gut es geht, bei Bassem ein. So gut es geht. Und schon bin ich wieder mittendrin: Es war ein schwieriges Jahr für Ägypten, es ist immer noch eine schwierige Zeit für die Bevölkerung. Die politischen Ereignisse konnten all das Schöne und Bewundernswerte des Landes leider viel zu oft überdecken. Die Jahrtausende alten Pyramiden und Tempel, die grenzenlose Einsamkeit der Wüste, das geschäftige, lebendige Treiben in den Städten und Dörfern am Nil – Ägypten hat nichts von seiner Faszination verloren! Bessere Zeiten werden kommen. Allerdings stehen wohl noch turbulente Monate bevor, bis ein neuer Präsident und ein neues Parlament gewählt sind. Bis dieses Land wieder zur Ruhe kommt. Solange sind es die kleinen Dinge, die das Herz höher schlagen lassen: die gähnende Leere an den Pyramiden, die das Erlebnis so viel ursprünglicher, so viel beeindruckender machen; die Menschen, deren Freundlichkeit und Humor trotz widriger Umstände in zahlreichen Situationen aufblitzt und den Blick auf das unbeschreiblich sympathische Ägypten lenkt.

Werde ich um Ägypten also vorerst einen Bogen machen? Keinesfalls! Schon sitze ich auf gepackten Koffern, kann es kaum erwarten, an den Nil zurückzukehren. Ein paar Wochen muss ich noch durchhalten, dann heißt es: „Willkommen zurück, Alltag und Ausnahmezustand!“ Obwohl, hoffentlich etwas weniger von Letzterem.

Glossar

A

Abbas al-Akkad Eine wichtige Geschäfts- und Einkaufsstraße im Stadtteil Nasr City.

Abbasseya Ein Stadtteil von Kairo mit koptischer Kathedrale; nahe der Oktoberbrücke gelegen.

Abdel Fattah Al-Sisi Siehe Al-Sisi.

Abdel Moneim Riad General und Stabschef der ägyptischen Armee (1919 - 1969), nach dem der wichtige Verkehrsknoten zwischen dem Ägyptischem Museum und dem Ramsis Hilton Hotel in Downtown benannt ist. Dort befindet sich eine Auffahrt auf die Oktoberbrücke und ein wichtiger Bus- und Minibusbahnhof.

Abdin Stadtteil vom Kairo, in der Nähe von Downtown.

Abla Fahita Beliebte Handpuppe, bekannt aus der Werbung des Unternehmens Vodafone; Ende 2013 unter Terrorverdacht.

Aboul Fotouh Ehemaliger Präsidentschaftskandidat bei den Wahlen 2012, früherer Moslembruder.

Abuel Feda Eine wichtige Straße im Stadtteil Zamalek.

Adli Mansur Seit der Absetzung von Mohamed Mursi am 3. Juli 2013 Übergangspräsident Ägyptens; zuvor Vorsitzender des Obersten Verfassungsgerichts.

Ägyptisches Museum Nationalmuseum am Tahrirplatz in Downtown Kairo; weltgrößte Sammlung pharaonischer Kulturschätze.

Ägyptisches Pfund Auch: Pfund, Guinea (gesprochen: „Gineh"); Abkürzung „LE"; die Landeswährung.

Ahmed al-Tayyeb Sheikh der Al-Azhar und damit höchste religiöse, sunnitisch-muslimische Autorität im Land.

Al-Ahly Wichtiger Fußballclub der Hauptstadt; in seiner nationalen Bedeutung und spielerischen Dominanz etwa mit Bayern München vergleichbar.

Al-Ahram Große, staatliche Zeitung.

Al-Azhar Wichtigstes religiöses Zentrum des sunnitischen Islam, bestehend aus großer Moschee in der Islamischen Altstadt und einer Universität mit Campus in Nasr City sowie unzähligen Instituten im ganzen Land.

Al Jazeera Fernsehsender aus dem Golfstaat Katar, dem inhaltliche Nähe und offene Unterstützung der Moslembrüder vorgeworfen wird.

Al Kahera Wal Nas Privater ägyptischer Fernsehsender, liberal bis Armee nah.

Al-Sisi Abdel Fattah al-Sisi, ägyptischer General; seit August 2012 Verteidigungsminister und Oberkommandierender der Streitkräfte; verkündete am 03. Juli 2013 die Absetzung Mohamed Mursis und die Einsetzung eines Übergangspräsidenten; seitdem im Volk äußerst populär. Anfang 2014 zum Feldmarschall befördert.

Alexandria Berühmte Hafenstadt am Mittelmeer und zweitgrößte Stadt Ägyptens.

Amn Markasi Siehe Central Security Forces

An-Nur Auch „Nur-Partei", Partei des Lichts; eine dem islamistischen Lager zugerechnete Partei der Salafisten.

Anwar as-Sadat Dritter ägyptischer Präsident (1918 - 1981), führte 1973 den Oktoberkrieg gegen Israel und unterzeichnete später unter Moderation der Amerikaner den Friedensvertrag zwischen beiden Ländern; 1981 von Islamisten bei einer Militärparade im Stadtteil Nasr City erschossen. Die Metrostation unter dem Tahrirplatz trägt seinen Namen.

Aswan (Assuan) Südlichste Großstadt Ägyptens mit berühmtem, gleichnamigem Staudamm.

Asyut (Assiut) Großstadt in Mittelägypten, rund 350 Kilometer südlich von Kairo.

Awel Abbas Arabische Bezeichnung für den Beginn der großen Straße Abbas el-Akkad im Stadtteil Nasr City.

Awel Makram Arabische Bezeichnung für den Beginn der großen Straße Makram Ebaid im Stadtteil Nasr City.

B

Baltageya Ägyptische Bezeichnung für Gesetzlose, Schläger und Banditen.

Basha Eigentlich „Pasha“; ein Ehrentitel aus Zeiten der Monarchie, vergleichbar mit dem englischen „Lord“.

Bassem Youssef Ägyptens Chefsatiriker; seine Sendung „El-Bernameg“ („das Programm“) ähnelt der deutschen „heute show“ (ZDF); äußerst populär seit der Revolution 2011; erklärter Gegner der Islamisten, aber auch einer Militärherrschaft.

Bawab Für den Beruf gibt es keine deutsche Entsprechung. Er sieht in einem Haus nach dem Rechten, ist Pförtner, macht Besorgungen, sorgt mitunter für Sauberkeit im Treppenhaus, organisiert bei Bedarf Handwerker. Und natürlich sorgt er für soziale Kontrolle und die Einhaltung der Hausregeln.

Beni Suef Eine Stadt rund 120 Kilometer südlich von Kairo.

Boulaq Ärmlicher Stadtteil von Kairo nahe des Zentrums, gelegen nördlich der Straße des 26. Juli.

Bur Said (Port Said) Hafenstadt am Suez-Kanal, der wichtigen Schifffahrtstraße.

Bursa Viertel mit zahlreichen Cafés nahe der Börse in Downtown.

C

CBC, CBC+2, CBC Extra Private Fernsehkanäle; Abkürzung für „Capital Broadcast Center“; dem liberalen bis armeetreuen Spektrum zugeordnet.

Central Security Forces Arabisch: „Al-Amn al-Markasi“ oder „Amn Markasi“; paramilitärische Einsatztruppen der Polizei, die bei Demonstrationen und ähnlichen Ereignissen eingesetzt werden oder wichtige Punkte bewachen; bestehend aus Rekruten mit meist niedrigem Bildungsgrad, die ihren Wehrdienst leisten.

Champollion, Jean-François Französischer Sprachwissenschaftler (1790 - 1832), der die ersten Hieroglyphen entzifferte; nach ihm ist eine Straße in Downtown Kairo benannt.

Coffee Shop Ein einfaches Straßencafé.

Corniche In Ägypten gebräuchliche Bezeichnung für eine große Uferstraße am Nil, z.B. in Kairo und Luxor; ursprünglich französisches Wort.

D

Dahab Badeort am Roten Meer, auf der Sinai-Halbinsel gelegen.

Daraw Stadt im südlichen Ägypten, zwischen Aswan und Kom Ombo gelegen.

Dettol Name einer Linie von in Ägypten erhältlichen Desinfektions-, Hygiene- und Reinigungsprodukten.

Dokki Stadtteil der Metropole Kairo, formal zur Stadt Giza gehörend; westlich des Nils.

E

Eid el-Fitr Das Zuckerfest am Ende des Fastenmonats Ramadan.

El-Baradei Siehe Mohamed el-Baradei.

El-Bernameg Siehe Bassem Youssef.

El-Entag el-Harby Ägyptischer Fußballklub, der das Ministerium für militärische Produktion repräsentiert.

El-Gouna Ferienort am Roten Meer mit gleichnamigem Fußballklub.

El-Matariya Eher ärmlicher Stadtteil im Osten von Kairo.

El-Minia Eine Großstadt in Mittelägypten.

Emad Effat Der Revolution von Januar 2011 nahestehender Sheikh der Al-Azhar Moschee, vermutlich von Sicherheitskräften getötet.

Ersch Siehe Piaster.

Ettehadiya Bezeichnung für den im Stadtteil Heliopolis gelegenen Präsidentenpalast.

F

Farouk Ägyptischer König (1920 - 1965), gestürzt 1952 von den „Freien Offizieren" um Gamal Abdel Nasser.

Fath Moschee Große Moschee am Midan Ramsis nahe des Hauptbahnhofs.

Feddan Ägyptisches Flächenmaß, ca. 0,42 Hektar.

Fuul Beliebtes Gericht aus braunen Saubohnen; wird mit Brot oder als Sandwich gegessen.

G

Gaber „Gika" Salah Jugendlicher Aktivist, der im Bereich der Mohamed Mahmoud Straße von Sicherheitskräften erschossen wurde; seitdem Ikone der Revolution.

Galabeya Traditionelles ägyptisches Gewand.

Gaza Der Gazastreifen am Mittelmeer, zu Palästina gehörend.

Gamal Abdel Nasser Oberst der ägyptischen Armee (1918 - 1970), der mit den von ihm gründeten „Freien Offizieren“ 1952 die Monarchie stürzte. Zunächst Premierminister, später bis zu seinem Tod zweiter Präsident der Republik Ägypten.

Ghamra Haltestelle der Metro und Bezeichnung für den angrenzenden Stadtteil von Kairo unweit des Ramsis-Bahnhofs.

Giza (Giseh) Formal eigenständige Stadt in der Metropole Kairo; am Westufer des Nils mit den weltbekannten Pyramiden.

Guinea (Ausgesprochen „Gineh") Siehe Ägyptisches Pfund.

H

Hamas Die im Gazastreifen herrschende Palästinenserbewegung mit enger Verbindung zur Moslembruderschaft.

Heliopolis Stadtteil von Kairo unweit des Flughafens, Wohnort einer gehobenen Bevölkerungsschicht.

Hosni Mubarak Seit der Ermordung Sadats 1981 langjähriger, autokratisch regierender Präsident Ägyptens; durch die am 25. Januar 2011 begonnene Revolution abgesetzt.

I

Ikhwan Siehe Moslembrüder.

K

Kalesche In Tourismusgebieten gebräuchliche Bezeichnung für eine Pferdekutsche.

Karaba'i Arabisches Wort für „Elektriker".

Karnak Ehemaliges Dorf mit größter pharaonischer Tempelanlage; heute mit der Stadt Luxor verschmolzen.

Kasr el-Aini Eine Hauptstraße, die am Tahrirplatz beginnend in südlicher Richtung verläuft.

Kasr el-Nil Wichtige Brücke über den Nil, die den Tahrirplatz mit der Nilinsel Zamalek verbindet.

Khaled Said Jugendlicher aus Alexandria, der 2010 von zwei Polizisten auf offener Straße zu Tode geprügelt wurde; sein Schicksal löste einen Aufschrei aus und gilt als einer der Auslöser der Revolution von Januar 2011.

Khan el-Khalili Der berühmte Basar in der islamischen Altstadt von Kairo.

Kom Ombo Große Stadt im südlichen Ägypten, ca. eine Autostunde nördlich von Aswan.

Kubri Oktober Siehe Oktoberbrücke.

L

LE Siehe Ägyptisches Pfund.

Luxor Stadt im südlichen Ägypten; bekanntes Tourismuszentrum mit weltbekannten pharaonischen Tempeln und Gräbern.

M

Maadi Ein südlicher Stadtteil von Kairo und Wohnort vieler Ausländer.

Mahmoud Bassyouni Straße in Downtown Kairo zwischen den Plätzen Abdel Moneim Riad und Talaat Harb.

Mallawi Eine Stadt in Mittelägypten; ihr Museum wurde im Sommer 2013 komplett ausgeraubt.

Mansura Stadt im Nildelta, rund 120 Kilometer nördlich von Kairo.

Maspero Bezeichnung für das Gebäude des Staatsfernsehens; unweit des Abdel Moneim Riad-Platzes am Nil gelegen.

Maspero-Massaker Gebräuchliche Bezeichnung für die Ereignisse am 09. Oktober 2011 vor dem Gebäude des Staatsfernsehens, als eine vorwiegend von koptischen Christen besuchte

Demonstration zunächst von Unbekannten, dann der Armee angegriffen wurde. Über 20 Tote und mehr als 200 Verletzte.

Masr el-Gedida Die Arabische Bezeichnung für den Stadtteil Heliopolis.

Mau'af Minibus-Bahnhof.

Medinet Nasr Siehe Nasr City.

Medinet Zabbalin Die Müllstadt am Rande von Kairo, in der die vorwiegend koptischen Familien den Müll der Hauptstadt sortieren und soweit möglich recyceln.

Meret Sheria Meret, Meret-Straße; eine Hauptstraße in Downtown am Ägyptischen Museum; benannt nach dem Gründer des Ägyptischen Museums Auguste Mariette (1821 - 1861).

Metro Kairos U-Bahn, die einzige auf dem afrikanischen Kontinent.

Midan Arabisches Wort für einen Platz. Ein berühmter Platz in Kairo ist z.B. der Midan Tahir, Tahrirplatz.

Mina Daniel Koptischer Jugendaktivist und Ikone der Revolution; im Oktober 2011 vermutlich von Armeeangehörigen vor dem Gebäude des Staatsfernsehens getötet.

Mogamma Großes Verwaltungsgebäude am Tahrirplatz mit vielen wichtigen Behörden.

Mohamed el-Baradei Ägyptischer Diplomat und Friedensnobelpreisträger; ehemaliger Generaldirektor der Internationalen Atomenergieorganisation; ein liberaler Politiker, kurzzeitig nach der Absetzung Mohamed Mursis im Sommer 2013 Vizepräsident der Republik Ägypten.

Mohamed Mahmoud Sheria Mohamed Mahmoud, Mohamed Mahmoud-Straße; eine Straße in Downtown am Tahrirplatz, die seit der Revolution von Januar 2011 Bekanntheit durch bedeutende Straßenschlachten und zahlreiche, teils kunstvolle Graffiti auf Mauern und Hauswänden erlangte.

Mohamed Mursi Ägyptischer Präsident vom 30. Juni 2012 bis 03. Juli 2013, ehemaliges Mitglied der Moslembrüder. Gestürzt nach Massenprotesten durch das Militär unter General Al-Sisi.

Mohandessin Gesellschaftlich gehobener Stadtteil im Westen von Kairo; formal zur Stadt Giza gehörend.

Mokattam Ein Hügel im Osten von Kairo.

Moslembrüder Auch als „Moslembruderschaft“ oder „Ikhwan“ bezeichnet; eine einflussreiche islamistische Bewegung, die viele Jahre verboten war und aus dem Untergrund heraus agierte. Neben politischen Aktivitäten betreibt sie viele Moscheen, Krankenhäuser und ist karitativ tätig. Nach der Revolution vom Januar 2011 erlangte sie erheblichen politischen Einfluss, gewann die ersten freien Parlamentswahlen und stellte mit Mohamed

Mursi den ersten frei gewählten Präsidenten Ägyptens. Seit Ende 2013 als Terrororganisation verboten.

Mubarak Siehe Hosni Mubarak.

Munassah Arabisch für Tribüne; gemeint ist die Tribüne am Tariq an-Nasr, auf der Präsident Sadat bei einer Militärparade erschossen wurde.

Mursi Siehe Mohamed Mursi.

Musaqa (gesprochen „Mussa'a") Vegetarisches Gericht insbesondere aus weich gekochten Tomaten und Auberginen in Tomatensauce; als Füllung für Sandwiches oder Beilage zu Brot weit verbreitet.

N

Nahda Midan An-Nahda, Nahda-Platz; ein Platz an der Universität Kairo im Stadtteil Dokki. Im Sommer 2013 nach der Absetzung Mohamed Mursis Ort des kleineren der beiden Sit-ins der Moslembrüder und ihrer Unterstützer.

Nasr City (arabisch „Medinet Nasr") Flächenmäßig größter Stadtteil von Kairo mit den meisten Einwohnern; im Osten der Stadt gelegen.

Niqab Islamischer Gesichtsschleier für Frauen, der nur die Augen freilässt. Bis in die 1990er Jahre in Ägypten weitgehend unbekannt, fand er erst mit Erstarken des Islamismus zunehmende Verbreitung.

O

Oktoberbrücke (offiziell „Brücke des 6. Oktober") Eine über 12 Kilometer lange Hochstraße und Hauptverkehrsachse, die vom Stadtteil Dokki am westlichen Nilufer über Downtown bis zum Beginn des Tariq an-Nasr im Stadtteil Nasr City reicht.

Omar Makram Eine Moschee am Tahrirplatz.

ON TV Privater ägyptischer Fernsehsender, dem liberalen Spektrum zugehörig.

P

Pfund Siehe Ägyptisches Pfund.

Piaster Arabische Bezeichnung „Ersch"; 100 Piaster sind ein ägyptisches Pfund.

Q

Qalyubia Eine Provinz im Nildelta.

Qena Eine Stadt im südlichen Ägypten; ca. eine Autostunde nördlich von Luxor.

R

Rabaa al-Adawiya Eine islamische Heilige und Mystikerin (ca. 717 - 801 n. Chr.); Name einer wichtigen Moschee in Nasr City; Kurzform „Rabaa"; Im Sommer 2013 nach der Absetzung Mohamed Mursis Ort eines großen Sit-ins der Moslembrüder und ihrer Unterstützer. Nach gewaltsamer Auflösung des Sit-ins mit vielen Toten werden aus Solidarität vier Finger gezeigt - die Aussprache von Rabaa ähnelt im Arabischen der Zahl vier.

Ramadan Der muslimische Fastenmonat; neunter Monat des islamischen Mondkalenders; 2013 im Zeitraum Anfang Juli bis Anfang August gelegen. Von Sonnenauf- bis Sonnenuntergang nimmt der gläubige Muslim weder Flüssigkeit noch Nahrung zu sich.

Ramsis Bezeichnung für den Ramsis-Platz und seine Umgebung mit dem Hauptbahnhof.

Republikanische Garde Armeeeinheiten, die insbesondere dem Schutz des Präsidenten dienen.

Roadmap Ein vom Militär nach der Absetzung von Präsident Mursi am 03. Juli 2013 veröffentlichter „Fahrplan" für den Übergang zurück zu demokratischen Verhältnissen.

S

Sadat Siehe Anwar as-Sadat.

Salafisten Anhänger einer ultrakonservativen Strömung des sunnitischen Islam.

Shakshuka Gericht aus pochierten Eiern in würziger Tomatensauce mit vielen Zwiebeln, auch als Füllung für Sandwiches erhältlich.

Sharm el-Sheikh Wichtiger Badeort am Roten Meer; auf der Sinai-Halbinsel gelegen.

Sheria Arabisches Wort für „Straße".

Shisha Wasserpfeife.

Simon Bolivar Südamerikanischer Freiheitskämpfer, nach dem ein Platz in der Nähe des Tahrir benannt ist.

Simsar Ägyptische Bezeichnung für einen Immobilienmakler.

Sinai Halbinsel im Osten Ägyptens mit bekannten Badeorten am Roten Meer; durch Friedensvertrag mit Israel an Ägypten zurückgefallen; der Norden gilt als politisch instabil und gefährlich.

Sit-ins Gemeint sind die im Sommer 2013 errichteten Protestlager der Unterstützer Mohamed Mursis in Rabaa und Nahda.

Siwa Oase in der westlichen Wüste, unweit der libyschen Grenze.

Soliman Gohar Eine Straße im Stadtteil Dokki mit belebtem Markt; nahe der Metrostation „El Dokki".

Suez Die Hafenstadt am gleichnamigen Kanal, der wichtigen Schiffsverbindung zwischen Mittelmeer und Rotem Meer.

Sunnitisch Der größten Glaubensrichtung des Islam, den Sunniten, zugehörig; Abgrenzung insbesondere zu „schiitisch", der zweitgrößten Glaubensrichtung, den Schiiten, zugehörig. Ägyptische Moslems zählen sich ganz überwiegend zum sunnitischen Islam.

T

Taameya Ägyptische Bezeichnung für „Falafel"; frittierte Bällchen aus Kichererbsen, die z.B. als Sandwich mit Salat im Brot gegessen werden.

Tahrir Midan Tahrir, Tahrirplatz; berühmter Platz im Stadtzentrum von Kairo; Herz der Revolution von Januar 2011.

Talaat Harb Bedeutender ägyptischer Ökonom (1867 - 1941), gründete u.a. die erste ägyptische Bank „Banque Misr". Nach ihm sind eine große Einkaufsstraße und ein Platz in Downtown benannt.

Tamarod Die „Rebellion" sammelte im Frühjahr und Sommer 2013 in drei Monaten mit überragendem Erfolg nach eigener Aussage über 22 Millionen Unterschriften unter einem Misstrauensantrag gegen den Präsidenten Mohamed Mursi; gilt als Hauptakteur der Proteste am 30. Juni 2013, die zum Sturz Mursis führten.

Tariq an-Nasr Große Hauptverkehrsachse, die, am Ende der Oktoberbrücke beginnend, den Stadtteil Nasr City erschließt.

Tawadros II Seit 2012 koptischer Papst und damit religiöser Führer der koptischen Christen Ägyptens.

Teslam el-Ayadi Nach dem Sturz Mohamed Mursis zur Unterstützung der Armee komponierte Hymne; in der zweiten Jahreshälfte 2013 äußerst beliebt.

Tutanchamun Berühmter Pharao, dessen nicht geplündertes Grab von Howard Carter 1922 im Tal der Könige bei Luxor entdeckt wurde.

U

Ultras Ahlawy Die kampferprobten Anhänger des Kairener Fußballclubs Al-Ahly; bekannt für ihre wichtige Rolle während der Revolution von Januar 2011.

Upper Egypt Ein Unternehmen, welches Überlandbusse ins südliche Ägypten betreibt.

W

Wadi Arabische Bezeichnung für ein Wüstental.

Wust el-Balad Arabische Bezeichnung für Downtown, das moderne Stadtzentrum von Kairo rund um den Tahrirplatz, die Einkaufsstraße Talaat Harb und den gleichnamigen Platz.

Y

Yusuf al-Qaradawi Islamistischer Prediger; spielt seit langem eine wichtige Rolle in der geistlichen Führung der Moslembrüdern, verzichtete aber mehrfach auf offizielle Positionen innerhalb der Bruderschaft.

Z

Zagazig Eine Stadt im Nildelta.

Zamalek Auf der gleichnamigen Nilinsel gelegener Stadtteil von Kairo; viele Cafés und gehobene Geschäfte; Botschaftsviertel, Wohnort vieler Ausländer.

Chronik der politischen Meilensteine 2011 bis 2014

... zur Einordnung der Episoden in die Zeitgeschichte.

25. Januar 2011: Landesweit protestieren nach tunesischem Vorbild zehntausende Menschen gegen den Langzeitpräsidenten Hosni Mubarak und fordern seinen Rücktritt. Die Sicherheitskräfte gehen gewaltsam gegen die anhaltenden Massenproteste vor, hunderte Demonstranten werden getötet, tausende verletzt. Die Ereignisse gehen als „Revolution des 25. Januar 2011“ in die Geschichte ein, der Begriff „Arabischer Frühling“ wird von westlichen Medien geprägt.

11. Februar 2011: Präsident Mubarak tritt zurück, der Oberste Militärrat mit seinem Vorsitzenden Mohamed Hussein Tantawi übernimmt die Macht. Er setzt die Verfassung aus, löst das Parlament auf und erfüllt damit wichtige Forderungen der Demonstranten. Der seit 30 Jahren vorhandene Ausnahmezustand wird jedoch nicht aufgehoben.

Frühjahr bis Herbst 2011: Der Militärrat setzt eine Übergangsregierung ein, die wegen Protesten und großer Unzufriedenheit im Land mehrfach umgebildet wird. Im März findet ein Verfassungsreferendum statt, welches die Vorschläge des Militärs mit rund 77 % Zustimmung bei einer Wahlbeteiligung von rund 41 % annimmt. Gerichtsprozesse gegen verschiedene Funktionäre des Mubarak-Regimes werden eingeleitet, in vielen Fällen jedoch werden sie vertagt oder enden mit Freispruch. Am 3. August beginnt der Strafprozess gegen Mubarak selbst. Derweil geht der Sicherheitsapparat verstärkt gegen Aktivisten und Demonstranten vor. Bis September stellt er rund 12.000 Zivilisten vor Militärgerichte - ein heftig kritisiertes Vorgehen.

9. Oktober 2011: Eine vorwiegend aus koptischen Christen und Gegnern des Militärrats bestehende, rund 10.000 Personen starke Demonstration wird vor dem Gebäude des Staatsfernsehens von Unbekannten und Soldaten angegriffen. Mehr als 20 Menschen werden getötet, teils von gepanzerten Truppentransportern überrollt. Die Zahl der Verletzten wird mit über 200 angegeben, zwei unabhängige Fernsehsender werden vom Militär gestürmt. Das Staatsfernsehen ruft dazu auf, die Armee „gegen die Kopten" zu schützen. Die Ereignisse gehen als das „Maspero-Massaker" in die Geschichtsbücher ein.

November 2011: Der Militärrat versucht mit großer Härte, Demonstrationen auf dem Tahrirplatz aufzulösen. Es kommt zu tagelangen Straßenschlachten zwischen Demonstranten und Sicherheitskräften, insbesondere in der Mohamed Mahmoud Straße. Die Demonstranten fordern, dass der Militärrat die Macht abgibt. Fast 50 Menschen werden getötet, über 1000 verletzt. Die Ereignisse werden später als „Straßenschlacht von

Mohamed Mahmoud" oder auch als „Mohamed Mahmoud Massaker" bezeichnet.

November 2011 bis Januar 2012: Nach großem Druck sämtlicher Parteien setzt der Oberste Militärrat Parlamentswahlen an, bei denen Moslembrüder und Salafisten zusammen gut 70% der Sitze erringen. Liberale Parteien liegen mit einstelligen Ergebnissen weit abgeschlagen zurück. Die Wahlbeteiligung liegt bei rund 54 Prozent. Im Juni 2012 sollen Präsidentenwahlen abgehalten werden.

25. Januar 2012: Der seit über 30 Jahren geltende Ausnahmezustand wird vom Militärrat weitgehend aufgehoben.

1. Februar 2012: Bei Krawallen im Stadion von Bur Said sterben über 70 Menschen, die meisten Anhänger des Hauptstadtklubs Al-Ahly. Die Sicherheitskräfte und der Militärrat werden beschuldigt, das „Massaker von Bur Said" herbeigeführt zu haben, um sich für die zentrale Rolle der Ultras Ahlawy bei der Revolution 2011 zu rächen.

Frühjahr 2012: Das von Islamisten dominierte Parlament bestimmt eine Kommission zur Überarbeitung der Verfassung. Sie wird nach einer Klage liberaler Parteien für ungültig erklärt und vom Militärrat aufgelöst.

23./24. Mai 2012: Bei der ersten Runde der Präsidentenwahlen erzielt der von den Moslembrüdern unterstützte Mohamed Mursi mit 24,9% die meisten Stimmen. Er muss sich in einer Stichwahl Ahmed Shafiq, dem letzten Ministerpräsidenten unter Hosni Mubarak, mit 24,4% der Stimmen stellen. Die Wahlbeteiligung liegt bei rund 46 Prozent und damit niedriger als bei der Parlamentswahl.

02. Juni 2012: Der ehemalige Präsident Hosni Mubarak wird von einem Gericht für die Anordnung der Tötung von über 800 Demonstranten zu lebenslanger Haft verurteilt. Das Urteil wird angefochten, der Prozess später neu aufgerollt.

Juni 2012: Das Verfassungsgericht löst das von Islamisten dominierte Parlament wegen der Verfassungswidrigkeit des Wahlgesetzes auf. Kurz zuvor hatte das Parlament eine neue Verfassungskommission eingesetzt, die wiederum von Islamisten dominiert ist. Der Militärrat übernimmt nach der Parlamentsauflösung per Verfassungsänderung das Gesetzgebungs- und Haushaltsrecht und sichert sich ein Vetorecht gegen zukünftige Verfassungsänderungen.

30. Juni 2012: Nachdem er die Stichwahl zum Präsidenten mit 51,7 Prozent der Stimmen gegen seinen Konkurrenten Shafiq gewonnen hat, wird Mursi am 30. Juni in sein Amt eingeführt. Im Wahlkampf hatte er versprochen, ein „Präsident aller Ägypter" zu sein. Seinen Sieg verdankt er der Unterstützung des islamistischen Lagers und revolutionärer Gruppierungen, die einen Sieg des als Vertreter des alten Regimes gesehenen Gegenkandidaten verhindern wollten.

12. August 2012: Es kommt zum Machtkampf zwischen Mursi und dem Militärrat. Der Präsident setzt zunächst das aufgelöste Parlament wieder ein, bevor es das Verfassungsgericht erneut auflöst. Am 12. August schränkt Präsident Mursi per Verfassungserklärung die Kompetenzen des Militärrates massiv ein und setzt Vorschriften außer Kraft, die seine Macht zugunsten des Militärs beschränken. Er schickt den Vorsitzenden des Militärrates und Verteidigungsminister Mohamed Hussein Tantawi in den Ruhestand und ernennt Abdel Fattah al-Sisi zum neuen Verteidigungsminister und Armeechef.

Herbst 2012: Der Machtkampf zwischen den islamistischen Unterstützern Mohamed Mursis auf der einen Seite und Militär und liberalen Parteien auf der anderen Seite spitzt sich zu. Besonders umstritten ist die Arbeit der vom inzwischen aufgelösten Parlament eingesetzten, von den Islamisten dominierten Verfassungskommission. Nach und nach ziehen sich fast alle nicht den Moslembrüdern und Salafisten zugehörigen Mitglieder aus Protest zurück.

22. November 2012: Präsident Mursi verkündet eine „Konstitutionelle Erklärung“. Er schränkt die Kontrollrechte der Justiz ein und erklärt seine Entscheidungen für unanfechtbar. Aufgrund von Klagen drohte u.a. die erneute Auflösung der Verfassungskommission. Der Schritt führt zu Massenprotesten der Opposition, die sich zur „Nationalen Rettungsfront“ zusammenschließt und Mursi diktatorisches Verhalten vorwirft. Das Verhältnis zwischen den Unterstützern und Gegnern Mohamed Mursis ist endgültig zerrüttet. Am Jahrestag der Straßenschlacht von Mohamed Mahmoud kommt es zur Protesten und mindestens zwei Toten.

4./5. Dezember 2012: Am „Freitag der letzten Warnung" protestieren Zehntausende am Präsidentenpalast in Ettehadiya, fordern Mursis Rücktritt und die Aufhebung der Verfassungserklärung vom 22. November. Unter dem Druck der Demonstranten flieht Mursi mit seiner Wagenkolonne durch den Hinterausgang. Am nächsten Tag greifen Anhänger des Präsidenten am Palast campierende Unterstützer der Opposition an. Es gibt Tote, zahlreiche Verletzte und erneute Massenproteste. Foto- und Videoberichte über Folter von Gegendemonstranten durch Mursis Parteigänger sorgen für einen Aufschrei im ganzen Land. Die Sicherheitskräfte schreiten nicht ein. Die empörte Opposition macht Mursi persönlich verantwortlich.

8. Dezember 2012: Nachdem die Verfassungskommission ihren Entwurf in höchster Eile verabschiedet hat und dieser zur Volksabstimmung vorgelegt wird, muss sich Mursi dem Druck der Opposition und den weiter andauernden Massenprotesten beugen und seine Sondervollmachten wieder außer Kraft setzen.

Dezember 2012: In einem Verfassungsreferendum wird der Entwurf mit knapp 64% der abgegebenen Stimmen angenommen. Die Wahlbeteiligung liegt bei rund 33 Prozent. Die Proteste gegen die Islamisten, denen eine Umgestaltung der Gesellschaft nach ihren Vorstellungen vorgeworfen wird, gehen weiter.

25. Januar 2013: Am zweiten Jahrestag der Revolution von 2011 kommt es zu erneuten Großprotesten gegen Präsident Mursi, auf denen sein Rücktritt gefordert wird. In den folgenden Tagen und Wochen flammen immer wieder teils gewalttätige Proteste auf. Mehr als 50 Menschen sterben, zahlreiche werden verletzt.

26. Januar 2013: Ein Gericht verhängt wegen des Stadionmassakers von Bur Said 21 Todesurteile gegen Anhänger des Fußballklubs der Stadt. In Bur Said brechen daraufhin gewalttätige Unruhen mit dutzenden Toten und hunderten Verletzten aus. Der Präsident verhängt den Ausnahmezustand am Suezkanal. Die Ausgangssperre wird jedoch von der Bevölkerung ignoriert. Wenige Tage später verkündet Militärchef Al-Sisi, dem Land drohe der Kollaps.

Frühjahr 2013: Nachdem ein Wahlboykott der Opposition droht, wird die Parlamentswahl von der Wahlkommission gegen den Willen Mursis verschoben. Eine Kabinettsumbildung reicht der Opposition nicht aus. Die Tamarod-Kampagne sammelt mit großem Erfolg Unterschriften, die einen Rücktritt des Präsidenten fordern. Anfang Juni erklärt das Verfassungsgericht das Oberhaus, die noch bestehende Kammer des Parlaments, für verfassungswidrig zustande gekommen.

21. Juni 2013: In großen Demonstrationen zeigen zehntausende Menschen ihre Unterstützung für den Präsidenten. Sie errichten wenig später vor der Rabaa al-Adawiya Moschee in Nasr City ein Protestlager. Das Militär droht mit einer Intervention, sollten die Proteste zwischen den Anhängern und Gegnern Mursis eskalieren.

30. Juni 2013: Hunderttausende, wenn nicht Millionen von Menschen demonstrieren im gesamten Land gegen Mohamed Mursi und fordern seinen Rücktritt. Ägyptische Medien sprechen von bis zu 45 Millionen Demonstranten. Die Demonstrationen der Unterstützer des Präsidenten dauern an.

3. Juli 2013: Nachdem ein 48-stündiges Ultimatum der Armee abgelaufen ist und es zu keiner Einigung zwischen dem Präsidenten und der Opposition kam, setzt die Armee Mohamed Mursi ab und stellt ihn unter Arrest. Eine „Roadmap" für den Übergang zu demokratischen Verhältnissen bestimmt den Präsidenten des Verfassungsgerichts, Adli Mansur, zum Übergangspräsidenten. Die Verfassung wird ausgesetzt, das Oberhaus des Parlaments aufgelöst. Die Anhänger der Moslembrüder protestieren vergeblich, führen ihre Proteste fort. Islamistische Fernsehsender werden abgeschaltet. Die Ereignisse zwischen dem 30. Juni und 3. Juli gehen je nach Sichtweise als „Revolution des 30. Juni 2013" oder „Militärputsch" in die Geschichte ein.

08. Juli 2013: Die Proteste der Anhänger des gestürzten Präsidenten in Rabaa und Nahda an der Universität Kairo laufen unvermindert in großem Umfang fort. Vor dem Hauptquartier der Republikanischen Garde erschießen Sicherheitskräfte mehr als 50 Unterstützer Mursis. Der Übergangspräsident bereitet die Bildung einer Übergangsregierung vor.

16. Juli 2013: Die Übergangsregierung unter Premierminister Hasem el-Beblawy wird vereidigt. Mohamed el-Baradei wird Vizepräsident. Wenige Tage später beauftragt der Übergangspräsident eine repräsentativ zusammengesetzte Kommission mit der Überarbeitung der ausgesetzten Verfassung. Ausländische Politiker bemühen sich um eine Vermittlung zwischen Militär und Moslembrüdern und kritisieren die Inhaftierung Mursis.

26. Juli 2013: Große Menschenmengen folgen einem Aufruf von Militärchef Al-Sisi und erteilen damit der Armee das gewünschte „Mandat zum Vorgehen gegen Terroristen".

14. August 2013: Die Sicherheitskräfte räumen die Protestlager der Islamisten in Rabaa und Nahda und gehen mit äußerster Härte vor. Hunderte Unterstützer des gestürzten Präsidenten werden allein an diesem Tag getötet, tausende verletzt. Gleichermaßen verletzen und töten bewaffnete Anhänger der Moslembrüder Sicherheitskräfte, wenn auch in sehr viel geringerem Ausmaß. Der Ausnahmezustand wird ausgerufen und eine

Ausgangssperre verhängt. Vizepräsident El-Baradei tritt aus Protest gegen das Blutbad zurück, eine Gewaltwelle gegen koptische Kirchen setzt ein. In den Folgetagen kommt es zu weiteren Demonstrationen der Moslembrüder mit weiteren Toten. Eine Verhaftungswelle von ranghohen Mitgliedern der Moslembruderschaft und ihren Anhängern setzt ein.

Herbst 2013: Immer wieder kommt es zu Protesten von Anhängern des gestürzten Präsidenten gegen „den Militärputsch". Die Sicherheitskräfte gehen weiter mit Härte dagegen vor und setzen ihre Verhaftungswelle fort. Es kommt wiederholte Male zu zahlreichen Toten und Verletzten. Insbesondere auf dem Sinai kommt es zu Angriffen radikaler Islamisten auf Sicherheitskräfte, der Innenminister überlebt in Kairo nur knapp einen Bombenanschlag.

23. September 2013: Ein Gericht erklärt die Moslembruderschaft für illegal und konfisziert ihr Vermögen.

4. November 2013: Der Prozess gegen Mohamed Mursi beginnt. Ihm werden verschiedene Vergehen zur Last gelegt, unter anderem Anstiftung zum Mord mit Hinblick auf die Ereignisse vom 5. Dezember 2012 am Präsidentenpalast. Weitere Anklagen werden in den folgenden Wochen erhoben.

November 2013: Ein neues, restriktives Demonstrationsrecht wird erlassen. Bekannte Aktivisten revolutionärer Gruppierungen werden wegen Verstößen gegen das Gesetz verhaftet und vor Gericht gestellt. Am Jahrestag der Mohamed Mahmoud-Straßenschlacht gelingt es revolutionären Gruppen, mit einer kleinen Demonstration auf den Tahrir vorzudringen. Jene Jugendgruppen, welche 2011 die Revolution vorantrieben, sehen sich einer gegen sie gerichteten Medienkampagne ausgesetzt.

25. Dezember 2013: Nach einem schweren Anschlag in der Stadt Mansura übernimmt eine militante Gruppe vom Sinai die Verantwortung. Die Regierung erklärt die Moslembrüder zur Terrororganisation. Die Verwendung ihrer Embleme steht fortan ebenso unter Strafe wie eine Mitgliedschaft oder Unterstützung.

Januar 2014: Verteidigungsminister Al-Sisi verkündet, er werde für das Präsidentenamt kandidieren, sofern das Volk es wünsche. Am 14. und 15. Januar findet ein Verfassungsreferendum über den Entwurf der nach Mursis Absetzung einberufenen Verfassungskommission statt. Die Verfassung wird mit 98,1 % der Stimmen angenommen, die Wahlbeteiligung beträgt 38,6 Prozent. Die Moslembrüder hatten zum Boykott aufgerufen. Innerhalb von 90 Tagen sollen Präsidenten- und Parlamentswahlen stattfinden.

tredition®

www.tredition.de

Über tredition

Der tredition Verlag wurde 2006 in Hamburg gegründet. Seitdem hat tredition Hunderte von Büchern veröffentlicht. Autoren können in wenigen leichten Schritten print-Books, e-Books und audio-Books publizieren. Der Verlag hat das Ziel, die beste und fairste Veröffentlichungsmöglichkeit für Autoren zu bieten.

tredition wurde mit der Erkenntnis gegründet, dass nur etwa jedes 200. bei Verlagen eingereichte Manuskript veröffentlicht wird. Dabei hat jedes Buch seinen Markt, also seine Leser. tredition sorgt dafür, dass für jedes Buch die Leserschaft auch erreicht wird.

Autoren können das einzigartige Literatur-Netzwerk von tredition nutzen. Hier bieten zahlreiche Literatur-Partner (das sind Lektoren, Übersetzer, Hörbuchsprecher und Illustratoren) ihre Dienstleistung an, um Manuskripte zu verbessern oder die Vielfalt zu erhöhen. Autoren vereinbaren unabhängig von tredition mit Literatur-Partnern die Konditionen ihrer Zusammenarbeit und können gemeinsam am Erfolg des Buches partizipieren.

Das gesamte Verlagsprogramm von tredition ist bei allen stationären Buchhandlungen und Online-Buchhändlern wie z. B. Amazon erhältlich. e-Books stehen bei den führenden Online-Portalen (z. B. iBookstore von Apple) zum Verkauf.

Seit 2009 bietet tredition sein Verlagskonzept auch als sogenanntes "White-Label" an. Das bedeutet, dass andere Personen oder Institutionen risikofrei und unkompliziert selbst zum Herausgeber von Büchern und Buchreihen unter eigener Marke werden können.

Mittlerweile zählen zahlreiche renommierte Unternehmen, Zeitschriften-, Zeitungs- und Buchverlage, Universitäten, Forschungseinrichtungen, Unternehmensberatungen zu den Kunden von tredition. Unter www.tredition-corporate.de bietet tredition vielfältige weitere Verlagsleistungen speziell für Geschäftskunden an.

tredition wurde mit mehreren Innovationspreisen ausgezeichnet, u. a. Webfuture Award und Innovationspreis der Buch-Digitale.

tredition ist Mitglied im Börsenverein des Deutschen Buchhandels.